멘토르(Mentor)는
그리스신화에 나오는 오디세우스의 친구입니다.

오디세우스는 트로이 전쟁에 출정하면서
아들 텔레마쿠스를 친구인 멘토르에게 맡깁니다.

이후 멘토르는 엄격한 스승이며 지혜로운 조언자,
때로는 아버지로서 필요한 충고와 지도를 하여
텔레마쿠스를 강인하고 현명한 왕으로 성장시켰습니다.

오늘날 멘토 또는 멘토르는
충실하고 현명한 조언자 또는 스승이라는 의미로
쓰이고 있습니다.

멘토르출판사는
독자 여러분의 인생에 좋은 길잡이가 되는 책을
만들고자 늘 노력하겠습니다.

다중감각과 다중지능을 깨우는 강의
퀀텀 교수법

Authorized translation from the English language edition,
entitled QUANTUM TEACHING: ORCHESTRATING STUDENT SUCCESS,
1st Edition, ISBN: 020528664X by DEPORTER, BOBBI; REARDON, MARK;
SINGER-NOURIE, SARAH, published by Pearson Education, Inc,
publishing as Allyn & Bacon,
Copyright ⓒ1999 Allyn & Bacon

All rights reserved.
No part of this book may be reproduced or transmitted in any form or by any means,
electronic or mechanical, including photocopying, recording or by any information
storage retrieval system, without permission from Pearson Education, Inc.

This Korean edition was published by MENTOR, INC. in 2012 by arrangement
with PEARSON EDUCATION, INC., publishing as Allyn & Bacon through
KCC(Korea Copyright Center Inc.), Seoul.

이 책은 ㈜한국저작권센터(KCC)를 통한 저작권자와의 독점계약으로 ㈜멘토르출판사에서 출간되었습니다.
저작권법에 의해 한국 내에서 보호를 받는 저작물이므로 무단전재와 복제를 금합니다.

Quantum Teaching

다중감각과 다중지능을 깨우는 강의
퀀텀 교수법

바비 드포터 · 마크 리어든 · 사라 싱거-누리 지음 | 김창환 감수 및 옮김

멘토르

다중감각과 다중지능을 깨우는 강의
퀀텀 교수법

초판 1쇄 발행 | 2012년 3월 20일
초판 3쇄 발행 | 2014년 11월 28일

지은이 | 바비 드포터, 마크 리어든, 사라 싱거-누리
감수 및 옮긴이 | 김창환
펴낸이 | 정연금
펴낸곳 | 멘토르

기획 | 김미숙, 이동근, 강지예, 조원선
마케팅 | 나길훈
경영지원 | 김용희
등록 | 2004년 12월 30일 제302-2004-00081호
주소 | 서울시 광진구 능동로 331 2층
전화 | 02-706-0911
팩스 | 02-706-0913
홈페이지 | http://www.mentorbook.co.kr
E-mail | mentor@mentorbook.co.kr
내용문의 | 02-706-3910
ISBN | 978-89-6305-108-6 (13370)

ⓒ 2012 (주)멘토르출판사

* 책값은 뒤표지에 있습니다.
* 잘못된 책은 바꾸어 드립니다.
* 이 책의 전부 또는 일부를 재사용하려면 반드시 사전에 저작권자와 (주)멘토르출판사의 동의를 받아야 합니다.

이 도서의 국립중앙도서관 출판시도서목록(CIP)은 e-CIP홈페이지(http://www.nl.go.kr/ecip)와
국가자료공동목록시스템(http://www.nl.go.kr/kolisnet)에서 이용하실 수 있습니다.(CIP제어번호: CIP2012001049)

추천사

"다양한 교육 이론들을 보다 효과적으로 사용하기 위해 고전이라는 토대 위에 그 이론들을 쌓아올렸습니다. 이 책은 항상 '학습자에게 의미 있는 것이 무엇인가'에 초점을 맞추고 있습니다."

– **마이클 그라인더**(Michael Grinder), 《Righting the Educational Conveyor Belt》와 《Envoy: Your Personal Guide to Classroom Management》의 저자

"만세! 드디어 실용적이고, 읽을 만하고, 시기적절하며, 탄탄한 조사와 이론에 근거하여 실질적인 아이디어를 제공하는 책이 나왔습니다. 이 책은 4년째 학생들을 가르치는 제 아들에게도 많은 것을 알려줄 것입니다."

– **로버트 검스톤**(Robert Garmston) 박사, 캘리포니아 주립대학교 명예교수, 지능행동 연구소 소장

"학생들의 성취도를 높이고 싶나요? 그들의 마음을 움직이고 싶나요? 학생들이 집중하기를 바라나요? 최신 연구를 반영한, 그리고 바로 실행할 수 있는 안내서를 원하시나요? 여기, 있습니다."

– **콜린 로즈**(Colin Rose), 《Acclerated Learning for the 21st Century》의 공동 저자

"이 책 속에는 학생들이 서로 존중하고 도와주는 학습 환경을 만들어 가는 구체적인 기법들이 가득 들어 있습니다. 새로운 모습으로 거듭나고 싶은 선생님들에게 정말로 필요한 책입니다."

– **바바라 기븐**(Barbara K. Given) 박사, 조지메이슨 대학교 교수

"교사나 강사들에게 매우 유용한 책입니다. 배우는 학생이나 가르치는 선생님 모두를 즐겁게 만드는 배경 지식과 전략을 제공합니다."

– **에릭 젠센**(Eric Jensen), 《Brain-Based Learning》의 저자

"요즘 같은 교육 현장에서 학생들을 성공으로 이끌기란 과거 어느 때보다 어렵습니다. 이 책이 여러분과 학생들을 더 높은 곳으로 안내해주리라 믿습니다."

– **케빈 어빈**(Kevin T. Irvine), 미국 콜로라도 주의 '올해의 교사'

차례

1장	환영 인사	
	학습 성과를 높이는 퀀텀 교수법의 세계	13

1부_ 주변 요소 context
평범한 교실을 활기 넘치는 학습 커뮤니티로 바꾸기   27

2장	학습 동기를 유발하고 몰입하게 만드는 교실 분위기	31
	a. 의도의 숨겨진 힘	34
	b. 교감	40
	c. 즐거움과 경이로움	43
	d. 위험 감수	53
	e. 소속감	56
	f. 모델링	59

3장	학습 공동체의 근간이 되는 탄탄한 기초	63
	a. 목적	66
	b. 원칙	67
	c. 학생, 학습, 교수에 대한 신념	74
	d. 합의, 정책, 절차, 규칙	77
	e. 커뮤니티 유지 및 성장	81

4장	최소 노력으로 최대 학습 효과를 얻어내는 최적의 교실 환경	87
	a. 주변 장치	91
	b. 소품	95
	c. 좌석 배치	96
	d. 식물, 향기, 애완동물 그리고 다른 유기적 요소들	97
	e. 음악	99

5장 도전과 재미, 흥미 요소를 적절히 갖춘 학습 디자인   109
    a. 그들의 세계에서 우리의 세계로   111
    b. V-A-K 정보 지각 양식   112
    c. 디자이너의 관점에서 본 성공모델   115
    d. 퀀텀 교수법의 디자인 틀, EEL Dr. C   118
    e. 다중지능 SLIM-n-BIL   129
    f. 은유, 이미지 그리고 암시   135

Part 2
2부_ 내용 content
원활한 소통과 적절한 도구를 이용한 커리큘럼 진행하기   143

6장 강력한 커뮤니케이션과 열정적인 프레젠테이션   147
    a. 퀀텀 교사의 특징   151
    b. 정보 지각 양식 활용   153
    c. 강력한 커뮤니케이션의 4가지 원칙   154
    d. 비언어적 커뮤니케이션의 영향   163
    e. 효과적인 프레젠테이션 패키지   170
    f. 앵커링   176

7장 참여와 상호작용을 이끌어내는 명쾌한 퍼실리테이션   187
    a. KEG의 3가지 원칙   191
    b. 퍼실리테이터의 관점에서 본 성공모델   194
    c. 학생 상태 읽기   200
    d. 행동을 통해 태도에 영향 주기   201
    e. 사고 전략 끌어내기   206
    d. 학습의 디브리핑 순간   207

8장	**학업 성취감과 열의를 올리는 학습 기술**	215
	a. 사례 연구	218
	b. 학습 스타일 극대화하기	220
	c. 학습을 위한 강력한 상태	225
	d. 정보 정리하기	234
	e. 창의적 천재성 깨우기	244

9장	**잘못된 상황과 인간관계를 해결하는 삶의 기술**	257
	a. 선 위에서 살기	261
	b. 명확한 커뮤니케이션	266
	c. 좋은 관계를 만드는 친밀감	273

10장	**실행: 더 나은 미래를 위한 도전과 노력**	279
	a. 각 장의 하이라이트	281
	b. 이튿날 아침	285
	c. 해볼 만한 가치 있는 기회	288

학생들의 삶에 긍정적인 변화를 주는
헌신적인 선생님들께,
흥미진진하고, 학습 의욕을 고취시키고,
성취감을 안겨주는 여러분의 가르침이
학생들의 학업 성과에
역동적인 영향을 줄 수 있기를 바랍니다.

1장_ 환영 인사

학습 성과를 높이는 퀀텀 교수법의 세계

퀀텀 교수법의 세계에 오신 것을 환영합니다!
지금 여러분이 학생들을 가르치거나, 강의를 구상하거나,
학습 내용을 준비하고 있다면,
어떤 식으로든 학생과 상호작용하고 있다면,
퀀텀 교수법이 여러분을 도와드릴 수 있습니다.
이 책이 퀀텀 선생님이 되려는 여러분의
좋은 길잡이가 되어줄 것입니다.

여러분이 세계적으로 뛰어난 교사, 프레젠터, 퍼실리테이터의 비법을 알게 된다면 어떻게 될까요?

뇌의 학습 방식에 대한 최신 연구에서 나온, 교실에서 사용할 수 있는 최고의 학습 방법들을 알게 된다면 어떻게 될까요?

여러분의 손 안에는 수많은 지식(원리·모델·전략의 보물상자)이 있습니다. 이것들을 여러분의 타고난 능력과 결합시킬 때, 가르침과 배움이 더 쉬워질 것입니다.

잠시 시간을 내어 여러분이 가르치는 장소(교실·강당·체육관)를 상상해보십시오. 그 장소는 바로 학생들이 학습하는 곳이기도 합니다. 학습에 흥미를 갖고 열심히 집중하고 있는 학생들의 콧노래를 들어보십시오. 기대감과 호기심으로 가득 찬 표정뿐만 아니라 자신보다 먼저 깨우친 친구를 축하하며 칭찬하는 말을 들어보십시오. 이렇게 학습과 탐구에 대해 이야기하는 장소를 둘러보십시오. 그리고 학생들의 삶에 여러분이 주는 영향력을 느껴보십시오.

생생한 색깔의 학습!

이 모습은 앞으로 바뀔 교실에 대한 정확한 묘사일 수도 있고, 멀고 먼 꿈일 수도 있습니다. 다른 교수법과 차별화된 이 책의 뛰어난 내용은 교사들의 교육성과와 학생들의 학업 성취도를 향상시킬 것입니다.

퀀텀 교수법은 어떻게 하면 더 좋은 교사가 될 수 있는지를 알려줄 것입니다(단순히 이 책을 가지고 있다는 사실만으로도 교육에 대한 여러분의 헌신이 확연히 나타나며, 더 좋은 교사가 되고자 하는 여러분의 바람이 잘 드러납니다).

퀀텀 교수법은 여러분이 가르치는 주제와 상관없이, 가르치는 행동을 어떻게 예술적으로 의미 있게 진행시키는지를 보여줍니다. 따라서 여러분은 차별화된 내용으로 학생들의 학업 성과를 높일 수 있습니다.

다소 복잡해보이는 교수(敎授)·학습 과정은 모든 것(말·생각·행동·연상)이 중요합니다. 여러분이 환경, 프레젠테이션, 디자인을 오케스트레이션하는 만큼 학습 효과가 일어납니다(로자노프, 1978).

퀀텀 교수법은 생생하고 실제 같은 음(音)이 있는, 온갖 종류의 미묘한 차이가 있는 학습의 오케스트라입니다. 이는 관계, 상호작용, 차별화

슈퍼캠프 결과

동기 증가	68%
점수 향상	73%
자신감 증가	81%
자존감 증가	84%
기법 지속 사용	98%

된 내용을 모두 계산에 넣어 학습 순간을 극대화합니다. 또한 교실 환경 내에서 다이내믹한 관계(학습을 위한 기초와 골격을 세우는 상호작용)에 초점을 맞춥니다.

퀀텀 교수법은 러닝 포럼(Learning Forum)사에 의해 만들어진 가속 퀀텀 학습 프로그램인 '슈퍼캠프(SuperCamp)'에서 시작되었습니다. 러닝 포럼사는 국제적인 교육 기업으로 학습과 인성 개발에 중점을 두고 있습니다(드포터, 1992). 이 10일짜리 합숙 프로그램에 참석한 학생들(9세부터 24세에 이르는 학생들)은 노트 필기, 암기력, 속독, 작문, 창의성, 커뮤니케이션, 관계 형성에 도움이 되는 여러 방법들을 배웁니다. 학생들의 능력 향상에 도움이 되는 이러한 방법들은 시간이 가면서 익숙해집니다.

슈퍼캠프에 참석한 학생들은 성적이 오르고, 학습 과정에 더 많이 참여하며, 자기 자신에 대해 더 긍정적으로 생각한다는 연구 결과가 있습니다(보스그뢰넨달, 1991).

퀀텀 교수법에는 슈퍼캠프의 디자인, 프레젠테이션, 퍼실리테이션에 사용된 방법과 지식을 모아놓았습니다. 가속 학습(Accelerated Learning, 로자노프), 다중지능(Multiple Intelligences, 가드너), 신경언어 프로그래밍(Neuro-Linguistic Programming, 그라인더와 밴들러), 경험 학습(Experiential Learning, 한), 소크라테스 식 질문(Socratic Inquiry), 협동 학습(Cooperative Learning, D. 존슨과 R. 존슨), 효과적 교수법의 요소(Elements of Effective Instruction, 헌터)와 같은 교육 이론에 근거를 둔 퀀텀 교수법은 영감을 주는 교사의 능력과 성취하고자 하는 학생의 능력을 높이기 위해 최고의 것들을 다중감각, 다중지능, 좌뇌 우뇌 겸용 등과 잘 엮어놓았습니다.

신선하고 생생하며 학습에 적용할 수 있는 실용적인 접근법인 퀀텀 교수법은 여러분이 찾고 있는 것(관계 향상을 통해 교육 효과를 최대로 하기 위한 새로운 방법들, 학습 오케스트레이션 그리고 커리큘럼의 전달)을 제공합니다. 이 방법론은 18년간의 경험과 2만5천 명이 넘는 학생들에 대한 연구, 그리고 수백 명에 달하는 교사들의 공동 작업을 바탕으로 하고 있습니다.

퀀텀 교수법은 효과적인 학습 환경 만들기, 커리큘럼 디자인하기, 내용 전달하기 그리고 학습 과정 퍼실리테이션하기를 위한 구체적인 지침을 포함하고 있습니다. 이 책의 내용을 완전히 익힌다면 여러분은 다음과 같은 점이 향상될 것입니다.

- 학습 상태 조절을 통한 참여
- 'EEL Dr. C'라는 디자인 적용을 통한 동기 및 흥미
- '성공의 8가지 열쇠(8 Keys of Excellence)' 사용을 통한 공동체 의식
- 'SLIM-n-BIL' 활용을 통한 기억력
- 강력한 커뮤니케이션 원칙 적용을 통한 학생들의 경청 기술
- 'IBA'를 통한 원활한 전환

이러한 것들은 다른 많은 전략들과 함께 여러분과 여러분의 학생을 성공행 급행열차에 탑승시킬 것입니다.

퀀텀 교수법의 철학을 이해하기 쉽도록 여기에 몇 개의 핵심 단어와 정의를 풀어놓았습니다. 이 책에 소개된 개념과 전략을 이해하는 데 도움이 될 것입니다.

퀀텀(Quantum) 에너지를 빛으로 바꾸는 상호작용입니다. 그러므로

퀀텀 교수법은 학습 순간의 다양한 상호작용을 오케스트레이션하는 것입니다. 이러한 상호작용은 학생의 성공에 영향을 주는 효과적인 학습 요소를 포함하며, 학생들의 타고난 재능과 능력을 자신과 다른 사람들에게 유익한 빛으로 바꿔줍니다.

가속 학습(Accelerated Learning) 음악, 주변 요소, 적절한 자료, 프레젠테이션과 능동적인 참여를 의식적으로 사용하여 학습 과정을 방해하는 장벽을 제거하는 것입니다.

퍼실리테이션(Facilitation) 한마디로 쉽게 만들기입니다. 학습 장벽 제거 전략의 실행과 학습 과정을 자연스럽고 쉬운 상태로 바꾸는 것을 의미합니다.

지배 원칙

퀀텀 교수법은 다음과 같은 개념에 근거를 둡니다. 그들의 세계에서 우리의 세계로, 우리의 세계에서 그들의 세계로! 전략, 모델, 신념 등의 이면에 깔린 기본적인 전제가 바로 '지배 원칙'입니다. 퀀텀 교수법의 틀 속에서 행해지는 모든 것(학습자 사이의 상호작용, 커리큘럼의 디자인, 교육 방법)은 정확하게 지배 원칙 위에서 이루어집니다.

지배 원칙은 우리가 학생들의 세계로 먼저 들어가는 것에 대한 중요성을 일깨워줍니다. 가르칠 권리를 얻고 싶다면 먼저 여러분과 학생들을 연결시킬 수 있는 확실한 다리를 놓으십시오. 교사 자격증 또는 학생들을 가르치거나 훈련시킬 수 있다는 사실을 증명하는 서류는 여러분에게 가르칠 자격이 있음을 표시하는 것이지, 가르칠 권리가 있다는 의미는 아닙니다. 누군가를 가르친다는 것은 귀중한 권리입니다. 이것은 교육과학기술부가 아닌 학생들이 부여한 것입니다.

학습은 전면적인 활동입니다. 다시 말해 학습은 사전 지식, 태도, 신념, 미래 인식에 덧붙여 모든 인간적인 면(사고·감정·보디랭귀지)을 포함합니다. 학습은 인간 전체와 관련되기 때문에 학생들은 그러한 학습을 퍼실리테이션하기 위한 권리를 부여하고, 교사들은 그 권리를 얻어야 합니다.

그러려면 우선 그들의 세계로 들어가야 합니다. 왜냐하면 이것이 바로 여러분이 학생들을 폭넓은 인식과 지식의 세계로 이끌고, 안내하고, 퍼실리테이션하기 위해 허가를 얻는 것입니다. 또한 이것은 여러분이 가르치는 것을 그들의 가정, 사회, 체육, 음악, 미술, 오락 또는 학문적인 삶에서 나온 사건, 사고 또는 감정과 결합시킴으로써 가능하게 됩니다. 일단 이러한 결합이 일어나면, 여러분은 그들을 여러분의 세계로 데려올 수 있으며 그들에게 여러분의 세계에 있는 것들을 줄 수 있습니다. 이곳이 바로 새로운 어휘, 사고모델(옮긴이주: mental model, 마음속 깊이 자리 잡은 세상에 대한 가정·가치·태도·신념의 총합), 공식 등에 덮여 있는 가림막을 벗겨내는 곳입니다.

연결과 상호작용이 일어나기 때문에 학생과 교사 모두 새로운 이해를 얻고, '우리의 세계'는 넓어져서 학생들뿐만 아니라 교사도 포함하게 됩니다.

마지막으로, 학생들은 이렇게 얻어진 이해와 전문 지식을 포함하여

학생들의 세계로 들어가라!

그들이 배웠던 것을 자신의 세계로 완전히 가져갈 수 있으며 새로운 상황에 적용할 수 있습니다. 그들의 세계에서 우리의 세계로, 우리의 세계에서 그들의 세계로. 이것이 바로 인간적인 역학 관계이며 퀀텀 교수법의 지배 원칙입니다.

5가지 신조

퀀텀 교수법에는 5가지 신조 또는 내재 진리가 있습니다. 지배 원칙에 있는 '그들의 세계에서 우리의 세계로'와 비슷한 신조는 퀀텀 교수법의 모든 면에 스며들어 있습니다. 그 신조를 학습이라는 교향곡의 기본 화음으로 생각하십시오. 신조는 다음과 같습니다.

- 모든 것은 이야기한다(Everything Speaks)

교실 환경에서부터 보디랭귀지까지, 그리고 여러분이 배포하는 유인물에서부터 과목 디자인까지, 모든 것은 학습에 관한 메시지를 보냅니다.

- 모든 것은 이유가 있다(Everything Is On Purpose)

여러분의 오케스트레이션 하에서 일어나는 모든 것은 의도된 이유가 있습니다.

- 경험한 후에 알게 하라(Experience Before Label)

우리의 뇌는 복잡한 자극 속에서 활성화됩니다. 자극은 알고 싶은 욕구를 작동시킵니다. 그러므로 학생들이 배울 것을 알기 전에 그 내용과 관련된 것을 경험하게 되면 최고의 학습을 하게 됩니다.

● **모든 노력을 칭찬하라**(Acknowledge Every Effort)
학습은 위험 감수와 편안한 것에서 벗어나기를 수반합니다. 학생들이 이러한 길을 선택했으므로 그들의 능력과 용기 모두를 인정받습니다.

● **배운 것을 축하하라**(If It's Worth Learning, It's Worth Celebrating)
축하는 학습자가 항상 필요로 하는 양식입니다. 전진에 대한 피드백을 주고 학습에 대한 긍정적이며 감성적인 연상을 더해줍니다.

다음을 보면 여러분은 이러한 신조와 더 가깝게 될 것입니다. 이러한 신조를 여러분 교육의 기초로 쓰십시오.

퀀텀 교수법 모델

퀀텀 교수법 모델은 연주회와 아주 비슷합니다. 연주회에 참석하게 되면, 많은 요소들이 음악적인 경험에 포함됩니다. 이러한 요소들을 두 가지 범주에 넣을 수 있습니다. 주변 요소(context)와 내용(content)입니다.

주변 요소는 여러분이 한 경험의 배경입니다. 그것은 연주회장 자체의 웅장함(환경), 지휘자와 연주자들의 열정(분위기), 악기와 연주자들이 함께 어우러지는 조화(기초) 그리고 음악에 대한 거장의 정교한 해석(디자인)입니다. 이러한 요소들이 함께 혼합되어 전체적인 경험을 만들어냅니다.

내용은 별개의 것이지만 주변 요소와 똑같이 중요합니다. 악보 그 자체를 보면(옮긴이주: 종이에 쓰거나 인쇄한 악보)에 있는 실제 음표인 내용으로 생각하십시오. 보면에 있는 음표보다 더 많은 것이 악보에 있습니다. 내용 가운데 한 가지는 '각 악절이 어떻게 연주되는가(프레젠테이션)' 하는 것입니다. 내용은 각 연주자들의 재능과 각 악기의 잠재력을 이용하는 오케스트라에 대한 거장의 능숙한 퍼실리테이션도 포함합니다.

음악을 생생하게 하는 주변 요소가 제 역할을 하기 때문에 경험이라는 마법이 펼쳐집니다. 여러분이 학생들의 학습을 성공적으로 오케스트레이션하기 위해선 연주회와 마찬가지로 기초, 분위기, 디자인, 환경, 프레젠테이션 그리고 퍼실리테이션이 필요합니다.

이 책의 구성

이 책은 '주변 요소'와 '내용'이라는 두 개의 주요 부분으로 나뉩니다. 교향곡 연주 경험과 똑같이, 학습의 지휘자로서 여러분은 오케스트레이션을 위한 많은 구성 요소를 갖고 있습니다. 이러한 요소들을 다음과 같이 몇 개의 장으로 구성했습니다.

'주변 요소' 부분에서, 여러분은 오케스트레이션할 필요가 있는 모든 요소를 알게 될 것입니다.

- 권한을 위임하는 분위기
- 강한 기초
- 지지적인 환경
- 다이내믹한 학습 디자인

'내용' 부분에서, 학생은 자신의 학습에 대해 책임질 필요가 있다는 전략과 더불어 어떤 커리큘럼에서도 쓸 수 있는 전달 기법을 알게 될 것입니다.

- 강력한 프레젠테이션
- 우아한 퍼실리테이션
- 학습 기술
- 삶의 기술

이 책에는 중요한 개념을 강조하는 이미지, 아이콘, 삽화가 있습니다. 예를 들면, '퀀텀 교수법'이라는 악보를 읽을 때 중요한 아이디어를 강조하는 '거장'은 여러분의 지휘자입니다. 조금 더 자세히 읽으면, 정보를 넓혀주며 여러분이 배운 것을 매일의 교육 상황에 적용하는 실례, 일화, 이야기를 발견할 것입니다. '플립 차트'는 핵심 사항을 나타냅니다. 한편, '액션 슬레이트'(옮긴이주: action slate, 영화를 촬영할 때 각 장면의 주요 정보를 간단하게 기록해놓은 작은 판)는 여러분이 취할 행동을 알려줍니다. '연필과 노트'를 통해 여러분이 파악한 것을 생각해보고 기록할 기회를 알 수도 있습니다.

양방향용으로 구성된 이 책이 동반자처럼 느껴질 것입니다. 각 장은 강력한 커뮤니케이션 원칙을 바탕으로 쓰였고, 다중감각과 다중지능 접근법에 의해 강화되었으며, 'EEL Dr. C'라고 하는 퀀텀 교수법에서 사용하는 교수 모델에 따라 정교하게 만들어졌습니다.

퀀텀 교수법은 책의 가장자리에 있는 '거장'의 그림을 통해 퀀텀의 교육 철학과 전략을 보여줍니다. 이러한 그림은 여러분이 각 장을 읽어가는 동안 여러분에게 'EEL Dr. C' 하나하나를 되새기게 해줄 것입니다.

'EEL Dr. C'가 무엇을 의미하는지 다음의 내용을 보시기 바랍니다.

● **가입**(Enroll)

'그 안에는 무엇이 있을까?'라는 문제를 다룸으로써 학습자의 몰입을 만들어내며 학습자의 실생활을 이용합니다.

● **경험**(Experience)

모든 학습자가 관련된 공통의 경험을 만들거나 이끌어냅니다.

● **정보**(Label)

핵심 단어, 개념, 모델, 공식, 전략을 제공합니다. 이것이 '입력(input)'입니다.

● **실습**(Demonstrate)

학습자들 자신이 아는 것을 보여줄 기회를 제공합니다.

● **복습**(Review)

복습 방법을 학습자에게 제공하고, '나는 이것을 안다'는 느낌을 학습자가 강하게 가지도록 합니다.

● **축하**(Celebrate)
완수하고 참여하며 기술과 지식을 얻은 것을 인정하는 것입니다.

최고의 것을 얻기 위해 이 책에 완전히 몰입하십시오. 여러분이 사용할 것과 정확하게 그것을 어떻게 사용할 것인가에 대해 책에 쓰거나 노트에 필기하십시오. 탁월한 학습자가 되십시오. 그리고 여러분 교수법 목록에 얼마나 빨리 전략과 기법들이 들어가게 되는지 관심을 기울이십시오.

우리는 교사인 여러분이 학생의 성공을 결정한다고 분명히 믿습니다. 불가리아의 연구원이며 '가속 학습'이라고 알려진 암시학의 창시자인 게오르기 로자노프(Georgi Lozanov) 박사는 여러분의 확실한 영향력에 대해 말했습니다(로자노프, 1978). 마이클 가자니가(Michael Gazzaniga) 박사는 "자연의 생물학적인 원칙은 단순하다. 적절한 모형 환경이 주어지지 않는다면 주어질 때까지 아무런 능력도 기술도 펼쳐지지 않을 것이다"라고 말하면서 동조를 했습니다(가자니가, 1992).

여러분은 학습 환경과 학생들의 삶에서 중요한 요소입니다. 그렇기 때문에, 여러분의 역할은 단순한 지식 전달자의 역할을 훨씬 넘어서게 됩니다. 여러분은 동료 학습자, 모델, 안내인, 퍼실리테이터입니다. 사실, 학생 성공의 작곡자(orchestrator)입니다!

여러분은 여러분이 시작한 교향곡의 마지막 음표입니다. 우리는 여러분을 믿습니다. 동료 교육자로서, 우리는 학생들을 가르치는 데 바치는 헌신의 정도를 압니다. 우리는 여러분의 노력에 갈채를 보내고 이 책이 여러분이 가진 현재의 위대함을 더 위대하게 만들 것이라고 믿습니다. 퀀텀 교수법의 세계에 오신 것을 환영합니다!

축하합니다!
이제부터
모험이 시작됩니다!

Celebrate!

Part 1

1부_ 주변 요소(Context)

평범한 교실을 활기 넘치는 학습 커뮤니티로 바꾸기

교실 꾸미기

학습하기 좋은 교실을 꾸밀 때, 여러분의 교실에 있는 모든 것은 문자 그대로 '이야기합니다.' 모든 것은 여러분에 대해 그리고 교수(teaching)와 학습에 대한 여러분의 태도에 대해 무엇인가를 이야기합니다. 여러분의 교실 환경은 그러한 요소들로 가득 차 있고, 학생들은 의식적이든 무의식적이든 그것들을 익히게 됩니다. 이러한 요소들은 학생들에게 영향을 미치고, 더 나아가 학습 전체에 영향을 미칩니다. 따라서 여러분은 교실이 이야기하는 것을 잘 듣고, 그것을 활용해야 합니다.

이 책을 통해 여러분은 책상을 정리하는 방법부터 교실에서 일어나는 모든 것, 즉 교수 방법이나 디자인에 이르기까지 교실을 '학습 커뮤니티(최적의 학습을 만들기 위해 모든 세부 사항이 주의 깊게 오케스트레이션되는 작은 사회)'로 변형시키는 방법을 알게 될 것입니다.

세부 사항을 오케스트레이션할때, 여러분은 학생이 학습하게 될 곳의 주변 요소를 적절하게 조정하게 됩니다. 주변의 모든 요소들은 학습에 긍정적이고 도움이 되며, 궁극적으로 학습할 마음을 이끌어내야 합니다. 여러분은 학습 커뮤니티가 인식, 경청, 참여, 피드백 그리고 성장을 촉진하는 장소가 되도록 해야 합니다. 그런 곳에서는 감성이 존중되고 의욕이 충만해질 수 있으며, 기꺼이 책임지고 서로를 믿을 수 있게 됩니다. 그런 곳에서 학습을 한다면 무엇이든 성취할 수 있을 것입니다.

여러분의 교실은 '집'처럼 편안해야 합니다. 거기에서 학생들은 피드백을 자연스럽게 받아들이고 다른 사람을 지지하며 인정하는 것을 배웁니다. 기쁨과 만족, 주고받음, 학습과 성장을 경험합니다.

주변 요소는 학습을 위한 무대장치입니다. 그것에는 네 가지, 즉 기초, 분위기, 디자인, 환경이 있습니다.

기초(Foundation) 한마디로 뼈대입니다. 여러분과 학생들에게 학습 커뮤니티 내의 운영을 위한 지침들을 주는 공통의 목적, 신념, 동의, 방침, 절차 그리고 규칙들이 그것입니다.

분위기(Atmosphere) 여러분이 선택하는 언어, 학생과의 교감 그리고 학교와 학습에 대한 여러분의 태도를 포함합니다. 즐거운 분위기는 학습에 도움이 됩니다.

여러분의 교실은 무엇을 이야기하고 있습니까?

디자인(Design) 학생들을 몰입하게 하고 의미를 확장하고 전달력을 높이는 중요한 요소들을 의도적으로 정교하게 만드는 것입니다.

환경(Environment) 교실을 꾸미는 방법입니다. 조명, 색상, 책상과 의자의 배열, 화분의 배치, 음악 등 학습을 지원하는 모든 것입니다.

이 네 가지가 잘 오케스트레이션될 때, 마법 같은 무언가가 생겨납니다. 실제로 주변 요소 그 자체가 소속감을 만들고 책임감과 존중을 이끌어냅니다. 그런 교실은 학생들이 억지로 가야 하는 곳이 아닌, 있고 싶어하는 학습 커뮤니티가 됩니다.

지금 여러분의 교실은 어떤지 자세히 살펴보십시오. 다음 네 개의 장에 나오는 지침을 따르십시오. 그리고 여러분의 세계에 있는 주변 요소의 힘을 발견하시기 바랍니다.

02

2장_ 주변 요소

학습 동기를 유발하고 몰입하게 만드는 교실 분위기

- **ⓐ** 의도의 숨겨진 힘
- **ⓑ** 교감
- **ⓒ** 즐거움과 경이로움
- **ⓓ** 위험 감수
- **ⓔ** 소속감
- **ⓕ** 모델링

학생이 가능하다고 생각하는 것 이상을 하게 되면 어떻게 될까요?

학생을 오랫동안 학습에 몰입하게 할 수 있다면, 그들에게 동기를 불러일으킬 수 있다면, 그리고 자연스럽게 더 학습하게 한다면 어떻게 될까요?

상상해보세요. 수업 첫날 콜린이 교실로 서둘러 갈 때, 그의 마음속엔 기대와 망설임, 두려움과 흥분이 함께 경주를 합니다. 교실이 가까워질수록 "올해는 어떤 일들이 펼쳐질까?" 하는 궁금증이 샘솟으면서 수많은 그림, 소리, 느낌들이 그의 머릿속을 날아다닙니다.

수업의 첫 순간은 콜린에게 많은 것을 이야기해줍니다. 여러분과 여러분의 과목, 스타일, 그리고 수업이 짧게 느껴질지 아니면 영원히 지속될 것처럼 느껴질지, 물론 이번 학기를 성공적으로 마칠 수 있을지에 대해서도 말해줍니다.

콜린에게 이번 학년은 어떤 모습일까요? 예년과 같은 학교일까요? 아니면 경이, 흥분, 흥미로움과 존중으로 가득 찬 새로운 모습의 학교를 발견하게 될까요?

연구에 따르면, 교실의 환경 또는 분위기는 학습에 있어 중요한 심리적 결정 인자의 하나라고 합니다(월버그와 그린버그, 1997). 분위기(공간에서 느껴지는 어떤 것, 즉 환경)는 정서적인 학습의 장을 나타냅니다.

여러분이 좋아하는 식당을 예로 들어보겠습니다. 여러분은 음식뿐만 아니라 분위기(차분한 또는 흥분시키는, 따뜻한 또는 황량한, 전통적인 또는 현대적인)도 즐깁니다. 분위기는 여러분의 저녁을 한 끼의 식사가 아닌 하나의 경험으로 만듭니다. 식당에서 분위기는 음식 맛 못지않게 중요한 요소입니다.

여러분도 학습 분위기로 비슷한 효과를 만들어낼 수 있습니다. 차원이 다른 수업 또는 엄청난 발견의 경험을 하게 할 수 있습니다. 그 선택은 여러분의 것입니다. 뛰어난 분위기를 만드는 핵심 요소는 의도, 교감, 즐거움과 경이로움, 위험 감수, 소속감 그리고 모델링입니다.

ⓐ 의도의 숨겨진 힘

학생의 능력이나 성취욕에 대한 교사의 의도나 신념은 크고 분명하게 나타납니다. 여러분이 가르쳤던 마지막 시간을 돌이켜 생각해보십시오. 여러분의 의도(긍정적인 또는 부정적인)는 어떻게 나타났습니까?

여러분은 마치 학생들이 최고가 되기를 원하는 것처럼 그들이 성공할 수 있고 성공하기를 원하며 성공할 것이라고 믿고 행동했습니까? 여러분은 학생들이 비추는 이미지를 간파하고 그들의 내면에 준비되어 있는 것을 활용했습니까? 여러분은 학생들이 누구이고 그들이 무엇이 될 수 있는가에 대해 긍정적인 생각을 하면서 학생들과 상호작용했습니까? 그리고 그들이 여러분이 기대한 대로 되는 것을 보았습니까?

이 모든 것이 여러분이 의도한 것에 대한 증거입니다. 이러한 의도들은 여러분이 말로 표현하는 그 어떤 것만큼이나 중요합니다.

> "자신의 재능에 대한 믿음은 그 재능에 깊은 영향을 미친다."
> – 앨버트 반두라, 1988

모든 것은 이야기한다!

학생들은 여러분이 가르치는 것을 빠르고 정확하게 이해하는 것만큼 여러분의 의도도 재빨리 알아차립니다. 모든 학생의 이마에 '100점'이 각인되어 있다고 마음에 그리면서, 여러분의 의도를 의식적으로 바꾸는 연습을

하시기 바랍니다. 아니면 마치 모두가 최고의 학생인 것처럼, 모든 학생이 이마 위에 금별(옮긴이주: 학교에서 우등 표시로 주는 작은 금색 별)을 붙이고 있다고 생각하는 것이 더 쉬울 수 있습니다. 이런 식으로 학생과 상호작용하십시오. 그리고 그것이 만드는 차이에 주목하십시오.

다양한 수준의 교사들과 일하면서, 우리는 교사와 저능력 학생과의 상호작용과 고능력 학생과의 상호작용에서 흥미롭지만 문제가 있는 패턴을 확인했습니다.

교사들은 고능력 학생에게 더 많이 미소 짓고, 더 개인적이고 친근하게 관여하고, 복잡한 단어를 쓰고 더 성숙하게 행동하며, 더 지적이고

테레사는 학교에서 심한 문제아로 낙인찍혀 있었습니다. 다른 학생들에게 시비를 거는 걸로 모자라 선생님과 큰소리로 다투기까지 했으므로 교실에서 쫓겨나는 일도 잦았습니다. 많은 과목이 낙제였고, 정학도 수시로 당했습니다.

그런데도 불구하고 테레사의 담임인 싱거 선생님은 그녀를 믿어주고, 계속해서 그 사실을 인식시켜주었습니다. 그녀 자신조차 자신을 신뢰하지 못하는데도 말입니다.

첫 학기 때 테레사는 지금까지 해왔던 대로 행동했습니다. 교실에서 쫓겨나 수업을 듣지 못하는 경우도 많았습니다. 싱거 선생님은 테레사와 테레사의 아버지를 만나 많은 이야기를 주고받았습니다. 테레사는 낙제를 면치 못했지만, 싱거 선생님은 결코 그녀가 포기하도록 내버려두지 않았습니다.

그렇다면 싱거 선생님의 수업은 테레사가 그동안 참석했던 수업들과 어떻게 달랐을까요? 싱거 선생님은 테레사를 문제아로 낙인찍지 않고, 그녀도 100점을 받을 수 있다는 신념을 갖고 그녀를 계속 붙잡아주었습니다.

테레사는 담임 선생님이 어떤 생각으로 자신을 대하는지 깨달았고, 교감을 더 잘하는 방법도 알았습니다. 싱거 선생님은 문제아가 되기 이전의 그녀에게 관심을 가짐으로써 그녀와의 관계를 만들어냈습니다. 순간순간 테레사는 좌절하기도 했지만, 그때마다 싱거 선생님은 테레사가 해낼 수 있으리라는 변함없는 믿음으로 그녀를 지켜보았습니다. 다음은 테레사가 남긴 글입니다.

싱거 선생님, 안녕하세요?
올해 초만 하더라도 저는 공부할 자신이 없었어요.
그런데 선생님이 계셔서 온갖 어려움을
무릅쓸 수 있었어요.
선생님은 제 자신을 믿도록 도와주셨어요.
처음엔 공부가 어려웠지만 이젠 해낼 수 있어요.
다음에 만날 선생님도 선생님처럼
좋은 분이셨으면 좋겠어요.
선생님께서 가르쳐주신 모든 것에 감사드려요.

선생님을 힘들게 해드려서 죄송해요.
저도 제가 골칫거리라는 사실을 아는데,
선생님께서 저를 교실에서 내쫓지 않으셔서
놀랐어요.
이젠 제 인생에도 목표가 생겼어요.
하늘에 계신 제 어머니도 이런 저를 보시고
자랑스러워하시겠죠?
어머니를 기쁘게 해드리고 싶어요.
선생님, 사랑합니다.

테레사 올림

ps. 저를 믿어주셔서 고맙습니다. 지금까지 해오신 것처럼 계속 학생들을 대해주세요. 아마 다른 학생들에게 큰 용기와 힘이 될 거예요.

유머 있는 태도로 말하는 경향이 있었습니다. 똑같은 교사들임에도 저능력 학생에게는 마치 그들이 들을 수 없는 것처럼 더 크고 더 느리게 말하며, 기초적인 단어와 미성숙한 문장을 사용하고, 더 적게 미소 짓고 더 교육적이고 권위적으로 상호작용하는 경향이 있었습니다. 본질적으로 교사들은 학생을 그들의 꼬리표(성적이 좋거나 나쁘거나)가 말하는 대로 다룹니다.

열 명 가운데 아홉 명의 교사는 학생의 과거 행동에 기반을 두어 학생의 실패를 미리 판단합니다. 그리고 그들이 얻은 결과가 예상과 맞아떨어졌던 때가 많았다고 말합니다. 교사의 의도가 학생의 성취에 영향을 줄까요? 당연히 그렇습니다!

펜실베이니아 대학교 심리학자인 마틴 셀리그만 교수는 '어떤 사람들은 다른 사람보다 이런 예단에 더 민감하게 반응한다는 사실'을 알아냈습니다. 수영선수들이 얼마나 낙관적 또는 비관적인가(그들이 어떻게 피드백을 해석하는가)를 실험을 통해 보여주었습니다. 비관적인 것으로 나타난 수영선수 중 일부는 거짓으로 힘든 시간이 주어졌을 때, 이후의 시도에서 기록이 훨씬 더 형편없었습니다. 반면에 낙관적이었던 다른 사람들은 부정적인 피드백에도 불구하고 수영을 더 잘했습니다(셀리그만, 1991).

《가능성의 가장자리에 있는 교육(Education on the Edge of Possibility)》이라는 책에서 르네이트 누멜라 케인과 제프리 케인은 다음과 같이 기술하고 있습니다,

"인간의 잠재력과 모든 학생들의 학습 성취 능력에 대한 교사의 믿음은 매우 중요합니다. 이 같은 교사의 의식이 학습 분위기와 학생의 태도에 큰 영향을 미칩니다. 교사는 학생의 감정과 태도뿐만 아니라 학습에도 깊은 영향을 준다는 사실을 이해해야 합니다."

학습에서 감성의 역할

감성을 자극하면 학생의 학습 속도가 더 빨라집니다. 또한 학습 내용이 더 의미 있어지고 더 오래 기억됩니다.

잠시 대학에서 공부하던 시절을 떠올려보십시오. 어떤 수업에 더 끌렸습니까? 어떤 정보를 더 잘 기억하시나요? 여러분이 좋아했던 교수로부터 얻은 정보입니까, 아니면 좋아하지 않았던 교수로부터 얻은 것입니까? 맞습니다! 좋아하는 교수의 가르침은 감성적으로 더 다가올 뿐만 아니라 그 과목을 오래 기억하게 만듭니다.

뇌 연구는 감성, 장기 기억 그리고 학습 사이에 연결 고리가 있음을 보여줍니다. 연구원이자 인지 심리학자인 다니엘 골맨 박사는 다음과 같이 설명합니다.

"감성 능력은 이성적인 마음에 긴밀하게 영향을 미칩니다. 사고 그 자체에 능력을 부여하거나 무력화시키면서 순간순간의 결정을 좌우합니다. 어떤 의미에서 우리는 두 개의 뇌, 두 개의 마음 그리고 다른 두 종류의 지능(이성적·감성적)을 가지고 있습니다. 우리가 인생(그리고 학습)에서 어떻게 하는가는 두 가지에 의해 결정되기 때문에 지능 지수(IQ)와 감성 지능(EI) 모두 중요합니다. 사실, 사고력은 감성 지능 없이는 최고로 작동할 수 없습니다(골맨, 1995)."

연구에 따르면, 감성적 연계가 없는 뉴런은 학습한 것을 기억하게 할 만큼 활동하지 않습니다(골맨, 1995·르두, 1993·맥린, 1990).

여러분은 왜 학습자들이 마음의 문을 닫고 여러분의 말을 듣지 않는지, 왜 여러분은 화가 나면 잠시 제정신을 잃는지, 왜 여러분은 모욕을 당한 지 한 시간 후에야 강력하게 반격해야 한다고 생각하는지에 대해 궁금해한 적이 있나요?

폴 맥린 박사, 조셉 르두 박사 그리고 다니엘 골맨 박사 덕분에 이제 우리는 뇌가 위협이나 '역기능적 스트레스(distress)'를 지각할 때 이성적으로 추론하기 위한 뉴런의 용량이 최소화된다고 가르칩니다.

뇌는 '감성적인 면에 붙잡혀'(골맨, 1995) 투쟁 도주(fight-or-flight) 상태로 들어가고 생존만을 생각하는 단순한 수준으로 작동합니다. 이런 상황에서 뉴런의 연결과 활동은 실질적으로 감소하거나 최소화되고, 뇌는 '고차적 사고술(HOTS, Higher Order Thinking Skills)'을 잘 이용할 수 없게 됩니다.

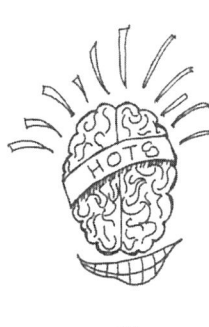

'저속 기어 전환(downshifting)'으로 알려진 이러한 현상은 심리·생리학적인 반응이며, 순간적으로 또 시간이 흐르면서 학습을 정지시킬 수 있습니다(맥린, 1990). 학생의 학습 능력이 실질적으로 감소합니다.

좋은 소식은 뇌가 위에서 말한 내용과 반대되는 역할을 할 수 있다는 것입니다. 뇌는 '순기능적 스트레스(eustress)'라고 알려진 긍정적 스트레스 또는 지지적 압력에 의해 감성적으로 기능할 수 있고, 뉴런의 활동을 최대화할 수도 있습니다.

'몰입(flow)'으로 불리는 상태에 대한 연구로 잘 알려진 시카고 대학의 심리학자인 미하이 칙센트미하이 교수는 몰입을 '사람들이 한 행동에 너무 몰두하여 다른 그 어떤 것에도 마음을 뺏기지 않는 상태'라고 정의합니다(칙센트미하이, 1990). 그는 몰입과 순기능적 스트레스와의 관계를 이렇게 기술합니다.

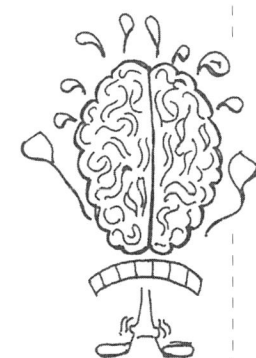

"사람들은 자신에 대한 요구가 평소보다 많고 자신이 평소보다 더 마음을 쏟을 때 집중을 하는 것 같습니다. 요구가 너무 적으면 사람들은 지루해합

니다. 해야 하는 것이 너무 많으면 사람들은 걱정합니다. 몰입은 지루함과 걱정 사이의 미묘한 부분에서 발생합니다(칙센트미하이, 1986)."

다중지능이론 개발로 잘 알려진 하버드 대학의 심리학자이자 연구자인 하워드 가드너 교수는 '몰입'에 대해 이렇게 말합니다.

> "논리와 이성으로부터 감성을 분리함으로써, 우리는 학생들의 관리와 평가를 단순화할 수 있었지만 그것은 단순히 동전의 양면을 분리한 것에 불과했으며, 그런 과정에서 중요한 것을 잃었습니다. 인생에서 중요한 활동으로부터 감성을 분리하는 것은 불가능합니다. 시도하지 마십시오."
>
> 로버트 실베스터 박사, 1995
> 《뉴런의 찬미(A Celebration of Neurons)》

"우리는 아이들을 학습이라는 영역으로 이끌기 위해 그들이 긍정적인 상태를 유지하고 있을 때를 활용해야 합니다. … 몰입은 아이들이 좋아하는 일에 깊이 빠져 있는 내적 상태를 의미합니다. 여러분은 여러분이 좋아하고 착 달라붙어 할 수 있는 어떤 것을 찾아야 합니다. 아이들이 싸우고 사납게 구는 때는 바로 지루해졌을 때이고, 아이들이 자신의 학업에 대해 걱정할 때는 바로 도전에 직면해 있을 때입니다. 그러나 좋아하는 어떤 것이 있고, 몰두하는 것에서 즐거움을 얻을 수 있을 때 여러분의 학습 효율성은 최고가 됩니다(가드너, 1995)."

감성적인 몰입을 만들고, 학습에 재미를 불어넣으며, 관계를 형성하고, 학습 분위기에서 모든 위협을 제거하는 것이 핵심입니다. 자동차와 같이, 여러분은 학습 과정이 모든 실린더에서 돌아가기를 바랍니다. 1단 기어에서 시작해서 차츰 5단 기어로 나아가듯이, 1단인 위협 제거하기에서 고차적 사고술(HOTS)로 나아가는 것입니다.

연구에 따르면, 학생들은 수업이 만족스럽고 도전적이며 친근할 때 그리고 의사 결정 단계에서 자신의 목소리를 낼 수 있을 때 학습을 더 잘합니다. 이런 조건 하에서 학생들은 주제와 관련된 활동 가운데 자신이

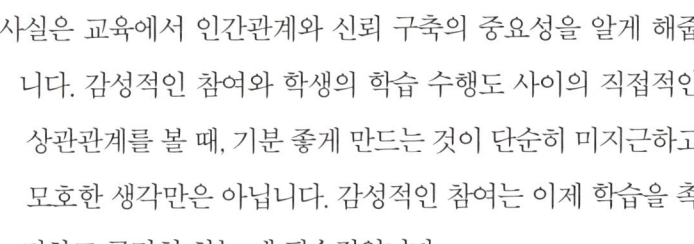

교육에서 좋은 결과얻기

- 모든 위협을 제거하라.
- 학습자의 감정을 끌어들여라.
- 교감하라.

선택할 수 있는 활동에 더 자주 참여했습니다(월버그, 1997). 이러한 사실은 교육에서 인간관계와 신뢰 구축의 중요성을 알게 해줍니다. 감성적인 참여와 학생의 학습 수행도 사이의 직접적인 상관관계를 볼 때, 기분 좋게 만드는 것이 단순히 미지근하고 모호한 생각만은 아닙니다. 감성적인 참여는 이제 학습을 촉진하고 군건히 하는 데 필수적입니다.

또한 많은 학습과 참여 외에도 감성적인 몰입은 학습 주제를 기억하고 회상하는 데 영향을 미칩니다. 뇌신경과학자인 조셉 르두 박사는 뇌의 감정 센터인 편도체(amygdala)가 기억을 저장하는 데 엄청난 역할을 한다고 밝혔습니다.

"편도체의 자극은 곧 감성을 자극하는 것이며, 대부분의 순간을 기억하는 데 큰 역할을 하는 것 같습니다. 예를 들면, 우리가 첫 데이트를 했던 장소 또는 우주왕복선 챌린저호가 폭발했다는 뉴스를 들었을 때 우리가 무엇을 하고 있었는지를 더 잘 기억하는 이유가 바로 이것입니다. 편도체 자극이 더 심할수록 각인은 더 강력해집니다(르두, 1994)."

 **교감**

감성적인 참여를 위해 교사는 학생들과 교감해야 합니다. 교감은 학생의 삶 속으로 들어가 그들의 관심사를 알고, 그들의 성공을 함께 즐거워하며, 그들의 언어로 말하는 것입니다. 교감 기술을 개발함으로써 학생을 참여시키는 데 힘을 덜 들이고, 교실 관리를 더 쉽게 하며, 집중하는 시간을 더 길게 하고, 더 재미있게 수업을 할 수 있습니다.

기억하세요.
우리가 학생의 세계로 들어갈 수 있는 만큼
우리는 그들의 삶에 영향을 미칠 수 있습니다.

교사들은 종종 해묵은 문제들을 토의합니다. "학생들이 우리를 좋아할까?" 좋아한다면 일은 훨씬 더 쉬워질 것입니다. 교사들이 학생들과 대립해 있다기보다 함께하는 동반자라는 사실을 안다면 어렵게 문제를 풀어나가지 않을 것입니다. "학기 중간까지 웃지 말라"는 말은 "학생이 우리를 좋아해서는 안 된다"는 진영에 뿌리를 둔 잘못된 충고입니다.

이 같은 사고는 교사가 학생의 감정을 끌어들이고 교감할 수 있도록 하는 데 방해가 됩니다. 설령 아주 거칠고 '다루기 어려운(untouchable)' 청소년들을 마주하더라도 그 아이들을 학습에 끌어들이는 단 하나의 방법은 인간 대 인간으로 교감하는 것입니다.

학생들과 교감을 하느냐 못하느냐가 탁월한 교사들과 평범한 교사를 구분하는 요소입니다. 교감하십시오. 그러면 학생들은 여러분과 여러분의 가르침을 받아들일 것입니다. 여러분이 학생들과 만든 관계 덕분에 학생들과 다투거나 징계해야 할 문제들을 대화로 풀 수 있게 됩니다.

추가하여, 내용(여러분조차 좋아하지 않는 커리큘럼의 한 부분) 또는 주변 요소(방학 시작 전주와 같이 들떠 있는 분위기) 때문에 일이 힘들어질 때에도(또는 평소라면 여러분이 학생을 포기할 정도로 관계가 팽팽해질 때에도) 학생들이 여러분을 신뢰하기 때문에 그들은 여러분과 함께 어려움을 견딜 것입니다.

교감을 잘하고 평온한 관계를 유지하는 것은 여러분 쪽에서 그렇게 하려는 의도와 연민을 갖는 것이며, 또한 위험까지도 부담하는 것입니다. 이러한 방법은 "먼저 규칙과 규정을 만들고 본론으로 들어가라. 그리고 관계는 시간을 두고 만들어가라"라고 말하는 낡은 패러다임과는 다릅니다.

퀀텀 교수법은 첫째 날부터 학생과 친해지도록 노력하고, 그들과 교감하라고 제안합니다. 학습 내용과 학습 디자인에 바로 접근하지 않도록 제안하는 것입니다. 이렇게 하는 것이 마음을 열고 효과적인 분위기를 만드는 방법입니다.

사실 귀중한 시간을 낭비하는 것일 수도 있지만, 첫째 주나 둘째 주까진 교실 분위기를 만드는 데 전념하십시오. 팀, 파트너십, 안전, 교감, 교감, 교감… 안전하고 따뜻한 분위기를 만들기 위해 첫 주에 들이는 시간은 한 해 동안의 학습환경을 만드는 것뿐만 아니라 교실 관리와 재교육을 할 때 시간을 절약해주기까지 합니다. 학생들이 첫주에 받는 메시지는 무엇일까요? 학습 내용을 떠나서 사람이 최우선이라는 것입니다.

이러한 교감의 수준은 부가적인 혜택을 제공합니다. 여러분이 여러분의 학습자를 이해하고 그들과 관계를 맺을 때, 교감은 그들이 말한 것과 행동하는 것에 대해 그들이 책임을 지도록 해줍니다. 그러나 여러분에게 똑같은 것을 기대할 권리를 그들도 갖고 있다는 것을 기억하십시오.

이런 종류의 파트너십을 위해 커뮤니케이션하는 것은 여러분과 그들 모두에게 좋습니다. 그것은 학생들을 경계하지 않도록 하고, 여러분

문제아였던 테레사를 기억하시나요?
그녀의 증언처럼 학생들을 믿어주고, 그들의 능력을 일깨워주는 행동이 성공이라는 엄청난 결실을 맺기도 합니다. 테레사는 학기 내내 나쁜 행동을 일삼았고 시험점수는 낙제를 면하기 어려웠습니다. 하지만 싱거 선생님은 문제가 다분한 테레사를 계속 믿어주었고, 무사히 학기를 마칠 수 있도록 이끌어주었습니다. 다음은 싱거 선생님이 그녀로부터 받은 쪽지의 일부입니다.

"… 집에서 조용히 제 자신에 대해 생각해보았습니다. 저 때문에 선생님이 걱정하시는 것을 압니다. 선생님은 제게 할 수 있다는 믿음을 심어주셨습니다. 저는 꼭 해낼 겁니다. 스스로를 믿고 노력하겠습니다. 고맙습니다. 이 모든 게 저의 행동이 아닌 저라는 한 인간을 받아들여주신 선생님 덕분입니다. 대부분의 다른 선생님들은 그렇게 하지 않았습니다."

재수강을 하러 온 테레사는 새로운 사람이 되어 있었습니다. 그녀는 선생님이 자신을 믿어주었다는 사실을 알았고, 결국 해냈습니다. 학생에게 능력이 있음을 믿고, 그 사실을 학생들 스스로 깨닫게 함으로써 그들의 마음을 열 수 있습니다. 마음을 연 학생들을 가르치는 일은 훨씬 쉽습니다. 특히 여러분이 열린 마음을 갖고 있다면 말입니다.

이 사랑을 갖고 정직하게 얘기하게 합니다. 왜냐고요?

여러분이 그들에게 피드백하는 것이 중요하기 때문입니다. 여러분이 긍정적인 의도와 교감을 가지고 학생과 상호작용할 때, 여러분은 가장 중요한 문제(그들이 누구이고 그들이 스스로를 어떻게 생각하는가)에 대해 학생들에게 직접적으로 말할 수 있게 됩니다. 학생들은 솔직하게 여러분으로부터 이러한 것을 기대합니다. 이러한 특권을 남용하거나 속임수를 위한 도구로 사용하지 않도록 주의하시기 바랍니다. 여러분이 사랑하는 사람을 예우하듯이 여러분의 학생에 대해서도 그렇게 하십시오.

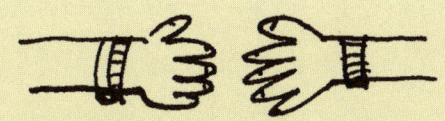

교감을 위한 제안

- 학생을 평등하게 대하라.
- 학생들이 무엇을 좋아하고, 그들의 삶에서 일어나는 일들을 어떻게 생각하고 느끼는지 알라.
- 학생들이 스스로에게 어떤 말을 하는지 상상하라.
- 학생들이 진실로 원하는 것을 얻지 못하게 막는 것이 무엇인지 알라. 모르면 질문하라.
- 학생들이 분명하고 부드럽게 들을 수 있는 방식으로 진실을 이야기하라.
- 학생들과 즐거운 시간을 가져라.

 즐거움과 경이로움

여러분이 의식적으로라도 즐거워하다보면 가르침과 배움, 두 가지 모두가 더 재미있어집니다. 즐거움은 학생들을 더 쉽게 학습하게 하고 부정적인 태도를 바꾸게도 할 수 있습니다.

혹시 보조 바퀴도 없이 처음으로 자전거를 탔을 때의 기분을 기억하고 있나요? 휘이(즐거운 휘파람 소리)! 그때의 기억을 떠올려보세요. 그것은 어렸을 때 자주 경험한, 기분을 최고로 만드는 학습의 전형적인 모습이었습니다. 당시 여러분은 학습 기계였습니다. 여러분은 사람들이 학습할 때 나타나는 고유의 성분(깨달음의 감탄사인 '아하'를 만들었던)을 바탕으로 성장했습니다.

{ 특별 게시판
위험 + 즐거움 = 희열! }

불행하게도, 즐거움이 학습과 단절되고 학습이 맥 빠진 경험이 되는 어떤 지점은 바로 중학교 때입니다. 고등학교의 어려운 공부를 미리 준비하고 있었기 때문에 학교 공부를 어렵고 심각한 것으로 받아들여 여러분은 수렁에 빠지기 시작합니다.

"내 이야기를 잘 들어라. 허락하기 전에 입을 열지 마라. 의자에 앉아 있어라. 다른 사람에게 말하지 마라."

이 모든 말은 우리가 앞에서 주장해오던 학습에 관한 내용과는 정반대입니다. 학습은 호기심, 발견, 놀이, 오만 가지 질문, 뭐든 손에 넣기, 맞습니다. 즐거움이었습니다!

여러분의 학생을 위해 방향을 바꾸는 것이, 그리고 '휘이!'를 학습에 가져오는 것이 늦지는 않았습니다. 많은 학생에게 '휘이!'가 '학교'라고 부르는 지루한 곳에 대한 새로운 연상이 될 수 있습니다. 학생들에게 공부는 너무도 오랫동안 지겨운 것이었습니다. 학교는 '재미없음'과 동의어가 되었습니다. 여러분은 이제 학생들이 공부의 즐거움과 호기심을 다시 갖게 할 수 있습니다.

이렇게 된다면 여러분 역시 더 즐겁게 가르칠 수 있을뿐더러 공부에 대한 학생들

의 부정적인 태도를 변화시킬 수 있습니다.

《즐거운 교실(The Laughing Classroom)》에서 루만스와 콜버그는 다음과 같이 쓰고 있습니다.

"최근 선생님들이 커다란 문제로 여기는 것이 바로 버릇없는 학생이거나 수업을 방해하는 학생들에 관한 것입니다. 그러나 그런 두 종류의 학생 모두에게 공통적으로 의미 있는 어떤 것이 있습니다. 그들은 자발성과 즐거움이 없는 단조로운 학습을 잘 하려 들지 않습니다. 수업을 방해하는 상당수 사건은 교실에서 유머와 자극에 대한 내적인 욕구를 발산하지 못하는 데서 일어납니다. …교실 분위기가 즐겁고 생동감이 넘치며 창의적일 때 모든 연령대의 학생들이 호기심을 갖게 되고, 그들은 자연스런 분출구를 갖게 됩니다(루만스와 콜버그. 1993)."

가르치는 일에서 더 큰 즐거움을 느끼고 싶다면 다음 세 가지 방법을 고려하십시오. 긍정적인 말과 칭찬 그리고 축하입니다.

긍정적인 말

즐거움을 더하기 위한, 그리고 여러분의 머릿속에 있는 목소리에 다가가기 위한 좋은 방법으로 긍정적인 말을 사용하십시오. 맞습니다. 우리는 '여러분의 머릿속에 있는 목소리'라고 말했습니다.

여러분은 목소리 하나를 갖고 있습니다. '내적 대화(ID, Internal Dialogue)'라고도 하는 그것은 우리의 가치와 신념을 반영하며, 어떤 순간에도 세상에 대한 우리의 경험에 강력한 영향력을 행사합니다.

학생들의 머릿속에 있는 목소리는 여러분이 가르치는 내내 계속 중

얼댑니다. 그런데 우리는 종종 그 목소리를 무시하고 가르칩니다. 그 목소리는 계속 중얼대기 때문에 거기에 관련된 질문은 이런 것일 수 있습니다. "그 작은 목소리는 학습에 도움이 될까, 학습을 중단시킬까, 방해할까?"

조금 깊이 생각하면, 학생들이 자신과 학습에 대해 긍정적이고 지지적인 어떤 것을 재구축하는 데 영향을 주기 위해 여러분은 긍정 암시와 자아확인(옮긴이주: self-affirmation, 자신의 내부에 어떤 본질이 있음을 확인하려는 의식)을 사용할 수 있습니다. 4장에서는 여러분 교실의 환경과 함께 이것을 어떻게 사용하는가에 대해 배울 것입니다.

칭찬

퀀텀 교수법에 있는 또 하나의 기본 신조는 다음과 같습니다.

모든 노력을 칭찬하라!

모든 사람은 칭찬받기를 좋아합니다. 칭찬은 우리를 자부심, 자신감 그리고 행복으로 채웁니다.
연구에 따르면, 학생 자신에게 능력이 있다는 생각은 선생님의 칭찬 때문에 증가합니다. 어린이 언어학습 연구에서 고든 웰스는 다음과 같이 기술하고 있습니다.

"아이들에게 자신감을 심어주고 싶다면 흥미롭고 도전적인 학교생활을 경험하게 하십시오. 학교는 노력의 대부분이 성취되고, 학생들 자신과 그들이 할 수 있는 것에 대해 개인적인 인정을 받는 곳입니다. … 받아들여지지 않는다고 여기거나 무능하다고 여기는 아이들은 자신감을 회복하는 데 매우 느릴 수 있으며, 학교가 제공하는 커다란 학습의 기회로부터 멀어지거나 극단적인 경우에는 회복할 수 없는 상처를 받을 수도 있습니다(웰스, 1986)."

학생으로부터 최고의 결과를 얻기 위해서 정답을 찾는 노력뿐만 아니라 모든 노력을 칭찬하십시오. 우리는 개인적인 학습 과정보다 정답을 맞혔을 때 더 많이 칭찬합니다. 그 이유는 우리가 교사이기 때문입니다.

우리는 많은 시간을 '앎'이라고 부르는 것에 바칩니다. 우리는 우리가 아는 것이 무엇인지 잘 압니다. 우리는 우리의 교육 내용을 알고, 학생들이 무엇을 알고 있는지를 알며, 그들이 알아야 하는 것과 그들이 알게 될 것을 압니다. 우리는 그들을 알게 한 대가로 봉급을 받습니다. 결국 우리는 학습자들의 무엇을 칭찬합니까? 그들이 '아는 것'을 칭찬합니다.

학생들이 "안다!"라고 하는 장소로 가는 과정 속에서 대부분의 시간을 학습이라는 다른 장소에서 소비하기 때문에 문제가 발생합니다.

학습 상황은 유동적이고 다이내믹하며 위험하고 흥미롭습니다. 거기에 아직 지식은 없습니다. 실수, 창의성, 잠재력 그리고 호기심이 그 상황을 채웁니다.

여기에는 어울리지 않는 조합이 있습니다. 학생들은 여러분이 원하는 것(배우려고 노력하는 것)을 합니다. 불행하게도, 그들은 이것에 대해 칭찬 받지 못합니다.

1 + 1 = ?

학습 과정을 뺀 결과만 보고 칭찬을 한다면 어떤 손실이 생길까요?

브라이언은 유치원에 다닙니다. 하루는 선생님이 아이들에게 이런 질문을 던졌습니다. "여러분, 1 더하기 1은 답이 뭐죠?"

정답을 확신한 브라이언은 손을 높이 들었습니다. 선생님은 의자에서 일어설 정도로 열렬히 손을 흔드는 브라이언을 지목했습니다. 답을 맞힐 기회를 얻은 그는 미소를 띤 채 자신 있게 대답했습니다. "1 더하기 1은 3입니다!"

"아니야, 틀렸어! 샐리야, 네가 답을 말해볼래?" 선생님이 샐리에게 말을 거는 동안 다른 아이들은 깔깔거리며 브라이언을 비웃었습니다. "1 더하기 1이 3이래. 하하."

이 경우 브라이언은 어떤 생각을 하게 될까요? "다시는 안 그럴 거야. 확실한 정답이 아니라면 손들고 발표하지 않을 거야." 이렇게 다짐할지도 모릅니다. 그는 '정답은 곧 칭찬'이라는 교훈을 가슴 깊이 새깁니다.

만약 선생님이 학습에 대한 브라이언의 노력을 칭찬해주면서 그의 대답이 틀렸다는 사실을 알려주었다면 어땠을까요?

"와, 브라이언 대단해! 네 진도가 우리보다 조금 앞서 있네(하이파이브를 합니다). 3은 1 더하기 2야. 아직 우리는 거기까지 가지도 못했어. 그런데 잠깐, 1 더하기 2가 3이라면 1 더하기 1의 답은 뭐가 될까?"

> 격려하고 싶은 세 명의 학생들을 떠올리십시오. 각자에게 구체적이면서 상세한 칭찬을 하십시오.

그들은 '아는 사람'이 되었을 때에만 칭찬을 받습니다. 이건 아닙니다. 정말로 중요한 부분인 학습하기를 칭찬하십시오! 진정한 평생 학습자를 만들기 위해서, '앎'으로 가는 길에서 그들이 하는 모든 노력을 칭찬하십시오.

다음과 같은 도전을 해보십시오.

미국의 인기 퀴즈쇼인 제퍼디(옮긴이주: Jeopardy, 사회자가 '답'을 제시하면 참가자가 '문제'를 맞추는 형식인 퀴즈쇼)에서처럼 학생들의 '틀린' 답과 그들을 정답으로 안내하는 '맞는' 질문을 연결시키십시오. 우리는 이 기법을 '답 연결시키기(matching the answer)'라고 합니다(앞의 '1+1=?' 예를 보십시오).

강력하고 구체적으로 칭찬하는 것을 잊지 마십시오.

"잘했어!", "바로 그거야!" 또는 "훌륭해!" 같은 표현은 학생이 무엇을 어떻게 올바로 했는지에 대해 정확하게 짚어주는 말이 아닙니다. 대신에 "린, 그 단락에서 형용사 선택을 정말 잘했어. 아주 생생해!" 또는 "린, 네 것을 나누어주다니, 정말 관대하고 대단한 팀 플레이어구나. 고맙다"라고 해야 합니다. 이렇게 하면 학생은 자기가 잘했던 것에 모든 관심을 집중하고, 그것을 계속해서 해나갈 수 있습니다.

축하

축하하는 것은 더 책임감을 갖게 하고, 자신의 학습을 주도하게 만듭니다. 축하는 '당근' 없이 내적 동기를 만듭니다. 학생들은 자신들의 교육을 단순한 점수 이상의 어떤 것으로 만들면서 학습하기를 고대합니다.

여러분은 격렬한 프로 미식축구 경기를 보고 있습니다. 양 팀은 공을 앞뒤로 패스하며 공방전을 합니다. 한 팀이 점수를 내고, 또 다른 팀이 점수를 내고, 다시 먼저 득점한 팀이 점수를 냅니다.

경기가 치열해지자 패스가 성공할 때마다, 한 야드 전진할 때마다, 공격을 막을 때마다 양 팀의 선수들이 열광적으로 자기 팀 선수들을 칭찬하고 축하합니다. 춤을 추고, 함성을 지르고, 등을 두드리고 포옹을 합니다. 왜 그럴까요? 그들은 모든 행동이 중요하다는 것을 알기 때문입니다.

여기 퀀텀 교수법에 있는 또 하나의 신조를 소개합니다.

배운 것을 축하하라!

프로 선수들(사실, 모든 종류의 챔피언 팀들)은 축하 받는 하나하나의 작은 성공과 행동이 그들의 성취를 가속시킨다는 사실을 알고 있습니다. 그래서 그들은 모든 성공 뒤에 당연히 축하를 합니다. 다른 사람과 손뼉을 마주치는, 즉 하이파이브는 사기가 충만한 상태로 돌아가게 합니다. 다음에 하게 되는 강력한 플레이와 그 뒤에 오는 축하에 대한 연상이 그들을 계속 전진시킵니다.

거의 습관적으로 우리는 어떤 일이 끝나도 특별한 의미를 부여하지 않고 그냥 다음 일로 넘어갑니다. 그 일을 달성한 데 따른 축하도 없이 말입니다. 그러나 교사인 여러분은 항상 학습과 축하를 연결시키면서 성공의 씨를 뿌리도록 하십시오.

축하는 성공을 향한 욕구를 일으킵니다. 그러니 자주 축하하십시오. 우리가 사용하는 재미있는 축하 방법 몇 가지가 있습니다.

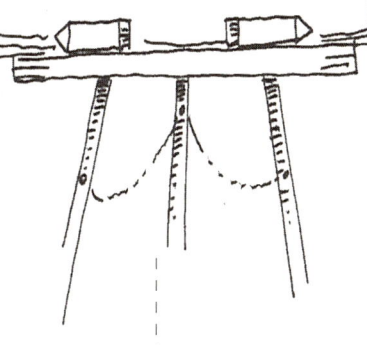

축하 방법

- 박수치기
- 만세 삼창하기
- 장풍 쏘기
- 손가락 튕기기
- 건배하기
- 포스터 붙이기
- 칭찬 쪽지 보내기
- 공동 모의하기
- 깜짝 선물하기
- 강점 칭찬 릴레이하기
- 옆 사람에게 말하기
- 하이파이브하기
- 긍정적으로 말하기

● **박수치기**: 박수는 격려하고 신뢰감을 주는 데 항상 효과적입니다. 서클 박수(원을 그리며 치는 박수) 같이 다

양한 방법을 시도합니다.

- **만세 삼창하기**: 신호에 따라 모든 사람이 펄쩍 뛰어오르며 크게 함성을 지릅니다. 큰 소리로 "만세, 만세, 만세!" 하면서 팔을 번쩍 치켜듭니다. 이런 식으로 교실 전체에 '파도'를 치게 하면 굉장한 광경이 됩니다.

- **장풍 쏘기**: 신호에 따라 모든 사람이 맞추어서 박수를 세 번 치고, 지정한 사람에게 기를 모아 장풍을 쏩니다. 동시에 "이얍!" 하고 외칩니다.

- **손가락 튕기기**: 조용한 칭찬이 필요할 때, 박수 대신 연속해서 손가락을 튕깁니다.

- **건배하기**: 파티에서 하듯이 반 전체가 누군가의 행동을 칭찬하거나 잘한 일을 공유하며 그 사람을 위해 가상의 잔으로 건배합니다.

- **포스터 붙이기**: 개인이나 전체를 칭찬하기 위해 포스터를 붙입니다.

- **칭찬 쪽지 보내기**: 노력 또는 반에 대한 기여, 좋은 행위를 칭찬하는 쪽지를 적어 개인에게 줍니다.

- **공동 모의하기**: 당사자가 모르게 칭찬하기 위해 사용합니다. 예

를 들면, 다른 반(부루키 선생님 반)을 칭찬하기 위해 이름을 적지 않은 포스터(또는 쪽지)를 남기는 식으로 반 전체가 공모할 수 있습니다. 거기에 다음과 같이 적습니다. "부루키 선생님 반은 대단합니다!" 또는 "오늘 시험에 행운이 있기를! 뒤에서 우리가 응원하겠습니다!"

- **깜짝 선물하기**: '간식', '숙제 없음', '수업 종료' 같은 것입니다. 그러나 이런 깜짝 선물은 무작위로 해야 합니다(관계없으면서 공연히 기대하게 만드는 보상은 하지 말 것).

- **강점 칭찬 릴레이하기**: 모두 잘 알게 된 후에 서로를 칭찬하도록 만들고 싶을 때 사용합니다. 학생을 U자 형태로 앉게 하고, 입구 쪽에 의자(hot seat, 중요한 사람이 앉는 의자)를 하나 놓습니다. 모든 학생이 번갈아 가며 그 의자에 앉습니다. 의자에 앉은 학생은 다른 학생과 눈을 맞추며 조용히 경청합니다. U자 대열에 앉아 있는 학생들은 핫 시트에 앉아 있는 학생의 특별한 강점이나 자질을 칭찬합니다.

학습하는 동안 어느 시점을 정하여, 전체 인원을 대상으로 다음에 나오는 것 중에 하나를 시도합니다.

- **옆 사람에게 말하기**: 옆 사람에게 말하게 합니다. "너는 굉장한 언어학자야(또는 막 배웠거나 시연했던 것 가운데 어떤 것이든 적용할 수 있음)!"

- **하이파이브하기**: 짝이나 학급 전체가 잘한 것을 축하하며, 전체를 칭찬하거나 팀 빌딩(옮긴이주: team building, 팀 구성원들의 관계 개선이나 문제해결 능력 향상 등을 통해 조직의 효율성을 높이려는 조직개발 기법의 하나)을 하기 위해 사용합니다.

- **긍정적으로 말하기**: 학급 전체가 대상이며, 학습 과정을 축하하면서 다음과 같이 말해봅니다. "우리는 달성했어!" "우리는 해냈어!" "우리는 할 거야!"

호기심

최근에 아기를 본 적이 있습니까? 정말로 본 것을 말합니다. 대부분의 어른들은 아기를 보면 멈춰 서서 "와우!" 하며 반깁니다. 이는 우리 모두가 공감하는 감정이기도 합니다.

> ## 특별 게시판
> ### 마음껏 호기심을 가져라!

아기들은 호기심 기계입니다. 아기들에게 있어서, 생일 장난감이 들이 있는 상자는 어느 모로 보나 선물 그 자체만큼 호기심을 자극하게 됩니다. 눈을 크게 뜨고 잘 디자인된 포장지를 재빨리 찢어냅니다. 잡아당기고, 들어올리고, 흔들면서 무엇인지 알려고 움직입니다. 입으로 가져가서 먹을 수 있는 것인지 아닌지 알려고 맛을 봅니다. 뚜껑을 이렇게 저렇게 돌려보며, 아기는 시행착오를 통해 상자를 열고 닫는 법을 배웁니다. 아기가 어떻게 장난감을 상자 속으로 넣고 다시 쏟는지 발견할 수도 있습니다. 이런 게임을 계속하면서, 이 매혹적인 새로운 물체에 대해 할 수 있는 모든 것을 하며 아기는 여러 가지를 배웁니다.

평범한 물건을 찾은 다음 그것으로 할 수 있는 세 가지 새로운 것을 만들어내시오.

모든 사람의 원초적인 학습 도구는 호기심입니다. 어릴 때 우리는 모든 구석, 틈, 장치, 구멍, 물체 등을 통하여 호기심을 일으키고 천재성을 촉발시켰습니다. 기본적으로 우리는 누군가 "안 돼!"라고 말하기 전까지 모든 것을 빨아들이는 학습 기계였습니다. 그 이후 자연스럽게 경이로움에 대한 호기심이 둔화되고, 타인이 우리의 자연적인 학습 과정에 영향을 미치기 시작했습니다. 우리가 학교에 입학했을 때, 이 호기심이라는 강력한 학습 도구는 다시 한 번 옳고 그름이라는 것에 의해 억압당하게 되었습니다.

우리는 창의적이며 열린 마음으로 질문을 하고, '정답' 이상의 것을 펼치고, 더 많은 질문으로 질문에 답변함으로써 호기심을 다시 교육으로 가져올 수 있습니다(엘킨드와 스위트, 1997). 우리는 학생들을 아는 사람이 아닌 진정한 학습자가 되도록 부드럽게 안내할 수 있습니다.

학습이 경이로움, 호기심, 탐험, 조사를 통해 모색되고 이루어질 때 학습에 많은 의미가 더해집니다. 호기심과 탐구심을 학습에 불어넣는 것이 어린 시절의 천재성을 다시 촉발시킬 수 있음을 알게 됩니다.

 위험 감수

여러분이 학습 중에 '위험'이라는 요소를 주입했을 때, 여러분은 자연스럽게 학습자의 모험심을 일으킵니다. 이것은 그들의 한계점을 넘게

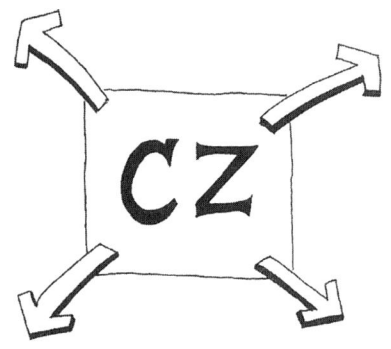

만들고, 훌륭한 경험을 쌓게 해줍니다. 위험 감수자가 훌륭한 학습자가 됩니다.

우리가 알고 있는 것 이상으로 아이들은 매일 위험을 감수합니다. 새로운 사람들과 이야기하고, 새로운 학습을 통해 모험하며, 누구와 앉게 될지를 궁금해하며 식당으로 들어가고, 점점 더 독립적으로 성장합니다.

우리는 모두 안전지대(CZ, Comfort Zone)에 삽니다. 그 안에서 우리는 특정한 활동, 사람들, 음식, 장소, 그리고 존재 방식 같은 것에 편안함을 느낍니다.

예를 들면, 최신식 교수 기법을 시도하는 것 대신 틀에 박힌 방식으로 가르치는 것이 여러분에게 안전지대일지도 모릅니다. 우리는 모두 안전지대 안에 있기를 원합니다. 왜냐하면 그것이 쉽고, 친근하고, 편안하기 때문입니다. 다른 모든 것들은 불안정해보이고 위험해보입니다.

지나치게 편안한 것들과 함께 있기 때문에 거꾸로 우리의 안전지대는 지루하고 침체된 곳이 될 수 있습니다. 만약 우리가 그곳에 오래 머문다면, 틀에 박힌 생활에 머무는 위험을 택해야 할지도 모릅니다.

그래서 우리는 안전지대 한계 밖으로 모험하고 다가가려고 하는 것입니다. 그곳엔 새로운 것들이 우리를 기다리고 있습니다. 우리 안의 작은 목소리가 속삭입니다. "나가지 마! 그냥 편안한 이곳에 머물러."

하지만 우리는 반드시 도전해야 한다는 것을 알고 있습니다. 변화가 이상하고 불안정하게 느껴질지도 모르지만, 결국 우리는 도전하고 불편함을 받아들입니다. 우리가 시도함으로써 안전지대에서 너무 멀게 느껴졌던 것들이 쉬워지는 것은 당연합니다. 이 작은 경험들이 바로 학습 과정입니다.

기억하세요.
학습에는 모험이 따릅니다. 우리가 무언가를 학습하기 위해 모험을 무릅쓸 때마다 우리는 우리의 안전지대에서 벗어나는 큰 위험을 감수해야 합니다.

우리는 학생들에게 늘 뭔가를 시도하라고 요구하고, 안전지대 밖으로 나가라고 요구합니다. 학생들이 도전할 수 있으려면 지원과 격려로 가득 찬, 위험이 안전하게 느껴지는 분위기를 만들어주어야 합니다. 그럼으로써 그들에게 도전과 '할 수 있다'는 의지를 불러일으킬 수 있습니다. 그러면 학생들 자신이 생각한 목표보다 훨씬 멀리 갈 수 있는 분위기를 만들 수 있을 것입니다.

여러분의 학생들이 안전지대 밖으로 나갈 수 있도록 북돋아주기 위해서는 첫 번째로 여러분 자신이 모델이 되어야 합니다. 이 책에서 배운 간단하고 새로운 가르침을 시도해보는 것으로 시작할 수 있습니다.

여러분이 하는 것을 학생들과 공유하십시오. "얘들아, 이번에 할 활동은 너희들이 재미있어 할 거야. 나도 처음 시도하는 것이라 조금 떨리기도 하지만 같이 시도해보자." 학생들은 상황에 맞게 행동할 것입니다. 학생들이 약간의 위험을 감수해야 할 때 여러분이 명심해야 할 점은 여러분 자신이 위험을 잘 극복해내고 있음을 학생들이 보게 하는 것입니다.

다음으로 안전지대에 대한 생각을 학생들과 공유합니다. 여러분도 안전지대 밖으로 한 걸음 내딛게 될

학생들이 안전지대 밖으로 한걸음 내딛도록 힘실어주기

- 여러분이 안전지대 밖으로 나가는 모습을 보여주십시오.
- 안전지대에 대한 생각을 학생들과 공유하십시오.
- 여러분이 학생들에게 그들을 100% 지지한다는 사실을 알게 하십시오.
- 학생들이 서로를 지지하게 하십시오.

> 여러분이 여러분의 안전지대 밖에서 지금 할 수 있는 것 세 가지는 무엇입니까?

거라는 것, 그리고 배워서 뛰어나게 되는 것은 모두 안전지대 밖으로 발을 내딛는 행동에 달려 있음을 그들이 알게 하십시오.

올림픽에 출전하기 위해 훈련을 한다고 생각해보십시오. 소파에 앉아 TV를 보는 것이 뛰거나 무거운 것을 드는 일보다 쉽지만, 금메달을 따기 위해선 소파에서 뛰쳐나와 운동을 해야 합니다. 여러분이 학생들을 항상 100% 지지할 것이라는 사실도 그들이 알게 하십시오. 여러분은 올림픽 트레이너입니다. 학생들도 팀의 일원으로 서로를 지지하게 하십시오.

여러분의 자전거에서 보조바퀴가 떨어진 것을 안 바로 그 순간을 생각해보세요. 무섭지만 어떻게 해서든 자전거를 타고 있다는 것을 알게 되면 '휘이' 하고 휘파람을 불 것입니다.

소속감

거의 예외 없이 학생들은 소속되기를 원합니다. 그들이 소속감을 갖게 되면 수업 분위기가 화기애애해지고 여러분의 수업과 학생들의 학습 속도가 모두 향상됩니다.

최고의 자리에 올라 있는 팀을 보면 선수들에게 공통점이 있습니다. 바로 소속감입니다. 이 소속감은 선수들에게 가치를 부여하고, 기여한다는 느낌을 받게 합니다. 그들은 힘을 느끼고 '나로서의 내가' 수용되는 감정을 경험합니다. 교사가 그 소속감을 만들어낼 때 교사는 또한 위협을 없애고, 학생들의 뇌를 진정시키고, 그들의 감성

> 소속감은 수업 과정을 가속화하고 학습자의 책임감을 증가시킨다.

을 참여시키고, 학습을 날아오르게 합니다.

이것은 그들이 학습하는 과정에서 통합, 일치, 지지 등의 감정을 느끼게 해줍니다. 또한 수업 과정을 가속화하고 학습자의 책임감을 증가시킵니다.

진정한 소속감(팀 결속력)은 사람들이 성공과 학습을 위해 안전지대 밖으로 내디딜 수 있도록 힘을 실어줍니다. 서로를 존중하며 소통하는 표준뿐만 아니라 서로를 지지하는 언어도 만들어줍니다(싱거, 1997).

특별한 전통: 소속감 만들기

> 전통은 가치 공유, 일치감, 소속감을 만든다.

프로 농구팀 시카고 불스 선수들이 농구 코트로 뛰어나올 시간이 되면 조명이 꺼지면서 음악이 쾅쾅 울리고 스포트라이트가 켜지며 의식이 시작됩니다. 코트를 한 바퀴 돌고, 하이파이브를 하고, 함성을 지르며 우르르 몰려나옵니다. 여러분은 그 팀 선수들이 그냥 슬슬 코트로 걸어 나와 "좋아, 시작하지!"라고 말하면서 조용하게 농구를 시작하는 것을 절대로 볼 수 없을 것입니다.

모든 챔피언 팀은 선수들을 하나로 뭉치게 할 뿐 아니라 성공과 효과를 굳건히 하는 특별한 전통으로 시작해서 그런 전통으로 끝나며, 모든 연습과 경기에서 그런 전통을 실행합니다. 학습 효과를 높이기 위해 학생들에게 똑같은 방식을 쓸 수 있습니다. 그렇게 함으로써 여러분은 학생들을 집중하게 할 수 있습니다. 덧붙여, 전통은 재미없는 과제를 활기차게 만들고, 학급을 하나의 팀으로 만들면서 모든 학생을 만족시킵니다.

전통과 의식은 장례식, 결혼식, 졸업식, 생일과 같이 삶이 바뀌는 사건에서부터 양치질 같은 평범한 일상에 이르기까지 우리 삶에서 중요한

- **시작 박수:** 빠른 음악에 맞춰 일제히 박수를 치다가 점점 빠르게 칩니다. "워!(달리는 말을 세울 때 내는 소리)"라고 외치며 한 손을 공중에 올리고 다른 한 손을 끌어올리며 마주칩니다. 마지막 박수에 음악이 꺼지고 학습이 시작됩니다.

- **종료 박수:** 시작 박수와 같으나 쉴 때 혹은 학습이 끝날 때 사용됩니다. 마지막 박수에 음악이 시작됩니다.

- **정보 묶음 박수:** 특정한 단위의 학습을 끝낼 때 사용합니다. 한 손을 내밀고 손바닥을 위로 하여, 방금 학습한 정보를 손 위에 올리고 박수를 쳐서 마무리합니다.

- **하나 되기:** 마무리하는 또 하나의 방법으로 손가락을 튕겨 세 번 '딱' 소리를 내고, 방금 배운 것에 대해 긍정적인 말을 하며 양손을 가슴 쪽으로 교차하며 붙입니다. 딱, 딱, 딱, "알았어!"라고 합니다.

- **소개:** 유명 인사나 처음 보는 사람이 교실 또는 단체에 초청돼 왔을 때 사용합니다. 학급/단체는 인사하며 자신들에 대해 특별한 소개를 합니다(그들을 대표하는 단어를 모두 함께 외치는 것과 같은 것).

역할을 합니다. 우리의 인생에서 삶이 계속 이어진다는 느낌을 받게 할 뿐 아니라 우리에게 재미와 놀이를 제공하고, 우리를 편안하게 만듭니다. 학습 분위기를 만들 때, 구조적이고 예측할 수 있으며 균형 잡힌 느낌을 주기 위해 그리고 위협과 스트레스를 줄이기 위해 학습 초기에 전통을 수립합니다.

전통은 모두에게 가치와 일치감을 갖게 합니다. 그것은 또한 일상적인 것을 바라는 뇌를 재미있고 즐거운 방식으로 만족시키기도 합니다.

학습할 때 뇌는 산뜻한 시작과 결말을 좋아합니다. 시작과 끝은 뇌가 쉽게 소화할 수 있는 '정보 묶음'으로 된 경험/정보를 구분하고 처리하고 기억하게 도와줍니다.

그러나 실제 수업에서 유일하게 확실한 시작과 끝은 수업 시작종과 마침종뿐입니다. 수업 시간 내내 완전히 다른 몇 가지 내용을 가르쳤음에도 불구하고, 학습자의 뇌에 있는 모든 것은 시시각각 흐려져서 학습/경험은 하나의 커다란 얼룩으로 되고 맙니다. 여러분이 뇌의 요구에 따라 시작과 끝을 잘 정리했을 때, 뇌는 휴식을 취할 수 있습니다. 왜냐하면 이미 전체적인 구조와 일상적인 절차가 뇌에 저장돼 있기 때문입니다. 전통을 통해 산뜻한 시작과 끝을 쉽게 만들 수 있습니다.

여러분이 이 장 앞부분에서 배운 칭찬은 쉽게 전통이 될 것입니다. 가장 위대한 전통은 여러분과 여러분의 학생들이 함께 만드는 전통입니다. 그것들은 학습할 때 자긍심과 팀 정신 그리고 기쁨을 이끌어낼 것입니다. 학생들이 감성적으로 더 많이 받아들일수록 그리고 그들이 느낄 수 있는 책임감이 많아질수록 효과는 더 강해진다는 사실을 기억하십시오.

기억하세요.
모델링은 교감을 만들고, 신뢰를 향상시키며,
영향력을 증대시킵니다.

 ## 모델링

여러분이 무엇을 알고 있는가보다 여러분이 누구인가가 중요합니다. 우리는 이런 말들을 많이 들었습니다. "말보다 행동이 중요하다." "말한 대로 처신해라." "주장하는 것을 실행해라." 이것은 모두 모델링에 관한 말들입니다.

학생들은 종종 받아들이지 않으려는 이유(우리가 하는 이야기의 허점, 모순, 말과 행동의 불일치)를 열심히 찾습니다. 그러나 우리가 모델로 나서면 나설수록 우리를 더 잘 받아들이고 우리에게 맞추기 시작합니다. 왜 그들은 받아들일까요? 그들은 우리가 믿고 말하는 것과 행동하는 것을 맞춰보고 서로 일치한다는 사실을 감지하기 때문입니다. 인간이기에 우리는 일치하지 않는 것을 감지해냅니다.

그래서 모델링은 교감을 만들고 다른 사람과 관계를 만드는 강력한 방법입니다. 이것은 또한 여러분이 적게 일하더라도 학생들에게 강력한 영향을 줄 수 있다는 것을 의미합니다. 게다가 그것은 여러분의 교육에 더 많은 에너지를 주입합니다.

앞서 말했던 것처럼 모든 것은 이야기합니다. 그리고 행동보다 더 중요한 것은 없습니다. 그렇다면 의식적으로 할 수 있는 여러분의 모든 행동을 의식적으로 선택하십시오.

- 정확한 의사소통을 모델링하라.
- 모든 노력을 칭찬하라.
- 미소 지으라.
- 더 많은 에너지를 창출하기 위해 정력을 쏟아라.
- 위대한 경청자가 되라.
- 그들의 생각을 다른 말로 바꾸어 표현하라.
- 여러분의 안전지대로부터 주기적으로 벗어나고, 그렇게 하고 있다는 것을 학생들이 알게 하라.
- 긍정적인 면을 찾기 위해 부정적인 상황을 재구성 또는 바꾸어 말하라.

상상해보세요. 학기 첫날, 교실을 나서는 콜린의 가슴은 앞으로 수업이 어떻게 진행될 것인가에 대한 기대(지지적이며 편안한 분위기 속에서의 흥분, 재미 그리고 희열)로 콩닥콩닥 뛰었습니다.

콜린의 얼굴에 미소가 스칩니다. 그 순간 그의 머릿속엔 수많은 그림, 소리, 느낌들이 날아다닙니다. 그는 오늘 같은 날이 더 많아져서 1년 내내 기쁨, 흥분, 흥미 그리고 보람이 가득하기를 바랍니다.

복습

우리가 학생들을 다이내믹하고 잊지 못할 평생 학습의 장으로 초대할 때, 우리는 학생들이 안전하게 느끼지만 도전받고 이해되며 축하받는다고 느끼는 독특하고 강력한 분위기를 만듭니다. 여러분의 학생들을 잠시 떠올려 보십시오. 그들은 지지받아 미소 짓고, 자신들을 다이내믹하고 성공적이라고 여깁니다.

교감을 만들고, 배운 것을 칭찬하며, 학생들이 경이롭게 여기는 것을 알아보는 여러분 자신의 소리를 들어보십시오. 어떻게 이런 분위기를 만들 수 있을까요? 학생들이 성공하기를 바라는 마음이 학생의 성공으로 현실화되는 모습을 보십시오. 권한 위임, 즐거움 그리고 평생 학습에 불을 붙인다는 자부심을 느끼십시오.

I Know!

여러분이 아는 것에 체크하세요.

- ☐ 긍정적인 의도의 힘
- ☐ 감정의 역할
- ☐ 교감 만들기
- ☐ 즐거움 이용하기
- ☐ 긍정과 칭찬의 효과
- ☐ 축하의 중요성
- ☐ 기쁨과 경이로움의 마법
- ☐ 위험 감수의 환희
- ☐ 소속감

축하합니다!
여러분은 흥미로우면서
에너지를 주는 분위기를 만들었습니다.

03

3장_ 주변 요소

학습 공동체의 근간이 되는 탄탄한 기초

ⓐ 목적

ⓑ 원칙

ⓒ 학생, 학습, 교수에 대한 신념

ⓓ 합의, 정책, 절차, 규칙

ⓔ 커뮤니티 유지 및 성장

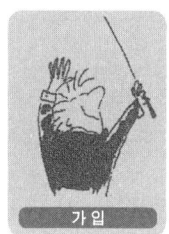
교실의 주변 환경과 지침이 모두에게 효과가 있다면 어떻게 될까요?

심포니 오케스트라처럼 학생들이 자신의 역할을 알고 조화롭게 연주한다면 어떻게 될까요?

상상해보세요. 콜린이 안도의 한숨을 쉬며 의자에 편안하게 앉습니다. 그는 자신과 다른 사람들의 위치를 항상 알고 있기 때문에 교실에서 한숨 돌릴 수 있습니다. 교실에서는 규율 문제 또는 주도권 잡기 문제에 매달릴 필요가 없습니다. 왜냐하면 기초가 탄탄하고, 지침이 확실하며, 모두가 같은 규칙에 따라 행동하기 때문입니다. 그는 선생님이 일관성 있고 공평할 뿐만 아니라 선생님과 대화가 잘 되는 것에 대해 감사합니다. 콜린은 자신과 친구들이 인생과 학교에서 성공에 대한 공통의 단어를 갖고 있다는 것이 정말 멋진 일이라고 생각합니다.

어떻게 행동할지 가르쳐주고, 일생 동안 흔들리지 않는 가치를 가르쳐주며, 인격의 형성이 교실 바깥까지 영향을 미친다는 것을 상상해보세요. 책임감 있는 결정을 내리고, 궁극적으로 더 나은 사람이 되는 데 필요한 도구를 제공함으로써 학생들이 세상에 대해 준비하는 모습을 상상해보세요. 이러한 것들은 강한 기초에서부터 시작됩니다.

분위기와 더불어, 튼튼한 기초는 학습 공동체에서 중요한 부분을 차지합니다.
각 학교와 학급이 독특하고 개별적인 것처럼, 각 기초들의 특징은 독특하고 독립적임에도 불구하고 기본 요소는 똑같습니다.

정보

- 공유된 목적
- 공유된 원칙과 가치
- 학습과 교수(敎授)에 대한 강한 신념
- 명확한 합의, 정책, 절차, 규칙

ⓐ 목적

학습 공동체는 장소뿐만 아니라 동일한 목적을 공유합니다. 의학 공동체, 교육 공동체, 이웃을 염려하는 공동체처럼 특정한 공동체를 단단히 하는 접착제를 생각해보세요. 공통된 관심사가 이들을 통합하고 행동에 박차를 가합니다.

교실에서 공유된 목적은 여러분이 중요하다고 생각하는 다른 기술의 개발은 물론, 모든 학습자들이 한 과목에 대해 능숙해지고 더 나은 학습자가 되며 팀플레이어로 상호작용하는 것입니다. 자신이 속한 공동체의 목적을 결정하는 것은 여러분에게 달려 있습니다.

여러분의 목적이 정해졌다면, 학년 초에 학생들과 분명히 대화를 나누십시오. "올해가 끝날 때까지, 여기 있는 모두는 긴 대화를 소화할 만큼 스페인어를 잘 구사할 수 있을 거예요." 이렇게 공표하여 목적에 대해 흥분을 불러일으키십시오. 열정과 확신을 갖고 전달하십시오. 그들의 진전에 대해 피드백을 자주 하도록 하십시오. 그들의 코치가 되십시오. 그래서 그들이 어떻게 하고 있는지 살펴보고, 그들의 발전에 대해 정보를 제공하십시오. 그 과정에서 그들을 축하하여 즐겁게 하십시오. 그 힘이 계속 지속되도록 하십시오!

> 공유된 목적:
> 학생들이 교과목에 대한 숙련성을 개발하는 것이다.

b 원칙

> "일반적으로 조직의 구성원이 공유하는 원칙 체계는 학습 공동체가 가진 특징 가운데 하나다."
> — 메리 드리스콜, 1994

공동체에서 공유된 원칙은 여러분이 어떤 삶을 살기로 선택했는지에 대해 알려줍니다. 그것들은 마치 집합적인 양심 같습니다. 원칙은 행동을 분명하고 믿을 수 있게 하고, 지지하는 환경을 만들어줍니다. 원칙을 세우기 위해, 여러분 학급의 모든 학생들은 그 원칙을 존중하는 것이 중요하다는 것에 합의해야 합니다.

여러분이 원칙을 가르칠 때, 사실 그것은 인격을 가르치는 것이나 진배없습니다. 그리스의 황금시대에도 교육이 젊은 사람의 인격을 형성한다고 가르쳤습니다. 성품 또는 윤리는 여러분이 다른 사람과 상호작용할 때 여러분의 인격에서 우러나오는 것입니다.

그리스 사람의 사고방식에 따르면, 여러분이 하는 모든 것(낯선 사람이나 가족 그리고 친구들과의 대화와 상호작용)은 여러분의 인격을 드러낸다고 합니다.

다시 한 번 말하지만, 모든 것은 이야기합니다. 모든 사람이 잘 들여다볼 수 있는 어항 속에 여러분이 산다고 생각해보세요. 여러분의 진실한 인격이 다 보여지게 될 것입니다. 만약 정직함, 강한 의지 그리고 신뢰감이 여러분 인격의 일부분이라면, 다른 사람들이 여러분의 그런 점을 알아챌 것이고, 여러분은 이 세계에서 더 성공할 수 있을 것입니다.

퀀텀 교수법에서는 '성공의 8가지 열쇠(key)'라고 불리는 한 세트의 원칙을 사용합니다. 우리는 그 열쇠들을 학교, 기업 그리고 우리의 슈퍼캠프 프로그램에서 아주 성공적으로 사용했습니다. 그것들은 목표 설정과 그것을 이루기 위한 의미 있는 방법을 제공합니다. 그 열쇠들은 모든 사람이 가치를 인정받고 존중 받는 분위기뿐만 아니라 학습의 목표가 이루어지도록 하는 데 큰 역할을 합니다. 왜냐하면 학습이 원만하게 이루어지려면 학습에 방해가 되는 장애물들을 제거하는 것이 중요한 조건이기 때문입니다(하트, 1983).

기억하세요.
학생들은 안전하다고 느낄 때,
위험을 더 많이 감수하고 더 많이 학습합니다.

성공의 8가지 열쇠

진실성(Integrity): 진정성, 성실성, 일체성을 가지고 행동하세요. 여러분의 가치와 행동이 일직선으로 됩니다.

실패에서 성공으로(Failure Leads to Success): 실패는 여러분이 성공하기 위해 필요한 정보를 제공한다는 것을 이해하세요. 실패란 없습니다. 오직 결과와 피드백이 있을 뿐입니다. 여러분이 어떻게 보물을 찾는지 안다면 모든 것이 쓸모가 있을 것입니다.

좋은 의도로 말하기(Speak with Good Purpose): 긍정적인 마음으로 말하세요. 그리고 정직하고 직접적인 의사소통에 대해 책임을 지세요.

바로 지금이야(This is it): 여러분의 집중력을 지금 이 순간 최대한 끌어올리세요. 모든 과제에 대해 최선을 다하세요.

몰입(Commitment): 여러분의 약속과 의무를 다하세요. 비전에 따라 사세요. 어떤 것이라도 해내도록 하세요.

책임감(Ownership): 책임감을 가지고 자신의 행동에 대해 책임지세요.

유연성(Flexibility): 여러분이 원하는 결과를 만들어주는 변화나 새로운 접근에 대해 마음을 여세요.

균형(Balance): 여러분의 마음, 신체, 정신을 통일하세요. 이 세 가지를 개발하고 유지하는 데 시간을 투자하세요.

슈퍼캠프의 퍼실리테이터인 캐롤 알렌(워싱턴 주 스포케인 근처에서 보호가 필요한 아이들을 가르치는 대안학교인 M.E.A.D. 창의학습센터 교사)은 그녀의 교실 곳곳에 열쇠를 만들어 두었습니다. 그러자 M.E.A.D.에 있는 나머지 17명의 교사들도 그녀를 따라했습니다. 그것들에서 효과를 보려면, 매일 교수(teaching) 계획에 그것들을 포함시켜야 한다고 알렌은 말합니다.

"그 열쇠를 벽에 걸어놓고 가끔 인용하는 것은 부족합니다. 그것들은 반드시 커리큘럼에 포함되어야 합니다."

그 8가지 열쇠를 그녀의 모든 수업에 포함시키기 위한 노력은 학습 공동체의 기초를 만드는 데 큰 도움을 주었습니다.

> "8가지 열쇠는 친구들과 선생님들과의 관계를 개선할 수 있도록 도와주었어요. 그리고 인생에서 성공할 수 있는 인격을 만드는 데 도움을 주었어요."
>
> **르로이 홉슨**
> 학생, 손튼 지역 고등학교 하비, 일리노이 주

> "'좋은 의도로 말하기'는 말하는 사람이나 듣는 사람 모두에게 중요합니다. 여러분이 이 열쇠를 사용할 때 여러분은 의도한 것을 제대로 전할 수 있으며, 여러분이 자기 자신과 여러분이 말하고 있는 상대를 얼마나 존중하는지 알 수 있습니다."
>
> **쉐리타 글래스퍼**
> 학생, 손튼 지역 고등학교 하비, 일리노이 주

시카고 남부에 있는 손튼 지역 고등학교에서는, 그 열쇠가 퀀텀 학습 프로그램의 기초를 만들었습니다. 그 열쇠들은 벽에 붙여지고 수업과 게임에 엮어져서 교사와 학생들 사이의 공통 단어가 되었습니다.

학생들이 8가지 열쇠를 사용함에 따라, 심지어는 품행이 거친 학생들의 행실 문제조차 사라졌습니다. 이 같은 성공을 거둔 하나의 이유는 이 8가지 열쇠를 적용한 수업이 학생들로 하여금 적절한 행동에 집중하도록 만들기 때문입니다.

많은 경우에 교사들은 누군가 규율을 어겼을 때 규율만을 언급합니다. 그러나 여러분이 이 열쇠들을 통하여 가르치게 되면 학생들이 바르게 해야 할 일을 지적할 뿐만 아니라, 그들이 올바른 행동을 할 수 있게 이끕니다. 바로 지도 원칙이 되는 것입니다. 이 원칙들은 수용할 수 있는 사고와 행동 방식이 됩니다. 그렇기 때문에 학생들이 유연하게 행동하고, 몰입하고, 좋은 의도로 말하는 것을 파악하는 것이 쉬워집니다.

학생들이 열쇠를 제대로 사용하고 있는지를 파악하십시오. 학생들의 행동을 칭찬할 기회를 엿보세요. 여러분은 아마 이렇게 말할 겁니다. "그 아이들과 같이 퍼즐 놀이를 하지 않았는데도 네가 퍼즐조각을 줍더구나. 교실을 정돈해야 한다는 생각(책임감)을 가진 것은 아주 잘한 일이야." 또는 고학년에게 "여러분이 언어를 순화하려고 노력하는 것을 압니다. 교실에서 좋은 의도로 말하는 여러분에게 감사하고 있어요"라고 말할 수도 있습니다.

학생들이 잘못된 행동을 할 때, 여러분은 단지 열쇠에 대해 언급하는 것만으로 그들을 원상태로 돌릴 수 있습니다. "지금 너에게 어떤 열쇠가 필요할까? 어떤 열쇠에 대해 네가 좀 더 주의를 기울여야 할까?"라는 열린 질문을 하십시오. 이러한 방법은 학생들이 문제점과 해결책을 인식하게 하고, 여러분이 그들의 행동에 대해 훈계하는 식의 지적을 하지 않아도 되게 해줍니다.

열쇠를 사용하는 교사들은 학생들이 '자동적으로 그렇게 되는 수준'에 이르기를 바랍니다. 그 수준에 도달했을 때, 8가지 열쇠들은 그들 인생의 일부가 됩니다. "먼저 열쇠들은 그들 언어의 한 부분이 되고, 다음에 그들 행동의 일부가 됩니다"라고 알렌 선생님은 이야기합니다. 자동적으로 그렇게 되는 수준에서, 그들은 열쇠를 통해 세상을 봅니다.

중요한 점은 이것입니다. 우리가 학생들과 함께할 때 열쇠를 모든 내용에 연결시켜야 합니다. 그것이 바로 마법입니다.

열쇠들은 우리의 삶의 지침이 됩니다. 우리가 학생들과 함께 있지 않을 때, 그들은 교사와 학생으로 합의했던 것처럼 열쇠대로 살기 시작합니다. 그들은 오늘날 가족이 가르칠 수 없는 인생과 생존하는 법에 대해 이 열쇠를 통해 배우고 있습니다.

성공의 8가지 열쇠 가르치기

물론 여러분이 열쇠를 따르지 않는다면 학생들도 마찬가지일 것입니다. 열쇠를 가르치기 위한 첫 번째 단계는 모델링입니다. 여러분이 학생들에게서 보고 싶은 행동 그대로 행동하십시오. 여러분의 행동을 통해 성공의 열쇠를 보여주십시오. 생생하고 살아 있는 듯한 행동이 말보다 훨씬 강력합니다.

두 번째, 이야기와 비유를 통해 열쇠들을 소개하십시오. 여러분의 경험담을 이야기하는 것이 가장 효과가 큽니다. 왜냐하면 그 경험들은 여러분에게 훨씬 의미가 있으며, 학생들에게는 더 힘 있게 전달됩니다. 학생들은 여러분에 대해 좀 더 알기를 갈망하며, 여러분의 이야기를 듣고 싶어합니다. 어떤 것에서 실패했지만 다른 어떤 것에 의해 반전되었던 인생의 한 시점을 공유함으로써 여러분은 '실패에서 성공으로'라는 열쇠의 의미를 전달할 수 있을 것입니다. 또한 문학작품, 우화, 그리고 뉴스도 열쇠에 대한 이야기를 제공할 수 있습니다.

마지막으로, 커리큘럼에 열쇠들을 포함시키세요. 알렌은 그녀의 초등학교 교실에 학생들로 하여금 매일 다른 열쇠를 골라 책상에 써붙이도록 했습니다. 아울러 학생들은 그날 사용하는 종이에도 자신들의 이름과 열쇠를 적었습니다. 이 방법은 열쇠가 항상 그들 앞에 있게 해줍니다. 또 하나의 방법은 모든 열쇠들을 쪽지에 적어 그것들을 병에 넣는 것입니다. 매일 교실에 들어선 학생들은 병에서 임의로 하나의 열쇠를 꺼냅니다. 그 열쇠가 그들이 사용할 그날의 열쇠가 됩니다.

한 학기 동안 열쇠들을 완성하기 위해서, 여러분은 열쇠들을 살펴보는 데 처음 2주를 사용할 수 있습니다. 그 다음에, 그 달에 가르치고 경험시킬 모든 것들을 위해 핵심을 정리하고 배경을 만들면서 각 열쇠에 2주의 시간을 들이십시오. 8개의 열쇠를 모두 완성하는 데 마지막 2주를 보내십시오. 1년 코스에서는 각 열쇠가 2주가 아닌 한 달이 되는 것입니다.

알렌은 학생들에게 선생님 중 한 명을 골라 관찰하도록 했습니다. "때때로 우린 교장, 교감, 어떨 때는 음악 선생님을 관찰하곤 했습니다"라고 알렌은 말합니다. "난 학생들에게 '선생님을 관찰해라. 그 선생님이 열쇠의 정신을 바탕으로 살고 있는지 보아라'라고 말합니다. 그러면 그들은 달려오곤 합니다. '참, 그 선생님은 열쇠가 가르치는 대로 살고 있지 않아요.' '무엇을 위반했지?' 학생들이 나에게 말할 때, 우리는 그 선생님에게 정보를 주는 것과 같이 그것에 대해 우리가 할 수 있는 것들을 논의합니다."

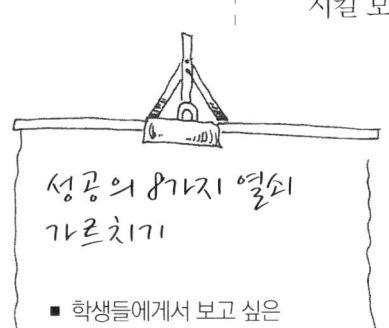

성공의 8가지 열쇠 가르치기

- 학생들에게서 보고 싶은 행동의 모델이 되라.
- 이야기와 비유를 통해 열쇠들을 소개하라.
- 커리큘럼에 열쇠들을 포함시켜라.

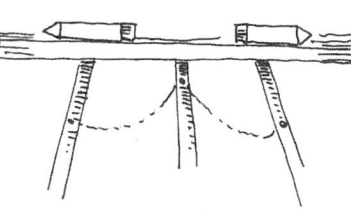

고학년들에게는 문학에서 역사, 과학까지 열쇠가 교수 계획에 통합될 수 있습니다. 문학에서, 여러분은 학생들에게 "주인공이 어떻게 '진실성'을 훼손했지? 또는 어떻게 진실하게 살았지? 그녀는 '유연성'을 사용했니? 그녀는 어떤 열쇠를 사용했지?"라고 물어볼 수도 있습니다.

이 방법을 다른 코스들에도 응용해보세요. 열쇠를 사용해 사건을 분석하고 질문과 쟁점을 이끌어내세요. 역사는 열쇠를 연구하는 많은 기회를 제공합니다. 모든 역사적 사건이나 인물에 대해 여러분은 학생들에게 질문할 수 있습니다. "여기 무슨 일이 일어났지? 어떤 열쇠가 눈에 띄니? 이 효과가 어떤 결과로 나타났지? 이 사람이 어떤 열쇠를 이용해서 살고 있니?"

최근의 사건도 같은 방법으로 가능합니다. 심지어는 과학과 수학에서도 열쇠를 가르칠 수 있습니다. 만약 여러분이 생태학을 가르친다면, 환경오염과 자연에 대한 '책임감'을 갖는 것에 대해 이야기해보세요. 수학 시간에는, 이론의 이면에 있는 수학자들의 삶에 대해, 그리고 그들이 사용했던 열쇠에 대해 이야기해보세요. 어떻게 열쇠를 자신들의 삶에 더 효과적으로 적용할 수 있

1학년 영어 수업을 다시 듣고 있는 18세의 졸업반인 덱스터는 커리큘럼에 들어간 '8가지 열쇠'가 '멍청한 일'이라고 생각했습니다.

월요일 아침, 일찍 등교한 덱스터는 복도에서 저에게 면담을 요청했습니다. 덱스터가 먼저 대화를 요청했다는 말은 들어본 적이 없었기 때문에 저는 매우 고마웠습니다. 덱스터는 사물함을 등지고 서서 심각한 표정으로 바닥을 내려다보고 있었습니다. 저는 그와 똑같이 서 있다가 질문을 하였습니다. "덱스터, 무슨 일이니?" "선생님이 항상 말씀하시는 그 열쇠 아시죠?" "물론이지, 그런데 왜?"

"음, 전 항상 그것들이 쓸모없는 것들이라고 생각했어요. 하지만 그렇지 않다는 걸 이제 알았어요. 그것들은 정말 뭔가 중요한 뜻을 담고 있었어요. 특히 '좋은 의도로 말하기'는 더 그래요.

제게는 두와라는 사촌이 있었어요. 그는 항상 불량했고 문제를 일으켰어요. 물건을 훔치고 도망가곤 했지요. 반항적인 그에 대해 아무도 좋게 말하지 않았고, 또 그에게 좋은 말을 해준 적도 없었어요. 사람들은 늘 두와가 좋지 않은 애고, 앞으로도 그럴 거라고 말했어요. 그는 그 말을 믿기 시작했어요. 그는 갱단에 들어갔고 수시로 소년원에 들락날락했어요. 두와가 믿는 사람은 저뿐이었고, 그에게 좋은 말을 해주던 사람도 저뿐이었어요. 어느 토요일에 두와가 저를 찾아왔는데, 다른 어느 때보다 나빠 보였어요. 그는 자살하고 싶다고 말했어요. 저는 그의 기분을 좀 풀어주면서 다른 대안이 많다고 말해주었어요. 겉으로는 돕는 것처럼 보였지만, 아무도 그를 도와주려는 시도조차 하지 않았다는 것에 저는 화가 났어요. 저희 집을 떠난 토요일 밤 두와는 총을 맞았어요. 장례식에서 모두가 그에 대해 좋은 말을 하더군요. 그의 미래가 얼마나 밝을 수 있었는지, 또 얼마나 많은 가능성을 그가 가지고 있었는지에 대해서요. 두와가 살아 있는 동안엔 아무도 그에게 좋은 의도로 말해주지 않았어요. 제 생각엔 그게 바로 그가 죽은 이유 같아요. 만약 그들이 좀 더 일찍 좋은 의도로 말해주었다면, 그의 인생은 달라졌을 거예요."

그리고 덱스터는 "이제야 열쇠의 진정한 뜻을 알 것 같아요. 그것들은 정말 중요해요!"라고 하면서 말을 마쳤습니다.

- 사라 싱거-누리

는지 보여줌으로써 수업을 학생들 자신의 것으로 만들게 하십시오. 창의적으로 가르치십시오. 모든 수업에는 열쇠를 강조할 수 있는 기회가 있습니다.

 학생, 학습, 교수에 대한 신념

여러분의 신념은 여러분의 행동과 태도에 영향을 미칩니다. 여러분이 긍정적이고 확실한 신념을 가질 때 그것은 여러분 주위에 영향을 미칩니다. 헨리 포드가 "당신이 할 수 있다고 생각하든, 할 수 없다고 생각하든 당신은 옳다"라고 했듯이 얼마나 많은 교수법 과정을 밟든, 얼마나 많은 기술과 이론을 배우든, 여러분이 학생들에게 다가가는 능력은 여러분이 갖고 있는 신념에 정비례합니다.

 기억하세요.
여러분의 교수 능력과 학생의 학습 능력을
믿으십시오, 그러면 놀라운 일이 일어납니다.

어떤 사람에게는 자기 자신을 믿는 것이 다른 사람을 믿는 것보다 쉽습니다. 여러분 머릿속의 작은 목소리가 계속 속삭입니다. "난 그렇게 뛰어나지 않아. 이건 잘 안 될 거야." 하지만 그 소리가 아무리 많이 들리더라도 귀담아들을 필요가 없습니다. 대신에 '~척' 하세요. 가끔은 그저 '~척' 하는 것이 우리의 잠재의식에 있는 마음을 속여 우리가 갖고 있다고 생각하는 것 이상의 능력을 갖고 있다고 믿게 하고, 더 많은 성취를 이루게 합니다.

여러분은 퀀텀 교수법이 효과가 없을 것이라고 생각할지도 모릅니다. 그래도 어찌되었든 시도해보십시오. 효과가 있을 것임을 알고 있는 '척' 해보십시오. 이 책에서 배운 열쇠와 교수법을 실행하십시오. 세상에서 가장 위대한 선생인 '~척' 행동을 해보세요. 자신 있게 행동하고, 여러분이 무엇을 하고 있는지 모두 아는 것처럼 행동하세요. 결국 결과가 나타날 것이며, 여러 가지가 바뀔 것입니다. 여러분의 능력과 학생들의 능력을 믿게 될 것입니다.

> 탁월한 교육으로 하버드 대학의 보일스턴 상을 받은 교육자인 린 프리맨 도리티는 한때 성인 학생들에게 새롭고 동적인 교수법을 시도하는 것을 두려워했습니다.
> "내가 그 두려움을 기꺼이 버리기로 마음먹음과 동시에 내겐 동적이며 직관적이고 즉흥적인 면이 자유롭게 나타났고, 같은 형태의 행동들이 학생들에게 나타나기 시작했습니다. 내가 믿을 만한 사람임을 보여주고, 상상력이 풍부하고 동적인 의사소통에 동참하라는 초대에 전적으로 나선다면, 학생들은 그에 호응하여 첫 걸음의 위험을 감수하는 데 더 자유로움을 느낄 것입니다."

이러한 접근 방법은 효과가 있습니다. 성적이 낮고 학습 장애를 겪는 학생들, 바로 그들의 낮은 자존감은 문제의 뿌리입니다. 대체로, 그들의 학교 경험은 그들에게 자신감을 잃게 하고 학습 열의를 약화시킵니다. 그들은 "난 학습 장애가 있어. 난 배울 수가 없어." 혹은 "난 철자에 약해. 그리고 수학을 싫어해." "영어는 바보 같아, 왜 하는 거야?"라는 말을 주문처럼 외웁니다. 마음 속으로 학교는 힘든 곳이고, 교사들은 그들의 적이며, 실패는 피할 수 없는 것이라고 믿습니다.

실습

만약 여러분 학생 중 한 명이 잘할 수 있다는 것을 믿지 못한다면, 그에게 훌륭한 학생인 '척' 행동하도록 제안해보세요. 훌륭한 학생들이 하는 행동(맨 앞줄에 앉고, 열성적으로 손을 들고, 교사에게 질문하고, 고개를 끄덕이고, 상체를 앞으로 내밀고, 교사가 말하는 단어 하나도 놓치지 않는 것)을 그에게도 가르치십시오. 더불어 다른 학생들을 관찰해서 다른 학생들이 어떻게 복습하는지, 어떻게 수업에 늦지 않게 도착하는지, 궁금한 것이 있으면 어떻게 질문하는지도 함께 파악하십시오. 아마 시간이 걸릴 것입니다. 하지만 그 학생이 좋은 습관을 많이 들일수록 성공의 기회는 높아집니다. 그가 성공을 맛보기 시작하고 성공한 학생들과 동질감을 느낌에 따라, 그의 자존감은 높아질 것입니다. 물론 성적도 올라갈 것입니다.

매일 알렌의 예처럼 시작해보세요. 아침을 수업 시작 질문과 함께 시작하세요. 이 질문들은 여러분의 학급이 곧 반복하여 배울 긍정적인 대답을 끌어냅니다. 하지만 따라할 때까지 몇 주는 걸립니다.

자신만의 질문을 만들고 거울 앞에서 연습하세요. 어떻게 자세를 취하는지 보십시오. 바르게 서서 두 발을 바닥에 잘 밀착시키고 큰 동작을 취하세요. 그 다음, 여러분의 질문을 학급에서 사용해보세요.

여러분이 할 수 있는 최선은 학생들을 믿는 것입니다. 우리가 앞서 말했던 르로이 홉슨 학생은 자신의 필수 과목을 힘들어했지만, 선생님의 신념이 그를 바꿔놓았습니다.

> 캐롤 알렌이 수업을 시작할 때 하는 질문의 예
>
> **교사**: 너희들은 똑똑하니?
> **학생**: 우리는 똑똑해요!
> **교사**: 얼마나 똑똑하니?
> **학생**: 아주 똑똑해요!
> **교사**: 선생님을 어떻게 대하지?
> **학생**: 존경하는 마음으로!
> **교사**: 자신에겐 어떻게 대하지?
> **학생**: 존중하는 마음으로!
> **교사**: 오늘 얼마나 노력할 거니?
> **학생**: 100퍼센트!
> **교사**: 졸업하고 어딜 갈 거지?
> **학생**: 대학!
> **교사**: 어느 대학에 갈 거지?
> **학생**: 최고의 대학!

"가장 중요한 것은 선생님이 저를 믿었다는 것, 그리고 제가 무언가 기대할 수 있게 만들었다는 것입니다. 그리고 1년이 지났을 때, 제가 필수 과목을 패스했다는 것이 굉장히 자랑스러웠습니다. 그리고 선생님도 자랑스러워한다는 것을 알았습니다. 왜냐하면 선생님이 저를 꼭 안아주시며 항상 저를 믿었다는 말을 해주셨거든요. 그것은 우리의 우정을 영원하게 해주었습니다. 전 모든 과목에서 A와 B를 받았습니다. 우리는 저 자신을 발전시키기 위해 제가 할 수 있는 것에 대해 긴 대화를 나누었습니다. 선생님은 자주 했던 약속을 지키셨고, 저의 최고의 친구가 돼주셨습니다. 선생님의 수업은 가장 좋아하는 수업이 되었고, 항상 최고였습니다. 지금 제가 이 일을 하는 것도 다 위대한 선생님이자 친구인 싱거 선생님 덕분입니다."

퀀텀 교수법에 대한 신념을 내면화하십시오. 신념은 겉으로 드러나지 않지만 여러분이 그것을 믿는 순간, 여러분의 행동으로 나타날 것입니다. 여러분은 재능 있는 학생들과 함께하는 환상적인 교사입니다. 모든 것들이 가능하다는 관점으로 여러분 학급을 이끄십시오.

옆의 포스터는 교사 트레이닝 프로그램에서 붙여두곤 했던 신념들입니다. 아마 여러분의 교실에도 붙여두고 싶을 겁니다. 역사적인 인물이나 작가가 남긴 교훈적인 글들도 좋은 시각 자료입니다. 이 경우 포스터에 색을 칠하면 더 효과적입니다. 학생들의 시선을 사로잡을 뿐 아니라 사기를 높일 수도 있습니다.

> 난 세상에서 차이를 만든다.

> 다른 것들을 변화시키려면 내가 먼저 변화해야 한다.

 ### 합의, 정책, 절차, 규칙

학습 공동체의 기초는 모두가 지키고 싶어 하는 합의, 정책, 절차 그리고 규칙을 포함합니다. 이 합의는 질서를 유지하고, 학생들의 행동을 지도합니다. 그것들은 교사가 학생들에게 바라는 것이 무엇인지 말해줍니다. 모든 학교가 이 합의를 만들 수 있고, 교실에서 교사와 학생들 사이에도 만들어질 수 있습니다(케인, 1997).

합의, 정책, 절차, 규칙 사이에는 정확한 구분이 존재합니다. 학급의 **합의**는 규칙보다 약식입니다. 그것은 일이 원활하게 진행되도록 간단하고 구체적인 방법을 적어놓은 것입니다. 예를 들면, 다른 사람이 이야기할 때는 조용히 집중해서 듣기 같은 것입니다. 학생들은 배울 권리가 있습니다. 교사는 가르

합의, 정책, 절차, 규칙

- **합의**는 규칙보다 약식이며, 일이 원활하게 진행되도록 만드는 간단하고 구체적인 방법을 말합니다.

- **정책**은 학습 공동체의 목적을 뒷받침합니다.

- **절차**는 학생들로 하여금 무엇을 기대하고 어떤 것을 취해야 하는지 알게 해줍니다.

- **규칙**은 합의나 정책보다 엄격합니다. 규칙을 깨뜨리는 것은 확실한 결과를 유발합니다.

칠 권리가 있습니다. 어느 누구도 배우거나 가르치는 것을 방해할 권리가 없습니다. 합의는 성공의 8가지 열쇠 따르기와 같은 좀 더 포괄적인 것을 포함할 수도 있습니다.

정책은 학습 공동체의 목적을 뒷받침합니다. 또한 특정 상황에서 취할 행동의 순서를 설명합니다. 예를 들면, 학생이 결석했을 때, 선생님이 내준 과제를 못한 것은 그들의 책임입니다. 학생들은 보충 수업에 빠진 일수만큼 추가 수업을 받습니다.

절차는 학생들로 하여금 무엇을 기대하고 어떤 행동을 취해야 하는지 알게 해줍니다. 여러분 학급의 절차는 수업 중에는 어떻게 줄 맞춰 앉을 것인지, 과제를 어디에 두어야 하는지, 그룹 활동을 위해 책상을 어떻게 배치할 것인지, 전날에 배운 내용을 수업 시작 5분 동안 어떻게 복습할 것인지 등을 포함합니다. 익숙한 절차는 매일 반복되는 일상적인 생활을 만듭니다. 이것은 열등생뿐만 아니라 모든 학습 공동체에게 중요합니다. 그것은 안정감, 통제감 그리고 조직적인 느낌을 제공합니다.

규칙은 합의나 정책보다 엄격합니다. 규칙을 깨뜨리는 것은 확실한 결과를 유발합니다. 예를 들면, 우리는 서로 지지하기 때문에 다른 사람을 혹평하는 일은 없습니다. 여러분이 다른 사람을 혹평한다면, 반드시 4단계 사과를 해야 합니다. 개인 학습 시간에 조용히 함으로써 다른 사람을 존중하십시오.

위반 시 다음의 결과가 나올 수 있습니다.

- 첫 번째 위반: 경고
- 두 번째 위반: 일시적 퇴장
- 세 번째 위반: 행동 면담(학생의 나이에 따라 다름)

합의, 정책, 절차 그리고 규칙은 의미 있고 긍정적인 구조를 바라는 뇌의 욕구를 충족시킵니다. 두려움은 뇌의 활동을 정지시키고, 학생들에게 본능을 벗어난 행동을 하게 만듭니다. 학생들은 변수를 알 때, 예측할 수 있을 때, 그리고 굳건한 합의·정책·절차·규칙에 기반을 둔 어떤 것을 갖고 있을 때 안전함을 느낍니다. 그리고 지침은 안전한 기초를 제공합니다.

학생들이 뻗어나가고 성장함에 따라, 그들은 안전성과 지지 받는 느낌을 필요로 합니다. 확실한 기초가 있다면, 학생들은 안전지대로부터 벗어나길 더 원할 수 있습니다.

탄탄한 기초는 행동을 위한 지침을 설정합니다. 효과적이기 위해서는 모든 기초 요소가 모두에게 확실해야 합니다. 모든 정책, 절차, 규칙, 또 그것들의 의미가 무엇인지 이해하도록 설명하는 것에 시간을 들이십시오. 그에 따른 결과를 명확히 언급하고 마무리하십시오.

여러분이 합의를 구하지 않고 그들이 지각에 대한 결과를 본 적이 한 번도 없다면, 학생들이 수업시간에 몇 분 늦어도 된다고 생각할지 모릅니다. 반면에 여러분은 학생들이 항상 늦게 걸어 들어오는 것 때문에 속이 끓겠지요. 초반에 세운 명확한 지침은 오해를 줄이고, 여러분의 수업이 자연스럽게 흘러가는 것을 도와줄 것입니다.

행동 면담은 규칙 위반에 대한 하나의 결과입니다. 학생과 여러분은 함께 현재의 문제에 대해 토의하고 해결책 찾기 위해 중립 시간□수업 외 시간(방과 후 또는 전, 자습 시간)에 만납니다.

이 견본 양식은 행동 면담 과정을 처음부터 끝까지 안내할 수 있습니다. 상황에 대한 확실한 인식과 해결책 찾기를 돕기 위해 학생들에게 이것을 면담 시작과 면담 중에 작성하게 할 수 있습니다. 이 양식은 행동을 돌아보고 바꾸기 위해 앞으로 있을 학생□교사 간 의사소통의 참고 자료로도 쓰일 수 있습니다.

견본 양식 – 행동 면담

학생 이름 _____

교사 이름 _____

날짜 _____

- 왜 이 벌을 받는지(방과 후 남기, 일시 퇴장 등), 그리고 왜 이 면담을 하는지 압니까?
- 이 상황에 대해 어떻게 생각합니까?
- 이 상황을 해결하기 위해 어떻게 도와주면 되겠습니까?
- 부모님이나 교장 선생님이 아시기 전에 이 상황을 해결하기 위해 할 수 있는 것은 무엇입니까?
- 이 문제를 해결하지 못하면 다음에 어떤 일이 벌어지게 됩니까?
- 구체적으로 앞으로 어떻게 행동하겠습니까?

학생 서명 _____

논평 / 관할 의견

윌리엄 글래서의 저서에 있는 내용을 메릴린 래그랜드가 수정, 학습 프로그램 전략, 손튼 타운십 고등학교

학급의 목적, 합의, 정책, 절차 그리고 규칙 정의 내리기

1단계: 규칙과 위반에 대한 결과 만들기

- 규칙에 대한 논의를 위해 학급 회의를 하십시오.
- 모두에게 하나의 목록 카드를 나눠주고, 모두가 지켜야 하는 규칙 3개를 적도록 하십시오.
- 카드로부터 나온 규칙을 칠판에 쓰십시오.
  - 중요하지 않은 규칙을 학생들에게 지우도록 하십시오.
  - 꼭 필요한 규칙이 무엇인지 학생들에게 물어보십시오.
  - 적절한 부분은 통합하십시오.
- 최종 목록이 결정되면, 규칙을 지킬 수 있도록 구두 합의를 학생들로부터 얻어내세요. 반대 의견을 가진 학생과 어떻게 조정하면 규칙을 따를 수 있을 것인지 면담하십시오.
- 규칙 위반 시 어떤 대가를 치러야 하는가에 대해 두 번째 회의를 하세요. 대가의 이유와 그것을 어떻게 느끼는지에 대해 논의하십시오.
- 대가는 학교의 명령에 따르는 것이라고 학생들에게 알려주세요. 방과 후 남기, 부모님 모셔오기, 학생처 보내기 등입니다. 하지만 규칙 위반자의 올바르지 못한 행동을 바로잡기 위해서 다른 제재도 있을 수 있다는 것을 알려주십시오.
- 목록 카드를 다시 나눠주고, 학생들에게 3가지 가능한 제재가 무엇인지 물어보십시오.
- 카드에 적힌 결과를 칠판에 적으십시오.
  - 중요하지 않은 결과를 학생들에게 지우도록 하십시오.
  - 적절한 부분은 통합하십시오.
  - 학교 요구에 부합하는 결과를 더하십시오.
  - 필요하다면 한계를 정하십시오.
- 최종 결과 리스트가 결정되면, 모든 학생들이 그것을 이해하고 찬성한다는 구두 대답을 받으십시오.
- 학생들에게 규칙과 결과에 대한 것을 복사해서 나눠주십시오.

윌리엄 글래서의 저서에 있는 내용을 메릴린 래그랜드가 수정, 학습 프로그램 전략, 손튼 타운십 고등학교

많은 교사들이 학생들에게 학습 정책과 규칙을 적어서 학생들이 서명할 수 있도록 계약서처럼 나눠줍니다. 이 계약은 또한 규칙 위반에 대한 대가도 명시되어 있습니다. 모두가 규칙과 정책에 대해 알고 헌신적으로 따르게 만드는 훌륭한 방법이 아닐 수 없습니다.

자, 학생 스스로 규칙을 정하게 하세요. 규칙을 만드는 자리에 학생들을 초대한다면 여러분은 굉장한 도움을 받을 것입니다. 기회가 된다면 학습 공동체의 목적을 지지하는 데 필요한 지침이 무엇인가를 질문함으로써 학습의 정책과 규칙을 학생들이 정하게 하십시오. 그것을 만드는 데 도움을 준 학생들은 많은 책임감을 가집니다.

여러분이 그들의 의견을 들음으로써 학생들은 존중받고 가치를 인정받는다고 느낍니다. 규칙은 공동체의 결정이 되고, 커다란 일체감을 만듭니다.

여러분 학급의 목적을 말할 수 있습니까? 여러분의 합의, 정책, 절차 그리고 규칙은 어떻습니까? 그것들은 여러분의 학생들에게 확실하게 인식돼 있습니까? 아니라면, 그것들을 설명하는 데 시간을

할애하십시오. 그리고 학생들로 하여금 새로운 정책을 결정하는 것에 참여하도록 하십시오. 왼쪽에 있는 시스템을 사용할 수 있을 것입니다. 이 시스템은 메릴린 래그랜드(학습 프로그램 전략, 손튼 타운십 고등학교, 사우스 홀랜드, 일리노이 주)에 의해 편집된 것입니다.

여러분 학급의 목적을 적어보십시오. 정서적, 인지적, 행동적 요소를 포함시키십시오.

e 커뮤니티 유지 및 성장

이제 교실에서 학습 공동체의 기초를 어떻게 만드는지 배웠습니다. 계속 진행하십시오!

튼튼한 기초를 만드는 것은 시간, 노력, 에너지를 필요로 합니다. 그것은 계속되는 과정입니다. 한결 같은 집중이 여러분이 만든 것을 강하고 튼튼하게 유지시킵니다.

여러분이 처음 만든 지침을 1년 내내 고수하십시오. 여러분 학급의 목적을 끊임없이 지지하십시오. 에너지와 열정을 갖고 따르십시오. 학생들을 학습 공동체에 항상 참여시키고 높은 흥미를 유지시키십시오. 이것들을 어떻게 하냐고요? 수업 시간에 학생들을 파트너로 대접하고, 무엇이 일어날지 호기심을 자극하기 위해 미래 연상 기법을 사용하면 됩니다.

학습에서의 파트너

과거의 교사는 지식 관리인이었습니다. 지식을 위해 준비된 그릇과 같이 학생들의 머릿속에 정보를 쏟아붓기만 하는 사람이었습니다. 교사는 긴 강의에서 말하는 것만이 필요했고, 학생들은 그것을 흡수하고 정보를 얻을 뿐이었습니다. 학생들이 하는 유일한 일은 책상에 조용히 앉아서

> **우리는 다음과 같이 학습한다.**
>
> 읽은 것에서 10%,
> 들은 것에서 20%,
> 본 것에서 30%,
> 보고 들은 것에서 50%,
> 말한 것에서 70%,
> 말하고 행한 것에서 90%.
>
> — 버논 A. 마그네센 박사, 1983

듣는 것이었습니다.

    어떤 베테랑 교사라도 이러한 방식은 효과가 없다고 말할 것입니다. 연구에 따르면, 우리는 전통적인 강의 스타일로 전달된 정보를 거의 기억하지 못합니다. 진정한 학습이 자리 잡기 위해서, 여러분은 반드시 학생들을 활동적으로 참여시켜야 합니다.

    교육이 시작되는 순간부터 책임은 학생들이 져야 한다는 것을 학생들에게 알려주십시오. 학습의 파트너로서, 그들은 규칙, 열쇠, 학급 목적 그리고 기초를 확립하는 다른 모든 요소들을 개발해야만 합니다. 신나고 즐거운 학습 환경을 만듦으로써 그들이 영감과 동기를 얻을 수 있도록 도와주십시오. 그리고 결과에 대한 책임은 그들에게 있음을 알려주십시오.

    이렇게 하는 한 가지 방법은 여러분이 만든 지침 안에서 학생들이 직접 선택하게 하는 것입니다. 색인 카드에 메모를 적어서 말로 하는 평범한 것을 요구하기보다, 학생들이 말로 하거나 짧은 촌극을 만들거나 심지어는 비디오로 만드는 것 가운데서 선택할 수 있게 하십시오.

    그들이 책을 먼저 읽는 것이 좋을까요, 아니면 영화를 보는 것이 좋을까요? 그들 자신의 문제를 푸는 것이 좋을까요, 아니면 힌트를 듣는 것이 좋을까요? 그들에게 약간의 선택을 줌으로써 그들이 자신의 교육을 통제할 수 있게 합시다. 그들은 과제를 더 즐길 것입니다. 그리고 더 학습할 것입니다. 그게 핵심 아닌가요?

미래 연상 기법(Future-Pacing)

미래 연상 기법은 여러분이 수업을 하나하나 진행함에 따라 기대감과 호기심, 파트너십을 만듭니다. 이것은 내년 여름에 개봉될 영화 예고편에서 여러분이 볼 수 있는 호기심을 불러일으키는 티저(teaser) 같은 것입니다. 이것은 전체 그림의 간단한 스케치를 만들 수 있을 만한 충분한 정보를 갖고 있어서, 여러분의 흥미를 끌고 마음을 사로잡으며 좀 더 보고 싶게 만듭니다.

무엇이 나타날 것인가에 대한 기대감을 만들기 위해 미래 연상 기법을 사용할 수 있습니다. 그것이 다음 학기, 다음 주, 혹은 그날 오후가 되든 말입니다. 이 장의 시작 부분에서, 우리는 여러분에게 강한 기초를 가진 학급이 어떤 모습일지 물어보았습니다. 우리는 기강 문제가 없으면서 안정감과 강한 지침, 공유된 목적을 가진 학급의 그림을 그렸습니다. 우리는 여러분에게 정보를 줌으로써 흥미를 자극하고 좀 더 관심을 갖도록 했습니다. 그것이 바로 미래 연상 기법입니다.

미래 연상 기법은 또한 연결을 의미합니다. 학생들은 종종 자신이 배우는 것들이 실생활에 쓸모없다고 불평합니다. 여러분은 그들을 위해 연결을 만들어주어야 합니다.

미래 연상 기법을 사용하는 것은 미래에 벌어질 사건들을 연결하면서 학생들이 공유할 미래의 비전을 만듭니다. 심지어는 고등학생들도 가끔 원인과 결과를 연결하는 것에 어려움을 느낍니다. 그래서 그것을 자세하게 설명해주는 것이 그들에게 도움이 될 수 있습니다. 학생들에게 비전을 만들어줌으로써 여러분은 가르치는 것의 가치를 보

> **미래 연상 기법의 예**
>
> 마인드맵을 가르치고 연습하는 수업을 시작할 때 다음과 같이 합니다.
> "오늘 수업 끝날 때까지, 여러분은 자신의 완벽한 기억력과 창의적인 천재성을 발휘하기 위한 열쇠를 가질 것입니다! 수업 시간에 색칠하고 쓰면서, 여러분은 그것이 어떻게 생겼고 어떤 소리가 나며 어떤 느낌이 드는지 알게 될 것입니다. 그래서 어떤 수업보다도 더 재미를 느끼고, 더 적게 공부하지만 더 많이 기억하게 됩니다!"

여주고, 학교에서 성공하기 위한 동기를 부여합니다.

복습

분위기처럼, 기초는 퀀텀 교수법을 위한 주변 요소를 만듭니다. 학생들이 따라올 지침과 명료한 변수를 설정함으로써 여러분은 교실에서 단단한 기초를 만들 수 있습니다. 이것은 공유된 목적, 원칙, 신념, 절차, 정책, 규칙 그리고 합의를 포함합니다. 이러한 변수는 모든 학생에게 확실해야 하며, 학생들은 그것을 따라야 합니다. 확실한 지침은 더 큰 위험을 감수하도록 조장하고, 더 훌륭한 학습을 촉진하면서 무해하고 안전한 교실 환경을 만듭니다.

여러분이 갖고 싶은 학습 공동체를 상상하는 시간을 잠깐 가지십시오. 여러분의 학생들을 살펴봐서 그들이 어떻게 상호작용하는지 인식하고, 그들이 말하는 것이 무엇인지 주목하십시오. 소속감과 통일감을 느끼십시오. 학생들이 8가지 열쇠를 사용하여 학업이나 어려운 문제를 해결하고 즐거워하는 모습을 상상해보십시오.

어떤 지침이 이런 학습 공동체를 만들어낼까요? 앞에서 실행된 지침을 보십시오. 성공적인 삶

을 위한 단단한 기초를 만들기 위해 여러분은 충분한 능력과 성품을 갖고 있다는 사실을 아시기 바랍니다.

퀀텀 선생님의 이런 신념들을 기억하십시오!

- 나는 세상에서 차이를 만든다.
- 나의 모든 행동, 생각 그리고 느낌은 세상 전체에 기여한다.
- 나는 자유 의지가 있는 존재다.
- 나에게 최고의 선물은 선택의 힘이다.
- 나는 내 경험의 근원이다.
- 나는 생각하고, 느끼고 행동할 방법을 선택할 수 있다. 어떤 사람도 내가 느끼는 방식에 관여할 수 없다.
- 현실은 개인적인 것이다.
- 나의 세상은 다른 사람의 세상과 다르다.
- 모든 학생은 재능을 부여 받았다(주변 요소가 증거다).
- 사람들은 천재가 될 수 있다(필요한 조건을 만들어라).
- 자원이 없는 학생은 없다. 다만 그것이 없는 것처럼 보일 뿐이다.
- 상태를 바꾸라. 그러면 행동이 바뀐다.
- 모든 상호작용은 치유하거나 상처를 주는 능력이 있다.
- 결과는 치유 또는 상처의 총합이다. 모든 행동, 느낌 그리고 말은 무의식적이든 의식적이든 생각에 영향을 미친다.

I Know!

여러분이 아는 것에 체크하세요.

☐ 튼튼한 기초를 세우기 위한 기본 요소들
☐ 성공의 8가지 열쇠
☐ 열쇠를 커리큘럼에 포함시키기 위한 3가지 방법
☐ 학습과 가르침에 대한 신념에 힘 불어 넣기

축하

축하합니다!
지침과 합의가
분명할 때,
모든 사람들은 안전함을 느낍니다.

Celebrate!

04

4장_ 주변 요소

최소 노력으로 최대 학습 효과를 얻어내는 최적의 교실 환경

ⓐ 주변 장치

ⓑ 소품

ⓒ 좌석 배치

ⓓ 식물, 향기, 애완동물 그리고 다른 유기적 요소들

ⓔ 음악

적은 노력으로 더 많이 가르칠 수 있다면 어떻게 될까요?

더 많은 내용을 전달할 수 있습니다. 그리고 학생들의 이해를 돕는 한편, 더 많이 기억하게 할 수 있습니다. 어떻게 하냐고요? 여러분의 교실 환경을 바꾸면 됩니다.

상상해보세요. 콜린이 교실에 가까워질수록, 긍정적인 말, 즐거운 음악이 그의 주의를 끕니다. 미소 띤 그는 교실로 들어서면서 박자에 맞춰 걷습니다. 그의 눈은 곧 여러 가지 색깔과 포스터 그리고 자신을 환영하는 밝은 환경의 교실에 이끌립니다. 그리고 많은 장난감들 중 말랑말랑한 공을 손에 쥐고 긴장을 풉니다. 처음부터 콜린은 집에 있는 것 같은 느낌입니다.

우리는 곧 구체적인 학습 촉진법에 대해 알아볼 것입니다. 하지만 먼저 이론과 내용을 알게 되면 그것이 어떤 것인지, 또 왜 그런 것인지 알게 됩니다.

정보

모든 학습에는 두 가지 측면이 있습니다. 의식적인 학습과 무의식적인 학습이 동시에 이루어집니다. 뇌는 계속해서 자극의 홍수 속에 놓이고, 순간순간 특별한 것에 초점을 맞춥니다.

예를 들면, 여러분은 이 책을 읽는 동안 의식적으로 페이지를 구성하고 있는 내용과 그림 등 인쇄된 것에 집중할 것입니다. 우리가 실내 온도나 의자의 느낌 또는 공기 중의 향기를 느끼게 되면, 여러분의 뇌는 이런 감각에 민감해집니다.

> 뇌는 계속해서 자극의 홍수 속에 놓이고, 순간순간 특별한 것에 집중하게 된다.

여러분의 뇌가 이 책을 읽는 동안 이런 감각을 모르고 있을까요? 전혀 그렇지 않습니다. 우리가 한 가지에만 의식적으로 집중하고 있을 때라도 뇌는 동시에 여러 곳의 정보들에 무의식적으로 주의를 기울일 수 있습니다(로자노프, 1979). 이것이 이론이고, 연구결과입니다. 이제 실질적인 응용을 보겠습니다.

교실을 둘러보십시오. 학생들이 교실 벽을 살펴볼 때 무엇을 볼까요? 작년에 붙여놓은 빛바랜 포스터들? 반쯤 지워진 칠판? 낡은 게시판? 정리되지 않은 종이와 책 더미들? 먼지가 쌓인 보관함들? 아니면 손

님을 위해 깨끗이 정리되고 깔끔하게 된 환경을 볼까요? 결국 학생들은 학습이라는 대단히 중요한 행사를 위해 초대받은 여러분의 '손님'입니다.

　책들이 깔끔하게 선반에 정돈되어 있습니까? 바구니 속의 물품은? 게시판의 새 종이는? 학생들의 책상과 의자가 그날의 학습에 최고로 도움을 주는 배열입니까? 학습 내용과 관련된 포스터가 학생들의 복습을 위해 제자리에 붙어 있습니까? 주요 장소에 눈길을 끄는 긍정 포스터가 붙어 있습니까? 화분의 위치는? 여러분의 교실 환경은 학생들을 수업에 초대하고 관심을 갖게 만들기도 하고, 산만하게 해서 그들의 주의를 다른 곳으로 돌리게도 합니다.

　교실 안에 있는 물건들이 학생들의 눈을 사로잡을 때, 그들은 어떤 연상을 하게 될까요? 교실의 환경에 관심이 없는 선생님의 수업에서는 "공부는 낡고 피곤하고 진부한 것이야"라는 것일 수 있습니다.

　반면에, 학습에 도움을 주기 위해 공들여 꾸민 환경에서는 "공부는 늘 신선하고 살아있고 활기로 가득한 거야." 혹은 "와서 한번 경험해보세요!"라고 말할지도 모릅니다.

　여러분의 교실 환경은 무엇을 말하고 있습니까? 벽에 포스터가 부착된 모양에서부터 의자 배치, 물품의 진열, 청결함의 정도까지 모든 것은 이야기합니다. 이렇게 교실 환경 안에 있는 모든 것은 학습을 촉진하거나 산만하게 하는 메시지를 보냅니다(도리티, 1991).

기억하세요.
모든 것은 이야기합니다.
모든 것이, 항상!

학습을 촉진하고 기억을 향상시키는 퀀텀 교수법의 환경에 대해 좀 더 알아보겠습니다.

ⓐ 주변 장치

백 번 듣는 것이 한 번 보는 것만 못합니다. 따라서 여러분이 시각 자료를 사용한다면, 아주 재미있는 무엇인가가 일어납니다. 시각적인 정보 수용 양식을 자극함으로써 초기 학습을 강화하는 것뿐만 아니라, 독립기념일 밤의 불꽃놀이처럼 문자 그대로 신경통로에 불을 당깁니다. 무수한 연상들이 갑자기 의식으로 들어오고, 이러한 연결들이 새로운 학습에 풍부한 배경을 제공합니다.

이러한 신경 통로들을 어떻게 만들고 강화시킬까요? 두 가지 요소를 고려하십시오. 주변 시야(peripheral vision)와 안뇌 연결(eye-brain connection)입니다.

> **특별 게시판**
> **주변 시야는 기억에 도움을 준다!**

우리의 눈은 넓은 지각 범위를 가졌습니다. 간단한 실험을 해보세요. 양손 검지를 앞으로 평행하게 뻗고 정면을 바라본 상태에서 팔을 서서히

> 학습에 도움이 되는 환경을 조성하는 데 있어 주변 시야와 뇌 사이의 연결을 이해하는 것은 매우 중요하다.

양쪽으로 벌리세요. 두 손가락이 모두 안 보이기 직전에 멈추세요. 그리고 두 손가락 사이를 바라보세요. 여러분은 그 안에 있는 모든 것을 '볼' 수 있을 것입니다. 이것이 주변 시야이며, 특히 의식적으로든 무의식적으로든 학습이 동시에 이루어질 때 이 주변 시야를 통해 보았던 모든 것이 강력한 무의식적 학습도구가 됩니다.

여러분의 뇌는 연상 이미지를 통해 이야기합니다. 이 내뇌(intra-brain)의 의사소통은 은유 – 상징 언어(metaphoric-symbolic language)가 특징입니다. 어떻게 동시에 하나 이상의 생각을 할 수 있는지 주목했던 적이 있습니까? 그리고 어떻게 생각들 하나하나가 많은 연상에 의해 이루어지는지 생각해본 적이 있나요? 연상 이미지를 통해 이야기하는 뇌의 본성 때문에 이러한 능력이 가능합니다.

그러면 뇌의 언어에 대해서 말하기 전에, 안뇌 연결에 대해 간단히 알아보겠습니다.

1970년대가 지나면서 우리는 공부를 하거나 생각할 때 눈의 움직임은 시각, 청각 그리고 운동감각과 함께 묶여 있다고 알고 있었습니다. 다시 말해서 눈은 뇌가 정보에 접근함에 따라 움직인다는 것입니다(딜츠, 1983). 일반적인 규칙에 따르면, 상상하거나 과거의 기억을 떠올릴 때 눈동자가 위로 향합니다.

예를 들어 누군가에게 차를 어디에 주차했는지 물어보면 눈동자를 위로 올린 채 생각하는 것을 볼 수 있을 것입니다. 마치 하늘 위에 차를 세워둔 것처럼 말이죠! 하지만 뭉게구름 근처에 차가 세워져 있나요? 물론 아닙니다. 우리는 시각적 이미지를 머릿속에 저장하고 만들어냅니다. 따라서 사람의 눈은 정보가 저장되거나 만들어진 공간 쪽으로 향하는 것입니다.

　누군가에게 머릿속으로 노래를 부르거나 최근에 친구와 나누었던 대화를 기억하라고 해보십시오. 그들의 눈이 한쪽 또는 양쪽으로 움직이는 것을 볼 수 있을 것입니다. 청각 정보가 귀로 들어오기 때문에 소리, 노래, 어구, 대화 등을 기억하거나 만들면서 눈은 그 위치로 움직입니다.

　느낌은 우리의 몸에 저장됩니다. 우리가 자신감과 성공 또는 성취감을 느낄 때, 우리는 머리를 들고 어깨를 똑바로 펴고 결단력 있게 걷습니다. 사람들이 성공한 순간에 대해 질문을 받으면, 그들의 눈은 어깨를 똑바로 했던 이미지를 찾기 위해 위를 쳐다봅니다.

　여러분은 뇌와 눈의 연결을 통해 무의식적으로 정보를 흡수하는 학생들의 능력을 이용하는 것이 쉽다는 사실을 알게 될 것입니다. 여기, 여러분이 사용할 수 있는 몇 가지 방법이 있습니다.

상징 포스터

　여러분이 가르치는 수업 내용에 맞는 상징을 A3나 더 큰 종이 한 장에 그리십시오. 그 상징 포스터를 눈높이에 맞춰 교실 앞쪽에 붙이십시오. 이것은 자료의 전체적인 개요인 큰 그림을 제공합니다. 이러한 '상징화된 개념'을 보기 위해서 학생들은 올려다보아야 합니다. 이것은 정보의 시각적 생성, 저장, 재생을 도울 것입니다.

　하나의 단원이 끝날 때까지 포스터를 그대로 두십시오. 그리고 다음 단원에 쓸 포스터의 자리를 위해 다른 쪽 벽으로 옮기십시오. 이전 수업 때 사용하던 포스터가 한쪽 벽에 붙어 있다는 사실은 의식적이든 무의식적이든 공부하는 데 암시적으로 작용합니다. 학생들이 내용을 기억하길 원한다면, 포스터를 게시함으로써 그들이 그것을 볼 때마다 시각적 기억에 접근할 수 있습니다.

여러분의 학생이 주요 개념 학습을 그림으로 하는 방식에 익숙해졌을 때, 그들에게 앞으로 하게 될 단원의 포스터를 만들게 하십시오.

여러분은 이것을 한 단계 더 나가게 해도 좋습니다. '다가올 흥밋거리'를 예고하기 위해 상징 포스터를 사용해도 좋습니다. 다음 수업을 상징하는 포스터를 오른쪽 벽에 붙이십시오. 다음 학습을 위한 자료가 보일 때 흥미를 자극할 것입니다.

"저 포스터는 도대체 무엇에 대한 것일까?"

긍정 포스터

긍정적이고 동기를 부여하는 포스터를 만드십시오(학생들이 만들게 하는 것이 더 좋습니다). 예를 들면 이런 것이죠. "난 이걸 배울 수 있다!" "도전할 때마다 나는 더 현명해진다." 이 포스터를 앉아 있는 학생들의 눈높이에 맞게 교실의 측면에 붙이십시오.

또한 포스터들이 붙여진 위치가 앉아 있는 학생들의 귀높이와 같다는 점에 주목하십시오. 학생들이 교실을 둘러볼 때 포스터들은 내적 대화(internal dialogue)로 이 긍정적인 문장을 이야기합니다. 그래서 학생들의 학습에 대한 신념과 여러분이 가르치는 내용에 대한 신념을 강화합니다.

색

사과 하나를 마음속에 그려보세요. 눈을 감는 것이 도움이 된다면 감으세요. 흑백으로 보이나요? 아니면 칼라로 보이나요? 거의 대부분의 사람들이 사과를 칼라로 봅니다. 왜일까요? 그것은 뇌는 칼라로 생각하기 때문입니다. 따라서 여러분의 교수법과 학생들의 학습을 강화하기 위해 칼라를 사용하세요. 중요한 단어는 녹색, 파란색, 보라색, 빨간색을 사용하세요. 강조할 때는 오렌지색과 노란색을, 그리고 연결하는 단어인 '접속사' 등에는 검은색과 갈색을 사용하십시오.

 **소품**

소품은 아이디어를 시각적으로 나타낼 수 있는 물건입니다. 몇 가지 예는 다음과 같습니다.

여러분의 수업에 적합한 긍정문과 소품의 목록을 만드십시오.

- 문학 작품에서 인물을 대변하는 인형이나 꼭두각시
- 브레인스토밍 시간의 시작을 알리기 위한, 혹은 '반짝이는 아이디어'를 강조하기 위한 큰 플라스틱 전구
- 여러분이 만드는 '요점'을 시각적으로 나타내기 위한 화살표
- 다른 인식을 갖게 하는 큰 안경
- 연역적인 추리를 상징하는 '셜록 홈즈' 모자

소품은 시각적 학습을 도울 뿐만 아니라, 운동 감각 양식에 도움을 줄 수 있습니다. 운동 감각 능력이 뛰어난 학생들은 소품을 잘 이해할 수 있고, 여러분이 전달하려고 하는 개념에 대한 '느낌'을 잘 이해할 수 있습니다.

C 좌석 배치

좌석 배치는 학습의 오케스트레이션에 있어서 매우 중요한 역할을 합니다. 대부분의 교실에서 책상은 학습하는 물체를 올려두기 위해 배치되어 있습니다.

학생들이 상호작용을 원활하게 할 수 있도록 책상을 재배치해보십시오. 학생들의 발표를 위해, 교사의 강의를 위해, 비디오 시청을 위해서 말입니다. 학생들이 앞쪽에 집중할 수 있도록 책상을 배치해주세요. 그룹 작업을 위해, 학생들의 책상은 서로 마주 볼 수 있도록 바꿉니다. 여기에는 유연함이 필요합니다.

이런 대안을 살펴보십시오.

- 플립차트, 화이트보드 혹은 칠판에 아이디어를 적는 퍼실리테이터가 이끄는 대형 그룹 토의를 위해 반원 배치를 사용하십시오.
- 개인 작업을 시키고 싶을 때와 모두가 바닥에 앉아 하는 작은 그룹 토의 혹은 큰 그룹 토의를 위해 교실 가운데를 비워두고 싶을 때 모든 책상이 벽을 향하게 배치하십시오.
- 가능하다면 더 유연한 좌석 배치를 위해 기존의 책상을 1.8m의 접이식 책상과 접이식 의자로 바꿔주십시오.

좌석이 고정되어 있는 상황에서는 약간의 도전이 필요합니다. 좌석이 고정되어 있지만, 학생들은 그렇지 않습니다! 소그룹 상호작용을 위해 옆쪽으로 돌려 앉히거나 통로 쪽 혹은 교실 앞뒤, 옆의 바닥에 앉게 하십시오.

기억하세요.
고정된 좌석이든 고정되지 않은 좌석이든,
학생들의 학습 능률을 올리기 위해
환경을 오케스트레이션하십시오.

d 식물, 향기, 애완동물 그리고 다른 유기적 요소들

식물

식물을 생각하면, 어떤 연상을 할 수 있습니까? 꽃, 나무, 산소, 성장, 개화 등이 생각납니까? 생물학과 식물학에서는 식물이 산소를 공급해준다고 합니다. 그리고 뇌는 산소를 먹고 움직입니다. 산소가 잘 공급될수록 뇌의 기능은 활발해집니다.

디펜바키아(옮긴이주: 실내에서 잘 자라는 식물)를 사용해 교실에 산소를 공급해주세요. 그리고 조화나 인조식물도 심미적 효과가 있으며, 화초를 잘 기르는 사람이 아니어도 되므로 부담이 없습니다. 그것들은 산소를 생산하지 않습니다만, 미적인 효과를 더해주기 때문에 자연광이 없는 실내에서는 최고의 효과를 냅니다.

향기

아, 달콤한 성공의 향기! 냄새가 성공과 무슨 상관이 있나요? 많습니다! 후각선과 자율신경계의 관련성은 꽤 강합니다. 우리가 맡는 냄새는 화, 배고픔, 침착함, 우울함 그리고 성욕과 같은 반응을 불러일으킵니다. 병원, 탈의실, 해변과 같은 장소가 그러듯이 휴일은 종종 특정한 냄새로 표시됩니다.

> "들어가 보니 교실은 온통 밝은 색 천지였고, 벽에는 여러 가지 좋은 글이 적힌 포스터가 붙어 있었으며, 음악이 흐르고 있었습니다. 멋졌습니다. 마음이 느긋해지면서 그날 내가 해야 하는 일에 집중하게 되었습니다."
>
> **저메인 햄튼**
> 학생, 손튼 지역 고등학교, 하비, 일리노이 주

사람들은 특정한 꽃향기에 노출될 때 창의성을 30% 정도 발휘할 수 있습니다(허쉬, 1993). 놀랄 것 없습니다! 후각 부분은 신체가 만족감이나 웰빙을 느끼도록 하는 엔도르핀 호르몬의 수용기입니다.

이것이 여러분의 교실에 무슨 의미가 있을까요? 페퍼민트, 바질, 레몬, 계피, 로즈마리 같은 향을 약간 뿌리는 것은 정신의 환기를 돕습니다. 라벤더, 카모마일, 오렌지 그리고 장미는 차분함과 이완 작용을 유도합니다(라바브레, 1990).

애완동물

학생들이 강아지, 고양이, 애완용 쥐 혹은 햄스터를 만나면 어떤 일이 생기나요? "와! 만져봐도 되나요?" 학생들의 보호 본능을 불러내고, 그들을 차분하게 할 수 있는 것으로 애완동물만한 것이 없습니다. 게다가 사람들은 자신의 애완동물에게 특별한 애착을 가집니다. 매사추세츠에 있는 햄프셔 대학에서는 신입생들에게 애완동물을 가져오도록 하여 대학생활의 스트레스를 완화시키고 있습니다.

초등학교 교사들은 애완동물이 책임감, 영양, 건강 그리고 돌보기를 학습할 수 있는 기회를 만들어준다는 것을 잘 압니다.

e 음악

음악은 교사와 학생 모두에게 영향을 미칩니다. 분위기 설정을 위해, 학생의 마음 상태를 바꾸기 위해, 그리고 학습 환경에 도움을 주기 위해 음악을 사용할 수 있습니다. 음악은 학생들의 실행 능력과 기억력을 향상시킵니다. 그리고 의식적으로나 무의식적으로 학습을 자극하고, 활기를 되찾게 하고 강화시킵니다. 게다가 대부분의 학생들이 음악을 사랑합니다.

여러분은 아마 이렇게 묻게 될 것입니다. "왜 음악이죠? 가뜩이나 생각할 것도 많은데…." 음악의 리듬, 박자 그리고 하모니는 인간 생리(주로 뇌파와 심장 박동)에 영향을 줍니다. 추가로 감정과 기억을 상기시켜줍니다(로자노프, 1979).

음악은 학생들을 학습에 적합한 상태로 만들어줍니다. 음악은 또한 교사와 학생들이 교감할 수 있도록 해줍니다. 왜냐하면 음악을 통해, 여러분은 '그들의 언어'를 말할 수 있기 때문입니다.

바로크 음악이 최고

음악은 학습 환경에 강력한 효과를 줍니다. 연구 결과에 따르면, 학습자가 안정되고 수용적인 상태일 때 학습이 쉬워지고 빨라진다고 합니다. 안정된 사람의 심장 박동은 1분에 60에서 80 정도입니다. 대부분의 바로크 음악은 적합한 학습 조건인 안정된 심장 박동 속도와 일치합니다(슈스터와 그리튼, 1986). 목관악기와 바이올린은 학생을 밝고 집중력 있게 만들어주는 가벼운 음색을 가지고 있습니다.

연구 결과는 바로크 음악(바흐, 코렐리, 타르티니, 비발디, 헨델, 파헬벨, 모차르트)과 클래식 음악(사티, 라흐마니노프)이 적합한 학습 환경을 자극하고 유지시킨다고 입증합니다. 바로크 음악의 화음 구조와 악기는 우리 신체를 각성시키면서 편안한 상태로 만들어줍니다(슈스터와 그리튼, 1986).

그리고 '모차르트 효과'가 있습니다. 학자들은 모차르트 음악을 듣는 학생들이 정보를 잘 기억하고 시험 성적이 높은 경향이 있는 것을 발견했습니다. 모차르트의 피아노곡과 같은 음악을 듣는 것은 인지의 중요한 신경 통로를 자극할 수도 있다고 어바인 소재 캘리포니아 대학교의 프랜시스 F. 라우셔 박사가 보고합니다(브라운, 1993). 프랑스 학자 벨랑져 여사에 따르면, "모차르트 음악은 호흡, 심혈관 리듬, 뇌파 리듬을 조절합니다. … 음악은 무의식과 감수성 자극과 지각에 작용합니다(로즈, 1987)."

템포, 리듬, 그리고 활발함을 더하기 위해 바로크 음악들을 클래식

> 모차르트 음악은 호흡, 심혈관 리듬, 뇌파 리듬을 조절한다. …
> 음악은 무의식과 감수성 자극과 지각에 작용한다.

음악과 섞어보십시오. 고음을 내는 악기들(플루트, 바이올린)은 이른 아침과 오후 학습에 좋습니다. 스트레스가 많은 학습 뒤에 학생들을 진정시키기 위해서 피아노, 첼로, 비올라로 연주되는 음악을 써보십시오. 음악은 또한 '백색 소음(전등의 윙 소리, 옆방에서 들려오는 목소리 등)'을 감춰줍니다. 그리고 탄탄한 지지적 환경을 만듭니다. 교실이 조용하다면 음악의 볼륨을 아주 작게 조정하십시오.

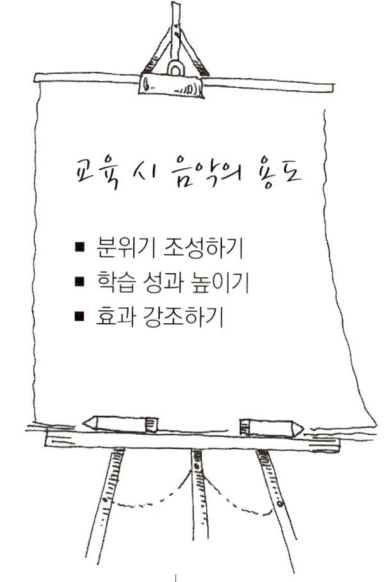

교육 시 음악의 용도
- 분위기 조성하기
- 학습 성과 높이기
- 효과 강조하기

여러분이 굉장히 신날 때 어떤 음악을 듣습니까? 어떤 일을 추억할 때, 슬플 때 혹은 낭만적일 때 듣는 음악과 다른가요? 대부분의 사람들은 현재의 감정을 극대화시키는 음악을 선택합니다.

음악은 또한 마음 상태를 바꿀 수 있습니다. 여러분이 여느 때처럼 힘든 하루를 보내고 저녁에 춤추러 가기로 마음먹었다면, 집으로 가서 음악을 듣는 것으로 여러분의 기분을 일터에서 놀이터로 변화시킬 수 있습니다. 여러분이 학습 목표를 달성하기 위해 교실에서 음악을 사용함으로써 이런 동일한 효과가 나올 수 있습니다.

음악은 교육할 때 다양한 방법으로 사용할 수 있습니다. 먼저 이 세 가지에 초점을 맞춰봅시다.

- 분위기 조성하기
- 학습 성과 높이기
- 효과 강조하기

분위기 조성하기

상상해보십시오. 학생들이 재미없는 수업을 한 시간 듣고 난 뒤 여러분의 교실로 쏟아져 들어옵니다. 학생들이 도착할 때 신나고 긍정적인 최신 음악을 틀어줌으로써 그들의 감정 상태를 바꿔 보는 것이 어떨까요? 여러분은 그들의 주목을 받게 될 것이고, 학생들은 여러분의 수업이 밝고 긍정적이며 활동적이라는 인상을 받을 것입니다.

쉬는 시간에 신나는 최신 음악을 듣는 것은 몸을 움직이게 하고, 학생들의 마음 상태뿐만 아니라 여러분의 마음 상태에도 변화를 줍니다. 감정의 기어를 한 단계 올릴 수 있게 하는 것입니다. 음악을 선택할 때 고려해야 할 점은 다음과 같습니다.

- 다양한 최신 음악 중에 선택하십시오.
- 긍정적인 메시지를 담은 음악을 선택하십시오.

음악에 따라 학습의 속도와 분위기가 변하듯이, 일기나 작문을 써야 하는 시간이 되었을 때는 진지한 분위기를 만들기 위하여 음악을 느린 기악곡으로 바꾸십시오. 학생들이 공부하거나 독서 중일 때 혹은 노트 필기, 마인드맵 그리고 다른 시각 자료를 준비할 때는 바로크 음악을 사용해 집중력을 높이십시오.

음악 선택

- 다양한 최신 음악 중에 선택하십시오.
- 긍정적인 메시지를 담은 음악을 선택하십시오.

Hot Tip

수업 시간, 워크숍 그리고 세미나를 언제 시작하는지 그리고 언제 쉬고 끝내야 하는지 알릴 때 특정한 음악을 사용하십시오. 신나는 음악을 통해 참가자들이 알 수 있도록 하십시오. 모두가 가사를 아는 친근한 음악, 에너지가 충만한 음악을 선택하십시오.

학습 성과 높이기

여러분이 들려주는 음악은 움직임을 쉽게 하고 교실의 소리 크기를 조절하는 것에도 도움이 됩니다. 일단 학생들에게 지난 몇 달 동안 학습한 것에 대해 서로 이야기해 보라고 합시다. 그들이 서로 이야기할 때, 음악을 그들의 목소리 크기만큼 크게 하십시오. 음악 없이는 종종 망설이고, 누구와 처음 이야기해야 할지를 몰라 하고, '어색한 분위기를 먼저 깨뜨리는' 사람이 되고 싶어하지 않습니다.

음악은 학생들을 자유롭게 말할 수 있게 도와주고, 그들이 '성취하게' 도와줍니다. 몇 분 지나서 음악을 약간 줄이십시오. 그들의 목소리도 음악에 맞춰 낮아질 것입니다. 그들의 주의를 끌어야 할 때, 음악 소리를 크게 올렸다가 0으로 낮추십시오. 그러면 학생들은 음악이 어떻게 된 것인지 궁금해하며 잠시 조용해집니다. 이 방법은 여러분의 시간, 에너지 그리고 목소리를 낭비하는 것 대신에 음악을 사용하는 것입니다. 그룹 활동 시간에 들려줄 음악으로는 가사가 없는 레게음악, 뉴에이지 그리고 악기를 사용하는 최신 재즈 등을 추천합니다.

그룹 과제에서 개인 작업으로 바꾼다든가 또는 그 반대 상황에서는 신나는 음악을 틀어서 학생들이 빠르게 움직일 수 있는 환경을 만듭니다.

일반적으로 선곡은 기악으로 합니다. 쉬는 시간이나 특별한 변화가 필요할 때의 음악은 가사가 있는 음악을 들려주는 것이 좋습니다. 그리고 가사가 포함된 음악을 사용한다면, 긍정적인

> 주의를 끌기 위해 여러분의 시간, 에너지 그리고 목소리를 낭비하는 것 대신 음악을 사용해보라.

> "우린 항상 음악이 흐르고 밝은 색으로 꾸며진 그녀의 교실에 들어가길 원했습니다. 그 교실은 마치 사람들을 스포트라이트로 비추는 것 같았습니다."
>
> **테레사 모로**
> 학생, 손튼 타운십 고등학교, 하비, 일리노이 주

메시지가 담긴 음악을 선택해야 한다는 것을 기억하십시오.

효과 강조하기

음향 효과는 놀이, 흥미, 오락 환경을 만드는 데 도움을 주며 주제를 강조할 수 있습니다. 여러분이 중요한 점을 전달하려고 한다는 것을 알리고자 할 때, 전화벨 소리를 울리게 하고 이렇게 말할 수 있습니다. "오, 여러분에게 온 전화예요!"

또한 녹음된 박수 소리는 개인 발표나 그룹 발표 뒤에 나오는 학생들의 박수를 부추길 수 있습니다. 게임쇼의 테마 음악은 게임 할 때의 긴장감을 느끼게 해줍니다. 팀으로 구성된 학생들이 답변을 준비할 때 '제퍼디'의 테마 음악을 들려주십시오. 증기 기관차 소리는 학생들이 방정식이나 공식을 풀도록 애쓸 때 '할 수 있다, 할 수 있다'라는 표현과 함께 쓰일 수 있습니다. 오래된 라디오 방송 녹음들은 음향 효과 사용을 위한 풍부한 아이디어를 제공합니다. 교실에서 흥미와 집중을 높이기 위한 음향 효과 사용을 검토해보십시오.

여러분의 교실 환경에 음악을 어떻게 잘 짜넣는가를 배우는 것은 시간이 걸릴 것입니다. 계속 실험하십시오. 다음과 같은 것을 어떻게 할 수 있을지 찾아내십시오.

- 활기 북돋기
- 경험 자극하기
- 이완시키기
- 집중력 높이기
- 교감 만들기

- 그날의 테마 설정하기
- 영감 주기
- 재미있게 만들기

구체적인 음악 추천

공부, 독서, 학습, 발표에 도움되는 음악
- 모차르트의 플루트 협주곡
- 긴장을 푸는 클래식 음악(안단테 또는 전원곡)
- 2대의 플루트를 위한 6개의 이중주
- 파헬벨의 캐논 D장조
- 클래식 음악의 악기들(볼륨1)

재미를 위한 특별한 음악
- 최고 히트 텔레비전 시리즈
- 어린이를 위한 디즈니 영화

편안한 휴식을 주는 음악
- 영화 사운드트랙
- 1960, 70, 80, 90년대 히트 모음집
- 현대 재즈 음악
- 민족/문화 음악
    - 아프리카 드럼
    - 아일랜드/켈트족 댄스
    - 스페인 플라멩코

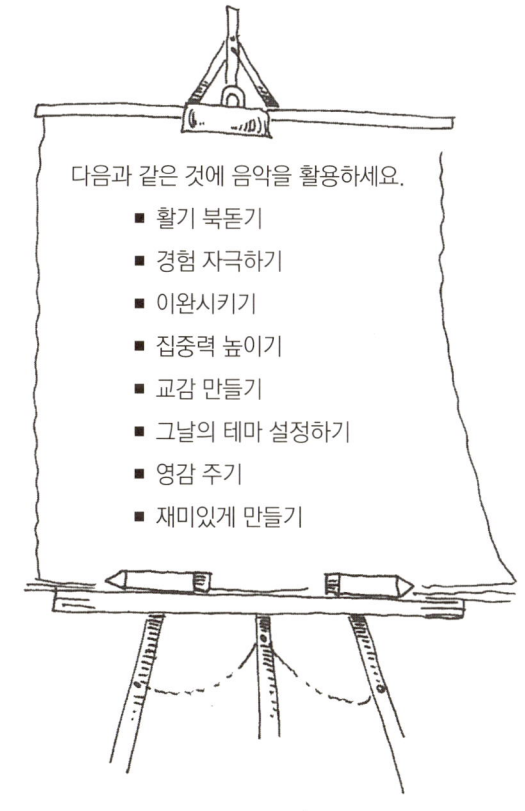

다음과 같은 것에 음악을 활용하세요.
- 활기 북돋기
- 경험 자극하기
- 이완시키기
- 집중력 높이기
- 교감 만들기
- 그날의 테마 설정하기
- 영감 주기
- 재미있게 만들기

성찰을 위한 음악
- 윈드햄 힐 레코드사의 〈A Winter's Solstice〉
- 야니의 〈Out of Silence〉
- 레이 린치의 〈Deep Breakfast〉

복습

여러분의 교실 환경은 학생들의 정보에 대한 집중력과 기억력에 영향을 미칩니다. 긍정 포스터가 학생들의 내적 대화를 강화시켜주는 반면에 상징 포스터 같이 의식을 높이는 것들은 시각적으로 내용을 보여주는 데 효과적입니다. 소품은 추상적인 아이디어를 생생하게 만들고, 운동감각적 학습자가 손으로 만져볼 수 있는 기회를 제공합니다.

또한 좌석 배치는 학습 결과를 좋게 합니다. 책상이나 탁자를 움직임으로써 학생들은 자신들의 과제에 쉽게 집중할 수 있습니다. 음악은 최적의 학습 환경을 열어주고 연상을 이끌어냅니다. 바로크 음악은 공부, 복습, 그리고 집중하는 순간에 최고입니다. 다른 스타일의 음악은 쉬는 시간, 작문, 그룹 활동 그리고 전환할 때 사용됩니다. 여러분의 환경 속에 있는 요소를 오케스트레이션하는 것은 여러분의 능력에 크게 영향을 주어 더 적은 노력으로 더 많은 것을 가르치게 합니다.

I Know!

여러분이 아는 것에 체크하세요.

☐ 신념과 내용을 강화하는 주변 장치들
☐ 내용을 생생하게 하는 소품들
☐ 상호작용해 흥미를 유발하고 편안함을 주는 좌석 배치
☐ 이완 효과를 주는 식물
☐ 마음상태를 개선시키는 음악

축하합니다!
적은 노력으로
더 많이 가르칠 수 있습니다.

05

5장_ 주변 요소

도전과 재미, 흥미 요소를 적절히 갖춘 학습 디자인

ⓐ 그들의 세계에서 우리의 세계로

ⓑ V-A-K 정보 지각 양식

ⓒ 디자이너의 관점에서 본 성공모델

ⓓ 퀀텀 교수법의 디자인 틀, EEL Dr. C

ⓔ 다중지능 SLIM-n-BIL

ⓕ 은유, 이미지 그리고 암시

가입

여러분의 교수/학습 디자인이 여러분과 학생들의 세계 사이에 존재하는 간격을 항상 빠르고 자연스럽게 좁힌다면 어떻게 될까요?

여러분이 학생들의 학습 방법을 알아내고, 여러 가지 지능을 이용하여 동기를 유발시키고, 그들을 성공으로 가게 하는 수업을 디자인할 수 있다면 어떻게 될까요?

상상해보세요. 콜린은 몸을 앞으로 기울이고, 눈썹을 치켜 올리며, 선생님이 방금 질문한 것에 흥미를 느끼는 자신을 발견합니다. "…에 흥미가 있니?" "…을 할 수 있다면 어떨까?" 자신도 모르게 콜린은 빠져듭니다. 마치 선생님이 자신의 상황 속에 들어와 해답을 찾고 자신에게만 물어본 것 같은 느낌을 받습니다. 그리고 미처 깨닫기도 전에 학급 전체가 하는 게임에 참여하는 자신을 발견합니다. 선생님은 확실히 그의 흥미를 자극했습니다.

학생들이 교실에서 돌아다니고, 상호작용하고, 도전하고 재미를 느낍니다! 게임이 끝날 때쯤 전보다 더 많은 의문을 가지게 된 자신을 발견하더라도 콜린은 그들과 한 게임을 좋아합니다. 그는 손을 듭니다. "멋졌어요, 하지만 …은 어떤가요?"라고 질문합니다. 그러자 선생님은 드럼을 계속 치게 하고, 플립차트 한 장을 넘깁니다.
짠! 갑자기 콜린이 방금 한 경험이 완벽하게 이치에 맞을 뿐만 아니라, 그 경험은 방금 일어난 것으로 인해 완전히 새로운 의미를 갖게 됩니다. 콜린의 머릿속에서 전구가 깜박거립니다.

그들의 세계에서 우리의 세계로

 퀀텀 교수법의 지배 원칙은 여러분의 세계와 학생들의 세계 사이를 좁히기 위한 여러분의 능력에 있습니다. 이것은 여러분이 교감을 강화하고, 자료를 더 빨리 만들고, 학습을 더 항구적으로 만들고, 전달을 확실하게 하는 것입니다.

 우리는 아이들과의 직접 면담을 통해 아이들이 선생님의 말을 듣지 않는, 또는 선생님을 싫어하는 첫 번째 이유가 "그들은 저와 상관이 없어요"라는 것을 알았습니다. 여러분의 세계와 그들의 세계 사이에는 간격이 존재합니다. 이 차이가 있는 한, 학생들은 여러분과 사이좋게 지낼 수 없고 우리의 가르침 속에서 "그 안에 나를 위한 무엇이 있을까?"를 볼 수 없습니다.

그들의 흥미를 끄는 것이 없다면 그들은 받아들이지 않습니다. 두뇌 전문가가 말하듯이 감정적인 개입이 없다면 학습은 없습니다. 여러분이 학생들의 흥미, 열망, 생각을 이해하고 여러분이 이해한다는 것을 그들에게 알게 할 때, 완전히 여러분의 관점에서 가르치지 않고 여러분은 그들의 세상으로 들어갑니다.

여러분이 수업 방식을 디자인하는 것만으로 여러분은 학생들의 세계에 들어갈 수도 있고 그들을 여러분의 세계, 즉 학습으로 초대할 수도 있습니다. 여러분이 그들의 세계에 의식적으로 들어갈 때, 여러분은 학습 과정에서 그들과 필요한 파트너십을 만들 수 있습니다.

우리는 학습 과정 속에서 협력합니다. 이것은 학생들에게 관련성을 만들어주는데, 그 과정은 훨씬 더 실제 생활 속의 학습 같은 느낌이 납니다. "나는 나 자신의 세상에서 시작해서 나를 다른 학습의 세계로 안내하는 질문을 발견하고, 나의 세계로 새로운 배움을 가지고 돌아갑니다."

 V-A-K 정보 지각 양식

앞 장에서 우리는 안뇌(eye-brain)와 정보 지각 양식과의 연결을 알아보았습니다. 정보 지각 양식을 쉽게 이해할 수 있는 한 가지 방법은 신경 네트워크라고 생각하는 것입니다. 텔레비전 네트워크보다 훨씬 복잡하고, 같은 장소에서 모든 줄기가 나오는 각각의 신경 네트워크는 무한한 가능성을 지니고 있습니다.

4장에서 우리는 인간의 뇌가 어떤 순간에 동조되는지, 동조되는 정보 지각 양식을 어떻게 구분하는지 알게 되었습니다. 자, 그 양식을 여러분의 교수법에 쉽게 사용할 수 있다면, 문자 그대로 여러분이 학생의 뇌가 하는 것과 똑같은 언어로 말하게 된다면, 얼마나 대단한 것이 될까요?

　　대부분의 사람들이 3가지의 양식(시각, 청각, 운동감각)을 모두 사용하지만, 거의 모든 사람이 선호하는 정보 지각 양식을 가지고 있습니다(밴들러와 그라인더, 1981). 이 정보 지각 양식은 그들의 학습, 절차 그리고 의사소통에 있어 필터 역할을 합니다. 사람들은 선호하는 정보 지각 양식을 가지고 있을 뿐만 아니라, 그들에게 특별한 천부적 재능이나 도전을 주는 선호하는 양식의 조합도 있습니다(마코바, 1992).

> **시각**
>
> - 칠판 대신 색깔로 표시된 플립차트를 사용하십시오. 거기에 중요한 정보를 적어 전달하고, 나중에 다시 참조할 수 있도록 교실 안에 걸어두십시오.
> - 학생들이 차트를 만들고, 지도를 그리고, 다이어그램을 그리고, 색깔을 사용할 수 있도록 하십시오. 이렇게 하기 위한 시간을 주십시오.
> - 한 덩어리의 정보를 전달할 때 가만히 있다가 정보 전달이 끝날 때 움직이십시오.
> - 중요한 구절 혹은 수업의 개요를 복사해 나눠주고, 필기할 수 있도록 여백을 두십시오.
> - 색을 사용하여 구분한 자료나 장비를 학생들에게 주어 다른 색깔을 사용해 그들의 학습을 정리할 수 있도록 하십시오.
> - 핵심 개념을 나타내는 시각 부호나 상징을 만들어냄으로써 전달할 때에 상징 언어를 사용하십시오.

시각: 이 양식은 창조되었거나 기억된 시각 이미지를 이용합니다. 색깔, 공간 관계, 심적 스냅샷 그리고 그림들이 이 양식에서 주가 됩니다. 시각적으로 발달된 사람은 이런 특징을 보입니다.

- 조직적, 관찰적, 외모지향적입니다.
- 그림으로 기억하고, 누가 읽어주는 것보다 자신이 직접 읽는 것을 선호합니다.
- 세부 사항을 알기 위해 전체적인 모습, 목적 그리고 비전이 필요합니다. 보여진 것을 기억합니다.

청각: 이 양식은 창조되었거나 기억된 모든 종류의 소리와 말을 이용합니다. 음악, 음색, 리듬, 운율, 내적 대화 그리고 음성이 주가 됩니다

다. 청각적으로 발달된 사람은 이런 특징을 보일 것입니다.
- 쉽게 산만해집니다.
- 리듬 있게 말합니다.
- 듣기를 통해 배우고, 읽을 때 입술을 움직이고 단어를 말합니다.
- 내적, 외적 양쪽 모두로 대화합니다.

운동감각: 이 양식은 창조되었거나 기억된 모든 움직임과 감정을 이용합니다. 움직임, 조화, 리듬, 감정적 반응 그리고 신체적 편안함이 주가 됩니다. 운동감각이 뛰어난 사람은 종종 이런 특징을 보입니다.
- 사람들을 접촉하고 가까이 서며 많이 움직입니다.
- 행동하며 학습하고, 읽을 때 손으로 가리키며, 신체적으로 반응합니다.
- 걷고 보면서 기억합니다.

우리 모두가 선호하는 학습 양식이 있는 것처럼 선호하는 교수 양식도 있습니다. 그것들은 보통 우리의 학습 스타일과 일치합니다. 여러분이 시각적 학습에 익숙하다면, 여러분은 아마 거의 시각적 교사일 것입니다. 이것은 자연스러운 현상입니다.

하지만 여러분의 학생은 그렇지 않습니다. 몇몇은 여러분과 같은 학습 스타일을 갖고 있겠지만, 많은 학생이 그렇지 않을 것입니다. 그렇지 않은 학생들은 수업 내용을 놓치게 되고, 학습 도구를 다루는 데 어려움을 겪을 것입니다. 그들은 여러분이 세상을 해석하는 것과 다른 언어로 해석합

청각

- 전달할 때 음성에 변화(억양, 속도, 음량)를 주어 말하십시오.
- 테스트하는 방식을 가르치십시오. 여러분이 특정한 순서나 형식으로 정보를 제공한다면, 같은 방식으로 테스트하십시오.
- 복창하도록 하십시오. 핵심 개념이나 지시를 학생들이 따라서 외치게 하십시오.
- 각 수업 뒤에, 학생들이 배운 것 가운데 하나를 옆에 앉은 학생에게 말하게 하십시오.
- 핵심 개념을 노래하거나 학생들이 그것에 관한 노래/랩 등을 만들도록 하십시오.
- 학생들의 핵심 개념 기억을 돕기 위한 기억 보조 장치를 제안하도록 하고 개발하십시오.
- 일상적인 활동의 신호로 음악을 사용하십시오(예, 물품 정리를 위한 서커스 음악).

니다. 그렇게 다른 정보 수용 양식을 갖고 있는 학생들에게 다가가는 것, 그것도 끊임없이 다가가는 것을 여러분도 좋아하지 않겠죠?

그동안 해왔던 방법이 가장 적합해 보이지만 다양한 양식이 동시에 사용될 때 더 선명하고, 의미 있고, 영구적인 학습이 이루어짐을 보여줍니다. 총천연색으로 만들어지고, 스테레오 음향이 있으며, 감성으로 가득 찬 좋은 영화에 빠져들어 육체적으로 몰입하는 것을 생각해보십시오.

리처드 리스탁에 따르면, "특별한 형식으로 뇌신경이 '발화'할 때마다 같은 신경 통로가 다시 활성화되는 것이 더 쉬워집니다(리스탁, 1995)". 이 경우에, 가르치는 동안에 더 많은 정보 지각 양식을 이용함으로써 학생들의 학습을 강화하는 신경 통로를 더 많이 발화시킬 수 있습니다.

운동감각

- 핵심 개념에 대한 궁금증을 촉발시키고 강조하기 위해 소품을 사용하십시오.
- 학생들이 경험할 수 있도록 개념에 대한 모의실험을 만드십시오.
- 학생들과 개별적으로 작업할 때, 학생 앞에 마주 보고 앉거나 뒤에 앉는 대신 옆에 앉아 수평적인 관계의 도움을 주십시오.
- 매일 학생들과 개별적으로 이야기하는 것을 시도하십시오. 그들이 걸어 들어올 때 인사하거나 그들이 나갈 때 "오늘 굉장히 열심히 참여하던데…"라고 말하는 것입니다.
- 학생들을 한 단계 한 단계 실행하게 하면서 개념에 대해 시범을 보이십시오.
- 학습 통찰에 대한 여러분 자신의 경험을 학생들과 공유하고, 학생들도 자신의 경험을 공유하도록 격려하십시오.
- 교실 내에서 이동을 허락하십시오.

  디자이너의 관점에서 본 성공모델

수업 시간에 친구들 앞에서 머뭇거리며 입도 못 떼는 학생 대신 자신 있게 손을 들고 발표하는 학생을 상상해보십시오. 사실, 여러분은 학습을 쉽게 오케스트레이션할 수 있고, 그 결과 학생들은 우리가 '이중고'라고 부르는 것과 싸울 필요가 없습니다.

학습 디자인을 어떻게 오케스트레이션하든, 우리는 항상 어떤 것을 학생들에게 제공합니다. 여러분도 알다시피 우리가 의도하든 의도하지 않든, 디자인은 항상 학습을 제공하고 위험, 성공 혹은 실패가 그 결과로 나타납니다.

모든 것은 이유가 있다!

그렇다면 이 경우에, 어떤 수업 디자인이 그들의 성공을 보장할 수 있을까요?

다음에 나오는 것처럼 어떤 순간이든 두 가지 중요한 요소가 학생들의 성공을 결정하도록 돕습니다.

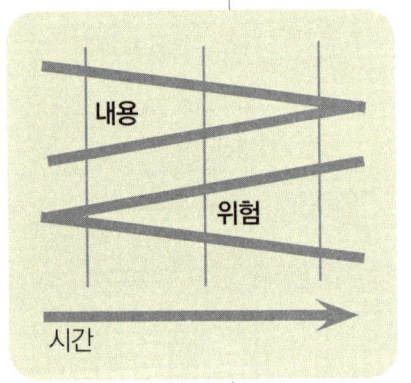

내용의 난이도
그리고
개인 위험 수준

우리는 내용의 난이도 또는 개인 위험의 정도만으로도 학생들을 머뭇거리게 하거나 모든 학습을 '끽' 소리를 내며 멈추게 하는 저속 기어로 바꿔 버리기에 충분할 수 있다는 사실을 압니다(젠센, 1994). 알다시피, 어떤 학생은 무언가를 말하거나 대답하기 위해 학생들 앞에서 일어서거나 주목 받는 것을 커다란 개인 위험 또는 어려운 경험이라고 여깁니다. 그런 커다란 개인 위험과 어려운 내용을 합친다면 학생들은 성공할 가망성이 없습니다.

본의 아니게 학생들은 어려운 내용과 큰 위험이라는 '이중고'를 겪습니다. 예를 들면, 우리가 새로운 개념을 가르치고, 5초 뒤에 물어봅니다. "조니, __ 에 대한 답이 뭐지?" 조니는 즉각 어려운 내용과 그의 개인 위험으로부터 벗어나는 것 두 가지와 맞닥뜨립니다.

맙소사! 모든 학생들이 같은 개인 위험을 갖고 있지는 않습니다만, 심지어 자신 있는 성인 학습자들에게서도 이 요소들을 찾아야 합니다. 학생들은 '이중고'를 해결해야 하는 법을 배워야 합니다. 하지만 이제 그럴 필요가 없습니다. 퀀텀 교수법의 성공모델이 여러분으로 하여금 학생들을 성공으로 이끌게 할 것입니다.

학생의 성공, 즉 여러분의 목적을 위해 이 요소들을 기억하세요. 첫째, 내용을 소개할 때(학생에겐 가장 어려운 단계입니다), 여러분은 항상 이런 방식으로 전달하십시오.

- **다중감각**: 시각, 청각 그리고 운동감각 요소를 사용하십시오.
- **덩어리 단위로 나누기**: 한 번에 정보를 3개나 4개의 '정보 바이트' 덩어리로 쪼개십시오.
- **빈번한 복습**: 학습하는 내내 뇌에 정보가 제대로 저장되었는지 확인하기 위해 복습하십시오. 그 후에 단순한 다음 단계의 학습을 진행하십시오.

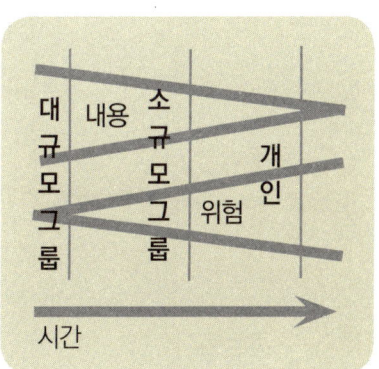

여러분이 이 정보를 처음 가르칠 때, 확실하게 다중감각 양식으로 만드십시오. 모둠으로 나누고 자주 복습하십시오. 큰 그룹에게 먼저 가르치십시오(전체 학급). 그 뒤 작은 그룹(협동 그룹, 팀 혹은 짝)으로 학습을 강화하세요. 그리고 개인으로 마무리하십시오(학생들 앞에서 질문에 답하기, 과제, 시험이나 퀴즈). 이 방법으로 학생들은 큰 그룹 안에서 최소의 위험을 감수함과 동시에 쉬운 형태로 정보를 얻게 됩니다.

그 다음에 여러분이 그들을 작은 그룹으로 이동시킴에 따라, 학생들이 1대1로 부딪쳐서 위험이 더 크긴 하지만, 개인 위험은 학생들이 내용에 친숙해지기 때문에 더 작아집니다. 마지막으로, 그들이 개인으로 실행할 때 여전히 큰 위험을 감수해야 하지만 그것을 다룰 수는 있습니다. 왜냐하면 내용이 확실해져서 자신감을 느끼기 때문입니다.

 퀀텀 교수법의 디자인 틀, EEL Dr. C

이 장의 앞부분처럼 시나리오를 디자인하고 싶습니까? 학습은 실질적으로 이렇게 다이내믹하게…, 계속해서 쉽게 될 수 있습니다.

우리는 그것을 이렇게 부릅니다.

EEL Dr. C

여러분은 작은 '거장(Maestro)'의 상징(icon)을 2, 3장 그리고 4장의 가장자리에서 그 밑에 있는 가입(Enroll), 경험(Experience), 정보(Label), 실습(Demonstrate), 복습(Review) 그리고 축하(Celebrate)라는 단어와 함께 보았습니다(쉽게 기억하기 위해 무의미한 두운법으로 'EEL Dr. C.'라고 만들었습니다). 우리는 이 요소들이 퀀텀 교수법의 디자인 틀을 만든다고, 1장에서 간단히 설명했습니다. 사실, 이것들이 전체의 구조적 기반을 형성하고 있고, 그 위에 퀀텀 교수법이 세워졌습니다.

이제 EEL Dr. C를 더 자세하게 알아보겠습니다. 왜냐하면, 이것을 완벽하게 이해하면 이 장의 처음처럼 학습 시나리오를 디자인할 수 있기 때문입니다. 시작해볼까요.

내용, 수준 또는 청중과 무관하게 이 틀은 학생들이 모든 수업에 흥미를 느끼고 호기심을 보이도록 보장합니다. 이것은 또한 학생들로 하여금 스스로 학습을 경험하게 하고, 연습하게 하며, 내용을 실현시키고, 그들의 성공을 보장합니다. 시작 부분에서 말했던 것처럼 거장의 상(maestro icon)은 퀀텀 교수법 디자인 틀의 흐름에 대한 단서를 제공하기 위해서 이 책 전체에 걸쳐 나옵니다. 책은 교실과 확실히 다르지만 같은 요소를 사용합니다. 퀀텀 교수법의 디자인 틀은 이렇게 됩니다.

가입(Enroll)	학생들을 끌어들이고, 흥미로움을 유발하고, WII FM(What's in it for me? = 내게 무슨 의미가 있지?)를 만족시키십시오.
경험(Experience)	학생들에게 체험 학습을 제공하십시오. '알 필요성'을 만들어주십시오.
정보(Label)	호기심이 최고조에 달했을 때 '정보'를 던져주십시오.
실습(Demonstrate)	학생들이 새로운 정보와 경험을 연결시킬 수 있도록 기회를 제공하십시오. 그러면 학생들이 그것을 내재화하고 개인적인 것으로 만듭니다.
복습(Review)	큰 그림을 강화하십시오.
축하(Celebrate)	"배운 것을 축하하라!" 이 말을 기억하십시오. 축하는 학습과 긍정적인 연상을 단단히 묶습니다.

이 지침들을 여러분의 교수법, 수업 디자인에 접목시킬 때 크게 도움이 될 것입니다.

가입

이유: '가입하기'는 교감, 공통점 혹은 관계를 가지게 합니다. 이것은 그들의 경험을 이용하고, "그렇지!" 하는 반응을 찾고, 탐구를 위한 몰입을 하게 합니다.

핵심 질문: 그들이 무엇에 관련될 수 있을까? 그들은 무엇에 동의할까? 그들을 위한 것이 무엇이 있을까 (WIIFM)? 그들은 어떤 것에 몰입할까?

전략: 끌어들이는 질문, 무언극, 촌극, 역할극, 비디오, 이야기.

만약 우리가 농담을 하기 전에 핵심을 가르쳐준다면 어떻게 될까요? 듣고 싶을까요? 농담 뒤에 오는 "쾅" 하는 충격을 느낄까요? 아닙니다! 하지만 가르칠 때 자신도 모르게 이런 행동을 하곤 합니다.

핵심을 미리 말하는 것은 결과와 주변 요소를 설정하는 것과는 다릅니다. "칠판에 모든 행동의 목적을 나열하라" 같은 방식은 갈 길에 대한 지도를 제공하지만, 학습에 학생들을 끌어들일 수는 없습니다. 농담에 앞서 핵심을 알려주는 것과 같이 요점 정리된 목록은 학생들이 빠르고 쉬운 선택을 하도록 만들 뿐입니다. 학생들은 수업 시작 1분 안에 목적을 보고 선택을 합니다. 그 목적이 마음에 들면 그들은 수용합니다. 그렇지 않으면 나가버립니다. 많은 학생들이 나가는 쪽을 선택할 것입니다. 우리는 그들의 경험을 재구성해야 합니다.

결과를 설정하는 것은 WIIFM과 학습을 위한 호기심의 틀을 만드는 것입니다. 교사들은 학생들을 끌어들임과 동시에 핵심을 감춤으로써 결과 설정을 쉽게 할 수 있습니다. 다음 중 어떤 것이 더 솔깃한가요?

> **가입**
> "여러분 가운데 오레오 쿠키 먹는 것을 좋아하는 사람이 많나요? 또 작문을 완벽하게 잘하는 법을 알고 싶나요?"

a. 일본 학생들이 주인공인 단편소설을 읽어봅시다. 또는

b. 오늘 수업이 끝나기 전에 우리는 다른 세상을 여행하게 될 것입니다. 그곳에서 여러분들처럼 용감하고 젊은 사람을 만나고, 그들이 큰 도전과 두려움 앞에서 어떻게 했는지 배울 것입니다.

여러분이 'b'를 골랐기를 바랍니다. 'b'가 'a'와 같은 말을 하고 있나요? 네. 하지만 'b'는 끌어들이고, 초대하고, 흥미로움을 유발하고, 기대와 몰입을 만드는 방식으로 되어 있습니다.

경험

이유: 이것은 학습자에게 경험을 제공하고, 탐구하고자 하는 뇌의 자연적 욕구를 활용합니다. 경험은 여러분에게 '보이지 않는' 것을 가르치게 하고, 학생들이 현재 가지고 있는 지식과 호기심의 힘을 이용하게 합니다.

핵심 질문: 학생들이 정보를 '얻는' 최고의 방법이 무엇일까요? 어떤 게임이나 활동이 그들이 이미 알고 있는 것을 이용하고, 그들의 '알 필요성'을 촉진할까요?

전략: 연상 기호, 게임 그리고 모의실험을 하십시오. 새로운 학습 요소, 역할이 있는 놀이를 해보세요. 이전 지식을 활성화하는 팀 과제나 활동을 부여하십시오.

여러분이 실생활에서 무언가를 학습할 때는 일단 경험하고, 개념과 만나는 것이 중요합니다. 경험이 늘어남에 따라 정보를 모으게 되고, 그

경험

선생님이 손에 들고 있던 오레오 쿠키를 두 쪽으로 나눈 뒤 한쪽을 들고, "이 한쪽 부분만 있다면 오레오 쿠키가 정말 좋은 쿠키일까요?"라고 묻습니다. 선생님이 크림이 묻어 있는 다른 한쪽을 들고 "이쪽만 있으면 좋은 쿠키일까요?" "우리가 크림을 떼어낸다면 좋은 쿠키일까요?" "크림이 없는 과자는 어때요?" "그렇죠. 이 세 가지 부분이 모두 함께할 때 이 쿠키는 정말 맛있어요. 위와 아래에 과자가 있고 가운데에 크림이 있는 순서대로 말이에요!"

행동은 어떤 의미를 구성하는 능력에 도움을 줍니다. 이 정보는 추상적인 개념을 실체가 있는 것으로 만듭니다. 난로를 만진 뒤 "앗 뜨거워!"라고 소리 지르는 행동으로부터 배우게 됩니다. 그래서 '뜨거운 것 – 만지지 말 것'을 정말로 이해하게 됩니다. 추상적인 것이 구체적인 것으로 바뀌는 것이죠.

경험한 후에 알게 하라!

경험은 감정적인 개입을 만듭니다. 2장에서도 우리가 배운 것입니다. 경험은 왜? 어떻게? 무엇? 같은 마음의 질문을 만듭니다. 그래서 경험은 학생들을 배우게 하고, 마음에 의문 부호를 만들고, 의자를 바짝 당겨 앉게 합니다. 그리고 짠! 여러분은 꼬리표를 붙이고 바로 가르칠 수 있는 순간이 됩니다. 이것은 우리를 다음으로 이끕니다.

정보

이유: 꼬리표를 달고, 순서를 배열하고, 정의를 내리는 뇌의 자연적 욕구를 활용하는 것입니다. 학생들의 현재 지식과 호기심의 힘 위에 정보를 구성합니다. 꼬리표를 다는 것은 개념, 생각하는 기술 그리고 학습 전략을 가르치는 순간입니다.

핵심 질문: 학생들의 학습에 어떤 '구분되는 특징'이 필요할까요? 그

들의 이해에 어떤 것을 추가해야 할까요? 그들이 어떤 전략, 최신 정보, 사고 도구를 알고 사용하는 것이 유용할까요?

전략: 시각 자료, 색, 소품, 플립차트 그리고 벽에 걸린 포스터를 사용하십시오. 여러분이 연상 기호 혹은 비유법을 사용한다면 여기에서 그것을 사용하십시오.

> **정보**
>
> "믿든 안 믿든 이 오레오 쿠키는 좋은 작문과 같아요. 한쪽 부분의 과자, 가운데의 맛있는 크림, 그리고 다른 한쪽의 과자를 다르게 표현하면 서론, 본론, 결론이라고 할 수 있습니다." 선생님은 각각의 부분에 꼬리표가 달린 커다란 가짜 오레오 쿠키를 꺼낸 다음 '서론, 본론, 결론' 하면서 학생들이 각 부분의 이름을 부르게 합니다. 다시 한 번 학생들이 구호를 외칩니다. "서론에 과자, 본론에 크림, 결론에 과자!"

여기가 바로 학생들의 뇌를 만족시키기 위한 곳이며, 경험한 것에 대한 의문으로 가득한 학생들로 하여금 의자를 바싹 당겨 앉게 하는 곳입니다. 꼬리표에는 정보, 사실, 공식, 근거, 장소 등이 들어갑니다. 우리는 수업을 할 때 정보를 알리는 것부터 합니다. 그러고 나서 시간이 충분하면 나중에 경험을 하게 합니다.

여러분의 수업이 의미 있어지려면, 이제 이 방법은 거꾸로 되어야 합니다. 예를 들면, 많은 사람이 누군가에게 결산하는 법을 배웠습니다. 하지만 우리는 결산을 시도할 때, 옳은 질문을 못하여 실제 결산을 하는 데 필요한 정보를 얻지 못했기 때문에 좌절을 맛봐야 했습니다. 학생들이 정보를 얻었지만, 정말로 완전한 학습을 위해서는 경험해야 합니다.

실습

이유: 학생들에게 그들의 새로운 지식을 다른 학습으로, 또 그들 삶의 레퍼토리로 바꾸고 적용하는 기회를 제공합니다.

핵심 질문: 어떤 방법으로 학생들이 새로운 지식을 이용해 그들의 역량을 보여줄 수 있을까요? 여러분과 학생들이 실습의 질을 관리하기

위해 어떤 기준을 함께 개발할 수 있을까요?

전략: 팀 촌극, 교사 자신의 비디오 만들기, 보드 게임, 랩, 노래, 도표로 표현하기.

처음 자전거 타기를 배웠을 때처럼 무언가를 습득했던 일이 기억나나요? 시도했고 넘어졌을 것입니다(경험). 다시 시도했고, 멈췄고, 질문했을 테죠. 아마 형이나 언니, 친구한테 지도를 받기도 했을 것입니다(정보). 그리고 여러분은 실습을 함으로써 실제 경험과 정보의 연결을 만들었습니다.

경험과 정보 전달이 동시에 일어날 때, 학습은 여러분의 '휘이이!'라는 실제 보여주기로 폭발합니다. 길을 따라 달리는 것이 여러분의 기억에 간직되게 됩니다. 여러분에게는 지식이 뇌리에 온전하게 박히는 기회가 필요했습니다. 학생들은 그들이 아는 것을 연결하고, 연습하고, 보여주기 위한 기회를 필요로 합니다.

> **실습**
>
> 선생님은 모든 학생에게 쿠키를 하나씩 더 나누어 주고, 분리시키게 합니다. 그리고 짝을 지어 그것을 먹기 전에 작문처럼 세 부분으로 분류하게 합니다. 짝지은 학생들은 짧은 작문이 적힌 종이를 받습니다. 그리고 학생들은 그 종이를 작문의 구성에 따라 세 부분으로 자르고, 그 자른 조각에 오레오 쿠키의 각 부분을 그려넣습니다.

복습

이유: 복습은 신경 연결을 강화하고, '이것을 안다는 사실을 알고 있다!'라는 느낌을 갖도록 합니다. 그래서 복습은 원래 제공된 것(게임 쇼, 역할극 등)보다 오히려 다른 주변 요소 속에서 다중지능과 다중정보 지각 양식으로 실시되어야 합니다.

핵심 질문: 학생들이 복습하기 위한 최고의 방법은 무엇일까요? 각

학생들에게 어떤 방법이 복습할 수 있는 기회를 줄까요?

전략: 내가 아는 내용을 점검합니다(이 책의 각 장 마지막 부분처럼). 학생들이 습득한 새로운 지식을 다른 사람(다른 학우, 다른 연령대 그룹, 교사/전문가/유명 인사 같은 새로운 인물을 가장한 사람)에게 가르칠 기회를 가집니다. 복창(여러분이 '서론, 본론, 결론' 같은 말을 외치고 학생들이 일제히 따라하게 하는 것)합니다. 삼인조 그룹으로 복습(3명이 그룹을 지어, 교실을 걸어다니며 플립차트에 적힌 것을 외우고 함께 무엇을 배웠는지 복습하는 것)합니다. 예스! 박수(한 손을 내밀고, 배운 것을 그 손 위에 올려놓은 다음 큰 소리로 "예스!" 하고 외치면서 박수치는 것)를 활용합니다.

> **복습**
>
> 학생들은 노트에 있는 작문에 오레오 쿠키의 각 부분을 그립니다. 남아 있는 쿠키를 먹기 전에 학생들은 각 작문 부분에 서론, 본론, 결론이라는 표를 붙이면서 쿠키를 분리합니다.

여러분이 자전거 위에서 균형을 잡고 모든 사람들에게 여러분이 할 수 있다는 것을 보여주었다면, 여러분은 그것을 할 수 있다는 것을 정말로 확실히 해야 합니다. 여러분이 잠시 자전거 타기를 멈춘다면 애써 배운 것을 잊어버릴까 두려워하게 됩니다. 이런 이유로 "자꾸 하다보면 잊지 않게 된다(Practice makes permanent)"라는 말이 있습니다.

성공모델이 자리를 잡을 수 있도록 완벽한 기회를 잡으십시오. 그리고 작은 그룹이 그들의 마법을 사용하게 하십시오. 이것은 학습 팀이 서로 게임 프로 형식으로 복습하는 것만큼 정교할 수도 있고, "옆의 학생과 함께 주기율표의 처음 10개 원소를 시각적, 청각적, 신체적으로 복습하세요"라고 말하는 것과 같이 단순할 수도 있습니다.

축하!

이유: 축하는 노력, 근면 그리고 성공에 대한 존경을 표하면서 마무리 짓는 것입니다. 배운 것을 축하하라!

핵심 질문: 이런 특별한 학습을 위해 어떤 방법이 축하하기에 적합할까요? 어떻게 그들의 성과를 모두가 인정하도록 할까요?

전략: 하이파이브, 팀 구호, 방문자에게 자랑하기, 학급 파티.

여러분이 자전거 위에서 균형 잡기를 할 수 있게 되었기 때문에 모두 환호했고, 여러분은 그런 능력을 갖추게 되었습니다. 그것은 성취의 기반이 되고 여러분이 지속적으로 도전할 수 있는 동기를 부여합니다. 학생들의 학습도 같은 강화가 필요합니다. 그러므로 축하하십시오!

디자인을 더 쉽게 하기 위해 다음의 학습 계획 가이드를 권합니다. 여러분의 학생을 위해 다음 양식을 복사해서 사용하십시오. 학생들의 자연스러운 학습 욕구를 채우는 수업을 디자인할 때 이 양식을 사용하십시오.

축하

한 쌍의 학생이 다른 한 쌍과 하이파이브를 하고 구호를 외칩니다. "서론에 과자, 본론에 크림, 결론에 과자!"

Class _____   Unit _____

가입 ENROLL

학생들을 어떻게 낚을까?
"그들을 위한 것이
무엇이 있을까(WIIFM)?"
에 대해 어떻게 답변하지?
"이거 재미있겠는데."

Props · Materials · Music
☐ _____
☐ _____
☐ _____
☐ _____
☐ _____
☐ _____
☐ _____
☐ _____
☐ _____

S L I M – n – B I L

경험 EXPERIENCE

그들이 이해하기 위해서
무엇을 경험해야 할까?
"다음에 뭐가 나올지,
궁금하네."

Props · Materials · Music
☐ _____
☐ _____
☐ _____
☐ _____
☐ _____
☐ _____
☐ _____
☐ _____
☐ _____

S L I M – n – B I L

정보 LABEL

아하!(이해가 되는 것),
구별법, 요령들은
어떤 것인가?
"아, 이제 알겠네."

Props · Materials · Music
☐ _____
☐ _____
☐ _____
☐ _____
☐ _____
☐ _____
☐ _____
☐ _____
☐ _____

S L I M – n – B I L

Lesson _____   Date _____

실습 DEMONSTRATE

그들이 아는 것을
그들로 하여금 어떻게
보여주게 할 수 있을까?
"제가 하는 걸 보세요!"

Props • Materials • Music
☐ _____
☐ _____
☐ _____
☐ _____
☐ _____
☐ _____
☐ _____
☐ _____
☐ _____

S L I M – n – B I L

복습 REVIEW

배운 것을 어떻게
잊지 않게 할 수 있을까?
"알았어,
이제 할 줄 알아!"

Props • Materials • Music
☐ _____
☐ _____
☐ _____
☐ _____
☐ _____
☐ _____
☐ _____
☐ _____
☐ _____

S L I M – n – B I L

축하 CELEBRATE

어떻게 모든 사람을
인정하고 모든 노력을
인정할까?
"나는 해냈다!"

Props • Materials • Music
☐ _____
☐ _____
☐ _____
☐ _____
☐ _____
☐ _____
☐ _____
☐ _____

S L I M – n – B I L

ⓔ 다중지능 SLIM-n-BIL

다음 중 누가 가장 지능이 높은지 묻는다면 어떻게 대답하시겠습니까? 마이클 조던, 파블로 피카소, 알버트 아인슈타인, 존 스타인벡. 어려운 질문입니다. 정말 그들 중 어느 한 사람이 다른 사람보다 지능이 높다고 말할 수 있나요?

수년 동안 우리는 평가, 성적 그리고 수업 디자인을 통해 학생들에게 커다란 질문을 던졌습니다. "여러분은 얼마나 똑똑합니까?" 알프레드 비네(IQ검사를 만든 프랑스 심리학자) 때문에 우리는 한때 지능이 고정된 용량이라고 생각했습니다. 우리의 지능을 IQ 테스트를 통해 측정했고, 오랜 기간 동안 측정 점수와 학업의 인지적 수행을 표준화했습니다. 디자인에 따라 어떤 학생은 정상에 오르고, 몇몇은 바닥에 떨어지고, 나머지는 중간에 걸쳐 있습니다. 그래서 모두가 신뢰하는 종형 곡선(정규분포 곡선)을 보이는 것입니다.

인지 심리학자이고 하버드 대학 제로 프로젝트의 공동 제작자인 하워드 가드너 박사의 훌륭한 업적 덕분에 우리는 심리학에서 교육학까지 '지능'을 보는 우리의 시각에 큰 변화를 경험했습니다. "여러분은 얼마나 똑똑합니까?"에서 "여러분은 어떻게 똑똑합니까?"로 이동했습니다. 이것은 다중지능의 개발과 함께 나타났습니다(가드너, 1983).

가드너는 그의 연구에서 측정되고 합계를 내릴 수 있는 IQ지능이 아닌 몇몇의 다른 종류의 지능을 발견했습니다. 그의 이론은 지능에 대해 훨씬 넓은 시야를 갖게 하고 지능은 일생 동안 개발될 수 있는 것임을 밝혔습니다. 가드너의 업적은 교육자들에게 새로운 가능성과 도전을 열어주었습니다. 우리는 다중지능을 통해 교육계를 이해할 수 있는 새로운 방법을 배웠습니다(가드너, 1991).

그래서 아무도 우리가 앞서 제기했던 "누가 가장 지능이 높은가"라는 질문에 대답할 수 없는 것입니다. 왜냐하면 각각의 사람들은 다른 방법으로 지능이 발달되어 있기 때문입니다. 가드너는 사실 각각의 다른 지능에서의 천재성을 비교하는 책을 썼습니다(가드너, 1990).

모든 지능을 쉽게 기억하기 위하여, 우리는 우리의 친구인 SLIM-n-BIL을 생각합니다. 다중지능이 무엇인지 확인해보겠습니다.

공간 지능(Spatial-Visual): 이미지와 그림으로 생각하는 것. 이것은 공간적 관계와 정신적 이미지를 이해하는 능력과 시각적 세계를 정확하게 이해하는 능력을 포함합니다.

> 그림 그리기, 스케치하기, 낙서, 시각화하기, 이미지, 도표, 디자인, 차트, 예술, 비디오, 영화, 삽화

언어 지능(Linguistic-Verbal): 단어로 생각하는 것. 이것은 읽고, 쓰고, 말하고, 연결하고, 통역하는 데 언어를 능숙하게 사용할 수 있게 합니다.

> 단어 말하기, 쓰기, 이야기하기, 듣기, 책, 테이프, 대화, 토론, 시, 가사, 철자, 외국어, 편지, 이메일, 연설, 신문, 작문

대인 지능(Interpersonal): 다른 사람과 의사소통함으로써 생각하는 것. 이것은 '사교술', 즉 쉽게 다른 사람을 읽을 수 있고, 쉽게 다른 사람과 의사소통하고, 쉽게 다른

사람과 상호작용할 수 있는 것을 말합니다.

이끌기, 조직하기, 상호작용하기, 공유하기, 보살피기, 말하기, 사귀기, 다루기, 중재하기, 단체 게임하기, 클럽 활동하기, 친구 사귀기, 협력 단체 소속하기

음악 지능(Musical-Rhythmic): 리듬과 멜로디로 생각하는 것. "음악적인 재능을 가진 사람이 맡을 수 있는 몇 가지 역할들이 있는데, 새로운 표현 양식을 만드는 전위적인 작곡가에서부터 동요를 이해하려고 시도하는 초보자까지를 포함합니다"라고 가드너 박사는 말합니다(가드너, 1983).

노래, 흥얼거리기, 두드리기, 리듬, 멜로디, 속도, 음색, 악기, 운율

자연친화 지능(Naturalist): 자연을 통해 생각하는 것. 가드너의 지능에 새로 도입된 것으로, 사람과 자연의 친밀감을 다룹니다. 자연에서 연관성과 패턴을 볼 수 있고 자연의 변화를 발견하고 상호작용합니다.

자연에서 걷기, 동물과 상호작용하기, 분류하기, 별 관측하기, 예보하기, 모의실험, 발견하기

운동감각 지능(Bodily-Kinesthetic): 신체적 느낌과 움직임을 통해 생각하는 것. 이것은 신체를 쉽고 능숙하게 다루고 사용할 수 있는 능력입니다.

춤추기, 달리기, 뛰기, 만지기, 만들기, 시도하기, 모의실

험, 조립하기/해체하기, 역할극, 게임, 촉감

자기성찰 지능(Intrapersonal): 깊이 생각하는 것. 한 사람의 느낌과 생각의 과정을 타인의 입장에서 돌아보는 것을 말합니다.

생각하기, 명상하기, 꿈꾸기, 조용히 있기, 목표 설정하기, 성찰하기, 되새기기, 일기쓰기, 자기평가, 혼자 있기, 스스로 속도를 정한 프로젝트, 글쓰기, 자기반성

논리수학 지능(Logical-Mathematical): 추리를 통해 생각하는 것. 논리적, 과학적 문제 해결 그리고 수학적 능력이 포함됩니다.

실험하기, 질문하기, 계산하기, 연역적이고 귀납적인 논리, 조직하기, 사실, 퍼즐, 시나리오

여러분이 이미 추측했던 것처럼, 우리는 모두 다중지능에 관한 장점과 단점을 가지고 있습니다. 이글을 읽는 동안 아마 여러분은 자신의 장점 몇 가지를 발견했을 것입니다. 우리는 또한 학교 수업과 활동이 어떤 지능에 특화되어 있는지 정의할 수 있습니다.

S - 예술, 기하학, 제도
L - 언어 예술
I - 협동 학습, 그룹 프로젝트
M - 음악, 합창, 밴드
N - 야외와 환경에 관한 교육

B - 신체적 교육

I - 자습, 조용한 시간, 과제, 자문

L - 수학, 과학, 역사

분명한가요? 또한 학생들의 학년이 올라갈수록, 그들의 공부는 점점 더 두 가지 지능(언어 지능과 논리수학 지능)에 집중된다는 것 또한 분명합니다.

SAT(옮긴이주: 미국의 대학 입학 자격시험) 시험을 보세요. 항상 두 부분(언어와 수학영역)으로 나뉩니다. 학생이 그 두 가지 지능에 강하다면 굉장하지만, 그렇지 않다면 어떨까요? 여러분의 학생 중 계산하고 글 쓰는 것보다 그리는 것을 좋아하는 예술가가 있다면 어떨까요? 여기 학문적인 부조화가 있습니다. 게다가 우리가 교수 스타일과 수업 디자인에 선호하는 양식이 있는 것처럼, 마찬가지로 우리의 지능도 선호하는 것이 있습니다.

우리는 실제 삶과 가르치는 것을 구분하는 경향이 있습니다. 우리에게 익숙한 것은 좋아하고 익숙하지 않은 것을 피합니다. 예를 들면, 만약 여러분이 '자신은 테니스 선수도 아니고, 대중 앞에서 말도 잘 못하고, 춤도 못 춘다'고 생각한다면, 어떤 활동을 여러분이 피하려고 할까요?

불행하게도 많은 사람들이 성인이 되어서도 "안 돼"라는 생각 속에 묶여 있습니다. 좋은 소식은 우리가 특정한 강점과 선호하는 것이 있더라도, 다른 지능들을 개발하고 강화할 수 있다는 것입니다.

실습

지능 정거장
(Smart Stations)

여러분은 여러분의 수업을 위해 내용이 특화된 정거장을 디자인할 수 있습니다. 예를 들면, 소설을 가르치거나 단편을 가르치기 위해,

S 무엇에 관한 이야기인지 시각적으로 그려줍니다.
L 평론을 씁니다.
I 그룹을 지어 이야기의 한 장면을 연기하고, 어떤 느낌을 받았는지 이야기합니다.
M 이야기에 관한 노래나 랩을 만듭니다.
N 이야기 구성에 변화를 주고, 어떻게 달라질 수 있을지 이야기합니다.
B 이야기의 줄거리를 기억할 수 있도록 춤이나 손동작을 만듭니다.
I 이야기 속 인물 가운데 한 사람의 입장이 되어 일기를 씁니다.
L 이야기의 연대표를 만듭니다.

Hot Tip

전형적인 수업 단위에서, 구성 내용 가운데 하루를 각 지능에 쓰십시오. 지능 정거장으로 통합/평가를 마치십시오. 그 각각의 정거장에서 학생들은 실질적으로 무엇인가를 만들어낼 것입니다. 모든 학생들이 조화를 이루는 곳에서 자신의 학습을 진짜로 평가하는 것이 얼마나 굉장한 기회입니까?

예를 들면, 알버트 아인슈타인은 그의 과학적 지능을 개발했다고 말했습니다. 세인트루이스에 있는 뉴시티 학교에서는 다중지능을 모든 교육과 학습의 기초로 사용했습니다(보기맨, 1996). 그곳에서 압박감 없이 여러 가지 지능이 교차하도록 지속적으로 각각의 지능을 경험하게 한다면 학생들의 선호도가 바뀐다는 것을 선생님들이 발견했습니다. 그렇습니다. 균형입니다!

우리가 가르칠 때도 이것을 쉽게 할 수 있습니다. 다중지능을 우리의 교수 내용과 교수 설계에 주입함으로써, 우리는 자동적으로 학생들이 학습에서 더 많은 의미를 얻게 하고 뇌 자극을 하도록 합니다. 우리는 학생들에게 다양성과 재미를 제공하고, 그들의 지능을 넓히고 강화합니다. 이것을 하기 위해 우리는 우리의 교수법과 수업 디자인 안에 있는 안전지대로부터 빠져 나와야 합니다.

퀀텀 교수법의 지능 정거장들(다른 종류의 '지능'을 위한 정거장들)을 통해서 우리는 교차 훈련 가운데 한 가지를 할 수 있습니다. 각각의 다중지능을 위한 실제적인 정거장을 여러분의 학급에 만드십시오. 학생들이 특정한 시간에 정거장을 방문하여 각각의 지능에 접근합니다. 이것은 그룹으로 혹은 개인으로 일어날 수도 있고, 한 단위의 수업 시간 동안 혹은 더 연장된 시간에 일어날 수도 있습니다. 다음과 같은 것들은 일부에 지능이 집중된 사람에게 생소한 경험이 될 수 있습니다.

S - 픽셔너리(옮긴이주: Pictionary, 그림을 추측하는 게임)
L - 스캐터고리
　　(옮긴이주: Scattergories, 범주로 나누는 창의적인 사고 게임)
I - 그룹 활동

      M - 노래나 랩
      N - 자연에서의 활동
      B - 춤 또는 체육 활동
      I - 성찰
      L - 논리 퍼즐

마지막으로, SLIM-n-BIL을 여러분의 수업 디자인 속에 넣으십시오. 여러분이 EEL Dr. C 디자인 틀을 이용할 때, 최소한 5개의 지능을 사용하십시오(가드너 박사가 다른 종류의 지능을 탐구했던 것처럼 추가 지능 개발에 주의를 기울이십시오. 예를 들면, '실존 지능' - "왜 우리가 존재할까?"와 같이 큰 문제에 대해 숙고하는 능력 - 입니다. 추가 지능이 입증될 때, 여러분은 수업 디자인에 그것을 추가하고 싶을 것입니다).

 ## 은유, 이미지 그리고 암시

다음을 상상해보십시오. 오늘이 수업 첫날이고, 여러분은 학생들을 쉽게 수업에 참여시키고, 학습에 대해 긍정적인 연상을 심어주고, 모든 학습 양식에 호소합니다. 이렇게 하기 위해 여러분은 이런 이야기로 수업을 시작할 수 있습니다.

한 남자가 뙤약볕을 받으며 낯선 곳을 걷고 있었습니다. 그는 종일 걷다가 속이 거북해지며 길을 잘못 들었다는 걱정이 생기기 시작했습니다. 그때 아주 늙은 노인이 나무를 등지고 앉아 있는 것을 보고 깜짝 놀랐습니다. 노인의 하얀 머리는 햇빛을 받아 반짝거렸고 양 팔로 베개를 하고 있었습니다.

놀란 여행자는 노인에게 뛰어가서 물었습니다. "여보세요, 여보세요, 괜찮으세요?" 노인은 움직이지도 않고 대답도 없었습니다. 여행자는 한쪽 무릎을 꿇고 앉아서 노인의 어깨를 흔들며 다시 물었습니다. "여보세요, 괜찮아요?" 노인은 여전히 대답이 없었습니다.

여행자가 일어서서 떠나려고 하는데, 노인이 머리를 들더니 눈을 크게 떴습니다. 그리고 약하고 갈라진 노쇠한 목소리로 말했습니다. "계속 여행하게나. 자네는 올바른 방향으로 가고 있네. 강을 건너기 전에 뭔가 발견하면 할 수 있는 대로 모두 주워 모으게. 다신 돌아올 수 없을 테니." 그러고는 다시 노인은 눈을 감고 팔베개를 했습니다.

여행자는 잠시 있다가, 노인이 미친 것이 분명하다고 생각하면서 계속해서 뙤약볕이 내리쬐는 길을 따라 걸어갔습니다. 그리고 노인이 한 말을 생각하며 웃었습니다. "강이 있을 리가 없지!"

여행자는 계속 걸어서 커다란 언덕에 다다랐습니다. 꼭대기에 올랐을 때 그는 길 끝에 크고 아름다운 강이 빠르게 흐르고 있는 것을 보았습니다. 신이 난 그는 언덕을 뛰어내려가 시원한 강물 속으로 뛰어들었습니다. 손으로 물을 떠서 하늘에 뿌리고 물을 맞으며 춤을 추었습니다. 노인이 그에게 한 말이 생각나자 그는 갑자기 멈추었습니다. "강을 건너기 전에 뭔가 발견하면 할 수 있는 대로 모두 주워 모으게. 다신 돌아올 수 없을 테니."

주위를 둘러보니 보이는 건 잔가지가 많은 나무, 돌 그리고 갈대뿐이었습니다. "주울 만한 것이라곤 돌뿐인데 이것이 왜 필요할까? 하긴 야생동물과 싸우게 될지도 모르지. 하지만 전혀 그럴 것 같진 않아." 그러면서도 그는 허리를 굽혀 돌을 주워 주머니 속에 넣었습니다. 그리고 강을 건너려고 돌아서다가, 멈춰 서서 생각했습니다. "이건 정말 미친 짓이야." 그리고 강을 건넜습니다.

날이 어두워지고, 여행자는 피곤해졌습니다. 그래서 그는 길옆에서 야영을 하기로 했습니다. 그는 금방 잠이 들었습니다. 자정쯤 되었을 때, 그는 잠에서 깨어 벌떡 일어났습니다. 온 하늘을 비추고 있는 보름달을 바라보았습니다. 그러다가 왜 깨어났는지 깨달았습니다. 그는 화가 났습니다. 주머니 속에 있는 그 바보 같은 한 줌의 돌 위로 몸을 뒤척이다가 깬 것입니다. 그래서 그는 그 돌을 모두 꺼내 던져버렸습니다.

그때, 달빛이 돌을 비추었습니다. 놀랍게도 돌들이 모두 값진 보석으로 변했습니다. 다이아몬드, 에메랄드, 루비, 그리고 사파이어! 그는 그때서야 후회하며 생각했습니다. "강을 건너기 전에 좀 더 주워올 걸."

학생들에게 설명하십시오. "우리 교실은 마치 강을 건너기 전과 같아. 널려 있는 돌을 주우면 값진 보석으로 변할지도 몰라. 노인이 여행자의 주머니에 돌을 가득 넣게 만들지 못했듯이, 나도 너희들에게 여기서 제공하는 모든 지혜의 보석을 모으게 할 수는 없어. 어느 누구도 그렇게 할 수 없지. 하지만 난 너희들이 강을 건너기 전에 최대한 많은 지식을 줍도록 용기를 줄 수 있고, 또 그렇게 할 거야. 왜냐하면 다시는 이 순간으로 돌아올 수 없을 테니까." (이 말과 함께 빛나는 '보석'을 주머니에서 꺼내 모두에게 나누어 주십시오.)

이 방법은 새로운 수업을 시작할 때 유용합니다. 퀀텀 교수법 전문가이자 퍼실리테이터이며 구연가인 존 르텔리어 씨는 보석 이야기의 디자인과 구연에서 감각적으로 풍부한 경험을 만들어냅니다. 그는 어떤 수업에도 사용될 수 있는 3가지 중요한 요소를 거기에 포함시킵니다. 은유, 이미지 그리고 암시!

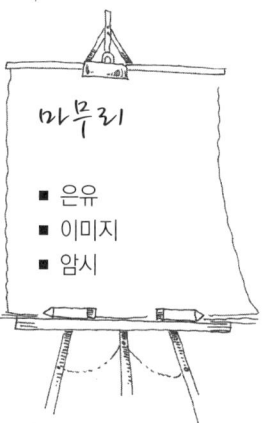

마무리

- 은유
- 이미지
- 암시

은유

우리의 뇌는 의미를 만드는 기계입니다. 과거의 경험과 비슷한 것을 찾아냅니다. "우리의 일반 개념 체계의 대부분은 은유적으로 구조화되어 있습니다. 즉 대부분의 개념은 다른 개념을 통해 부분적으로 이해됩니다(라코프와 존슨, 1980)."

은유는 연상과 함께 개념을 쉽고 빠르게 뇌에 연결하면서 잊어도 되는 것 이외의 것을 활성화시킬 수 있습니다. 예를 들면,

- 학교를 여행에 비유(보석 이야기)
- 테스트와 퀴즈를 공연에 비유. 예술가의 경우처럼, 이 세상의 모든 재능 있는 사람은 무대에서 보여준 그 사람의 공연만큼만 가치가 있습니다.

이미지

> 뇌 감각 입력의 90%는 시각 정보를 통해 온다.

앞서 우리가 논의했던 것처럼 시각적 이미지와 기억은 엄청난 효과가 있습니다. 예를 들면, 녹색 줄무늬의 하얀 하마를 상상하지 마십시오. 그래도 여러분은 상상했습니다. 그렇죠?

여러분의 뇌는 자동적으로 이런 일을 합니다. 뇌 과학자들은 뇌 감각 입력 가운데 90%는 시각 정보를 통해 오고 뇌는 상징, 아이콘 그리고 강력하고 단순한 이미지에 즉각적이고 자연스럽게 반응합니다(젠센, 1994). 우리는 이런 뇌의 기능을 유리하게 활용할 수 있습니다.

수학과 같은 과목들은 고도로 추상적이어서 구체적인 것을 잘 처리

하는 학생들에게 많은 도전을 제공합니다. 여러분이 개념을 설명할 수 있는 확실한 이미지를 만든다면, 그것은 추상적인 것에서 구체적인 것으로 즉각 변합니다. 덕분에 이해하기 쉬워집니다. 예를 들면,

- 피자 조각으로 나타내진 분수(fraction)
- 마인드 맵
- 그래픽
- 전치사(preposition) 연기하기: 안에(상자 안에 들어가기), 위에(탁자 위에 오르기), 주위에(상자 끌어안기)

암시

'암시의 힘'은 엄청납니다. 우리는 이것을 자주 사용하는데 광고에서, 말의 뉘앙스에서 그리고 보디랭귀지에서 매일 경험합니다. 우리가 의식적으로 되새기지 않음에도 불구하고, 우리의 뇌는 유사한 처리를 합니다. 실질적으로 우리가 가능하다고 생각하는 것보다 더 많은 정보를 빨리 흡수할 수 있습니다.

앞서 4장에서 언급했던 것처럼, 교실 안의 모든 것은 학습으로 나가게 하거나 학습으로부터 멀어지게 하는 메시지를 보냅니다. 모든 것은 이야기합니다. 암시학의 아버지 게오르기 로자노프 박사는 모든 세부 사항이 중요하다는 전제를 내세웠습니다(로자노프, 1978). 즉 목소리 톤에서부터 의자의 배열 그리고 깔끔한 환경까지 모든 것이 중요하고 학습에 영향을 미칩니다.

우리의 뇌는 놀라운 속도로 '의식적'으로든, '초의식적'으로든 정보를 함께 처리합니다. 로자노프는 초의식을 "주어진 순간, 의식의 범위 밖

에 있는 모든 것 … 그리고 주변 지각을 포함한다(로자노프, 1978)"라고 정의합니다. 이러한 지각 혹은 암시는 다음과 같은 것에서 영향을 받습니다.

- 우리의 의도(2장 참조)
- 환경 속에 있는 주변 장치, 색 그리고 음악의 사용(4장 참조)
- 긍정적인 언어와 비언어적인 수단의 사용(6장 참조)

상상해보세요. … 콜린이 방금 한 경험이 완벽하게 이치에 맞을 뿐만 아니라, 방금 일어난 것을 바탕으로 해서 완전히 새로운 의미를 갖게 됩니다. 콜린의 머릿속에서 전구가 깜박거립니다. 그는 딱 걸렸습니다. 왜냐하면 그런 식으로 준비될 때, 즐거운 학습이 될 수 있다는 것을 경험했기 때문입니다.

복습

여러분과 학생들 사이의 간격을 디자인으로 연결하십시오. 모든 학습 디자인은 여러분이 그들을 끌어들이고, 성공하도록 설정하고, 그들의 모든 지능과 정보 지각 양식을 이용할 수 있도록 하는 것입니다!

여러분이 그들의 세계로 들어가고, 그들을 여러분의 학습 세계로 쉽게 이끌고, 다음에 그들의 세계로 돌아가는 것을 상상해보십시오. 학생들이 기대하고, 참여하고 그들의 천재성을 발휘하는 소리를 들어보십시오. 관련성, 명료성, 참여가 학생들의 경험과 결합되어 그들이 전과는 다르게 학습에서 무엇인가 얻고자 할 때와 같이 흥분을 느껴보십시오.

디자인의 어떤 요소가 그들을 그런 성공으로 나가게 할까요? 시각적, 청각적 그리고 운동감각적 학습으로 그들을 큰 그룹에서 작은 그룹, 또는 개인으로 부드럽게 이끄는 여러분 자신을 보십시오. 여러분이 학생들을 끌어들이고, 학습의 경험을 만들어주고, 교육의 효과적인 순간을 만드는 소리를 들어보십시오.

학생들은 의자를 바짝 당겨 앉을 때 지식을 얻습니다. 그리고 그렇게 하는 것을 좋아합니다. 학생들은 여러분이 제안하고 모델이 되고 성공을 그려줄 때, 그들이 갖고 있는 많은 지능을 이용하기 시작합니다.

여러분이 아는 것에 체크하세요.

- ☐ V-A-K 정보 지각 양식
- ☐ 성공모델
- ☐ EEL Dr. C, 퀀텀 교수법의 디자인 틀
- ☐ 다중지능
- ☐ 은유, 이미지 그리고 암시의 사용

축하합니다!
강력한 학습과
성공적인 디자인!

축 하

Part 2

2부_ 내용(Content)

원활한 소통과
적절한 도구를 이용한
커리큘럼 진행하기

공연이 시작됩니다.

이제 여러분은 학생들의 학습을 위해 최적의 환경을 만드는 데 필요한 주요 도구를 모두 가지고 있고, 여러분은 내용을 전달할 준비가 되어 있습니다. 교향곡을 위해 무대를 설치했고, 곧 공연이 시작되려고 합니다.

내용과 주변 요소는 똑같이 중요합니다. 이 책에서 이미 발견한 것처럼, 눈으로 보는 것보다 더 많은 것들이 주변 요소에 있습니다. 내용도 마찬가지입니다. 여러분이 따르는 커리큘럼은 교향곡의 악보처럼 내용의 구성 요소이지만, 이것은 단지 시작일 뿐입니다.

교향곡에서처럼 퀀텀 교수법에서 내용(content)은 간단하지만 열정적이고 우아하며 매혹적인 발표(presentation)를 포함합니다. 음악의 박자처럼 커리큘럼의 어떠한 요소는 메마르고 생명력이 없는 것이 될 수도 있고, 다이내믹하고 활기찬 것이 될 수도 있습니다.

유치원 교사든 동기부여 연설가든 최고의 프레젠터는 자신의 프레젠테이션이 효과를 가질 수 있도록 확실한 전략과 기술을 가지고 있습니다. 2부에서 여러분은 그 전략과 기술을 배우게 될 것입니다.

교향곡의 내용에 있는 또 다른 요소는 각 연주자의 음악적 재능과 각 악기가 음악을 만들어내는 잠재성을 이용하는 지휘자의 능수능란한 퍼실리테이션입니다. 연주자와 그들의 음악처럼, 학생과 커리큘럼은 학습의 다이내믹한 디자인에 딱 맞춰 조화롭게 조정될 수 있습니다.

연주장에서, 연주자와 음악이 어떻게 퍼실리테이션되는가에 따라 그것은 작곡가의 기대보다 높은 수준의 연주가 될 수 있습니다. 교실에서 여러분이 학생과 커리큘럼을 어떻게 퍼실리테이션하느냐에 따라 그것은 천재적인 오케스트라의 영감이 있는 연주처럼 즐겁고 놀라운 학습이 될 수 있습니다. 2부는 그 결과를 만들어내는 전략을 여러분에게 제공합니다.

능숙한 지휘자가 기술을 쌓고 연주자의 레퍼토리를 늘려 그들의 삶을 풍부하게 하는 것처럼, 여러분도 학생들의 학습과 삶의 기술에 대한 레퍼토리를 확장시킴으로써 그들의 삶을 풍요롭게 할 수 있습니다.

슈퍼캠프에서 우리는 전략과 기술을 만드는 기법을 개발했습니다. 이것은 학생들의 과거 수준을 넘어서도록 할 뿐만 아니라, 그들이 다른 사람과 개인적으로 상호작용하는 방법도 놀랍게 개선시켰습니다. 여러분이 가르치는 커리큘럼에 녹아 있는 이 학습 기술과 삶의 기술은 여러분의 학생들이 앞으로 나아가는 데 강점이 되어줄 것입니다.

06

6장_ 내용

강력한 커뮤니케이션과 열정적인 프레젠테이션

ⓐ 퀀텀 교사의 특징

ⓑ 정보 지각 양식 활용

ⓒ 강력한 커뮤니케이션의 4가지 원칙

ⓓ 비언어적 커뮤니케이션의 영향

ⓔ 효과적인 프레젠테이션 패키지

ⓕ 앵커링

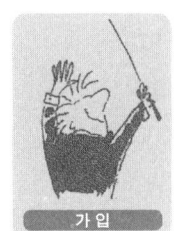
가입

더 많이 더 빠르게 가르칠 수 있고, 말한 것의 효과를 증가시킬 수 있다면 어떻게 될까요?

학생들이 가르치는 사람의 말에 완전히 집중한다면 어떻게 될까요? 여러분의 말이 아주 분명해서 전혀 오해가 일어나지 않는다면 어떻게 될까요? 여러분의 학습에 대한 즐거움과 열정이 여러분이 말하고 행동하는 모든 것을 통해 발산된다면 어떻게 될까요? 그것을 통해 학생들이 받는 영향은 무엇일까요? 그리고 여러분이 받는 영향은 무엇일까요?

상상해보세요. 콜린이 칠판에 적힌 정보에 대해 골똘히 생각하면서 몸을 약간 앞으로 기울이고 있습니다. 학우들과 함께 키워드를 외치고 손으로 개념에 대한 모양을 만들어 보입니다. 선생님은 자신 있게 교실 안을 돌아다니며 매력적인 톤으로 말을 합니다. 무작위로 학생들의 이름을 사례에 집어넣습니다. 선생님의 음량, 억양 그리고 속도는 내용이 '떠 있는' 물결 역할을 합니다.

이윽고 콜린이 개념을 롤러블레이드를 배울 때 했던 경험에 연결하자, 머릿속에 그것이 자리를 잡습니다.

갑자기 그는 매우 분명하게 정보를 봅니다. 선생님은 어떻게 그가 집중을 하는지, 어떻게 이해할 수 있도록 연관성을 만드는지 알고 있습니다. 콜린은 자신이 "알았어!"라고 속으로 말하는 것을 듣습니다. 그의 입가에 웃음이 번집니다. 이 수업이 콜린에게 가장 어려운 수업임에도 불구하고, 그는 자신을 성공시키기 위한 선생님의 헌신, 자신의 학습 속도에 대한 선생님의 인내, 그가 최고의 능력을 발휘하게 하기 위한 선생님의 끈기를 느낍니다.

교사가 실행할 수 있는 가장 강력한 행동

지금부터는 커리큘럼의 전달자인 여러분에 대해 살펴볼 것입니다. 여러분은 학생들이 학습자로서 성공하는 데 가장 중요하고 영향력 있는 요소입니다. 게오르기 로자노프 박사에 따르면, 학생들을 위해 여러분이 실행할 수 있는 가장 강력한 행동은 학습자로서의 모델이 되는 것입니다(로자노프, 1979). 여러분의 모델되기, 진정성, 언행일치는 학생들이 학습자로서 가지고 있는 잠재력을 불러일으키는 것에 힘을 주고 영감을 줍니다.

기억하세요.
모든 것은 이야기합니다.
여러분이 무엇을 말하든,
어떻게 말하든.

성공적인 프레젠테이션을 위한 7가지 지침

1. 여러분이 원하는 것이 무엇인지 파악하십시오.
학습 과정의 각 부분에서 여러분이 원하는 것이 정확히 무엇인지 파악하십시오. 각 활동에 대한 인지적, 정서적 그리고 신체적 목적을 알면 그 명확함이 성공으로 이끌어줍니다.

2. 교감을 만드십시오.
학생들에게 헌신적으로 대하십시오. 그들을 알도록 노력하십시오. 그들의 배경, 흥미, 과거의 실패와 성공을 아십시오. 이것은 여러분에 대한 신뢰감을 형성하고, 그들의 세계로 향하는 다리를 놓아줍니다.

3. 그들을 읽으십시오.
그들의 행동, 태도 그리고 언어로부터 단서를 찾으십시오. 그것은 학생들의 현재 상태에 대한 정보를 제공합니다. 학생들에게 교육의 효과, 교육이 유발했던 생각과 반응에 대한 그 순간의 피드백을 요청하십시오. 그러면 여러분은 학생들의 욕구를 수업으로 충족시켜 줄 수 있습니다.

4. 그들의 상태를 목표로 하십시오.
모든 학습은 상태 의존적입니다. 학생들을 성공으로 나가게 하기 위해 그들의 상태를 오케스트레이션하십시오. 각 학습 활동을 위한 최적의 상태를 파악하십시오. 목표로 한 상태에 도달할 때까지 계속 상태를 바꾸십시오.

5. 그들의 정보 지각 양식에 접근하십시오.
언어 패턴, 목소리, 움직임, 활동 등 학생들의 시각적, 청각적 그리고 운동감각적 정보 지각 양식을 이용하십시오.

6. 공간을 사용하십시오.
교실 전체가 무대입니다! 다음 행동에 대한 앵커링을 위해 다양한 지점을 사용하십시오. 프레젠테이션하기, 이야기하기, 피드백, 첫 안내, 회의하기.

7. 진실하게 하십시오.
솔직함, 정직함 그리고 공정함에 대해 믿을 만하고 진실한 메시지를 표시하십시오.

이 장에서 모델이 되는 능력을 최대화하는 방법에 대해 배우게 될 것입니다. 우리가 '일치하는 커뮤니케이션'이라고 부르는 것에 대해 살펴보고, 여러분이 무엇을 말하고 어떻게 말하는지가 학생들이 커리큘럼을 받아들이는 것에 있어 얼마나 큰 차이를 만드는지 되새겨볼 것입니다.

이제 여러분이 하는 말 그리고 그것이 학생들에게 미치는 영향이 얼마나 중요한지 알게 될 것입니다. 여러분은 학생들이 잘 받아들일 수 있도록 하는 강력한 도구인 암시의 효과에 대해 탐구할 것입니다. 마지막으로 여러분이 하는 말의 효과성을 증가시켜 줄 목소리, 표정, 몸짓 그리고 말을 사용하는 방법을 배울 것입니다.

a 퀀텀 교사의 특징

효과적인 학습 디자인과 조화를 이룬 여러분의 커뮤니케이션 능력은 학생들에게 다이내믹한 학습 경험을 제공합니다. 하지만 첫 번째로 퀀텀 교사가 무엇인지, 무슨 일을 하는지 알아보겠습니다. 학생들에게 퀀텀의 결과를 얻게 하는 교사는 어떤 특징이 있을까요?

잠시 아래의 목록을 살펴보겠습니다. 각 특징을 3점 척도로 평가하십시오(1=낮음, 2=보통, 3=높음).

- 열정적인: 인생의 열정을 보여준다.
- 명령하는: 사람들을 움직이게 한다.
- 긍정적인: 매순간 기회를 포착한다.
- 친화적인: 다양한 학생들과 쉽게 교감을 형성한다.
- 유머러스한: 실수에 대해 적절하게 낙천적이다.

- 유연한: 결과에 도달하기 위한 하나 이상의 길을 찾는다.
- 수용적인: 핵심 가치를 찾기 위해 표면적인 행동과 외형 이상의 것을 본다.
- 명료한: 분명하고, 명료하고 정직하게 커뮤니케이션한다.
- 진심에서 우러난: 긍정적인 의도와 동기를 가진다.
- 자발적인: 흐름을 따라갈 수 있으면서 결과를 유지한다.
- 흥미를 주고 흥미를 느끼는: 정보를 학생들의 경험과 연결시키고 학생이 어떤가에 대해 관심을 기울인다.
- 학생들을 '할 수 있는' 상태로 유지시키는: 믿음을 가지고 그들의 성공을 위해 오케스트레이션한다.
- 기대를 높게 설정하고 지키는: 관계의 질과 모든 사람의 노력이 요구되는 작업의 질에 대한 지침을 세운다.

퀀텀 교사는 정보 지각 양식과 학생들의 스타일에 따라 학습을 오케스트레이션합니다. 퀀텀 교사는 학생의 몸, 마음, 정신적 자질을 만들고 학문적 기술 안에서 삶의 기술을 가르칩니다.

퀀텀 교사는 학습 환경 속의 상호작용을 최우선으로 생각합니다. 학생들 간의 그리고 학생과 교사 간의 상호작용의 질에 주의를 기울이고, 커리큘럼과 함께 학생의 수준에도 주의를 기울입니다.

'에너지를 빛으로 바꾸는 상호작용'이라는 퀀텀에 대한 정의를 기억하시오. 퀀텀 교사는 각 학생들 안의 타고난 에너지를 이끌어 내고, 다른 사람을 위해 에너지를 빛으로 바꾸는 상호작용을 만들어냅니다.

이상적이며 비현실적이라고요? 그렇지 않습니다. 여러분과 같은 많은 교사들이 이 특성을 매일 보여줍니다. 문제는 "얼마나 일관적으로 이 특성을 보여주는가?"입니다.

 평범한 학생들로부터 특별한 결과를 얻는 것은 일관성과 일치성을 필요로 합니다. 이것은 최고 수준의 전달 방식을 일관성 있게 사용하는 것을 의미합니다. 그리고 학생들의 놀라운 학습 능력에 대해 우리가 믿는 것과 커리큘럼을 전달하는 방법을 일치시키는 것을 의미합니다(3장에 있는 퀀텀 교사의 신념을 보십시오).

 이 일관성과 일치성은 매일 벌어지는 학교에서의 경험을 삶의 수준을 높이는 사건으로 변형시키기 위해 지속되어야 합니다. 일관성과 일치성의 수준을 높게 유지하기 위해 사용할 수 있는 구체적인 전략과 기술을 살펴보겠습니다.

 ## 정보 지각 양식 활용

 뇌는 외부로부터 오는 자극을 처리하기 위한 3가지 주요 고속도로, 혹은 정보 지각 양식을 가지고 있습니다. 이 세 가지의 정보 지각 양식(시각, 청각, 운동감각)은 여러분이 세상을 이해하도록 도와주는 실질적인 커뮤니케이션의 통로입니다. 여러분이 하는 말과 여러분 세계를 내적으로 표현하는 방법의 관계는 여러분의 프레젠테이션 패턴에 주의를 기울이는 것이 얼마나 중요한지 보여줍니다.

 각 정보 지각 양식에 어울리는 서술과 문구를 사용하는 것은 학생들의 수용력을 강화시킵니다. 말 그대로 여러분은 이끌어내고 싶은 생각의 종류를 가장 잘 뒷받침하는 정보 지각 양식에게 말할 수 있습니다. 예를 들면, 다음 문장이 여러분 마음속에 어떻게 이미지를 만드는지 보십시오.

이것을 그려보십시오. "목이 긴 초록 운동화를 신은 핑크색 코끼리가 웃으며 공원 벤치 옆에서 포즈를 취하고 있습니다." '그려보십시오'라는 단어는 뇌에게 시각 정보 지각 양식을 사용하라는 신호를 보냅니다. 그림은 색상 단어와 수식어에 의해 더 선명해집니다.

이 구절이 얼마나 진실처럼 들리는지 들어보십시오. "여러분은 화차를 조립하고 나서야 설명서를 이해합니다." '들어보다'와 '진실처럼 들리다' 두 단어가 청각 정보 지각 양식에 신호를 줍니다.

여러분이 응용 프로그램을 꽉 잡고 있는 것과 같이 다음 단계를 위해 감을 잡으십시오. '잡다', '감' 그리고 '꽉 잡다'는 운동감각 정보 지각 양식을 담고 있습니다.

여러분이 특정한 정보 지각 양식에 대한 연상을 이끌어내기 위해 사용할 수 있는 몇 가지 구체적인 정보 지각 양식 관련 표현이 여기 있습니다.

시각: 네가 의미하는 것이 무엇인지 보인다. 이제 확실하다. 이것을 그려봐. 봐봐! 상상해봐.

청각: 진실처럼 들린다. 멋진 얘기 같은데. 들어봐! 다시 말해봐.

운동감각: 이걸 잡아봐. 기분 괜찮아. 이것과 맞붙어봐!

강력한 커뮤니케이션의 4가지 원칙

기억하십시오. 여러분이 말하는 모든 것은 특정한 연상을 이끌어냅니다. 다음 글을 읽으면 어떤 연상이 되는지 살펴보십시오.

강력한 커뮤니케이션의 4가지 원칙

- 이미지를 이끌어내십시오.
- 초점을 유도하십시오.
- 일체감을 느끼게 하십시오.
- 구체적으로 하십시오.

"자, 얘들아, 그만 얘기하고 주목하자. 너희들이 알다시피 날이 갈수록 수업이 어려워지고 있어. 내용은 아주 복잡하고, 너희들 대부분이 C를 얻는 것조차도 어려운 상황이야. 만약 너희들이 C보다 나은 학점을 기대한다면 온 힘을 쏟아 더 열심히, 더 오랜 시간 공부하는 것이 좋을 거야."
"어제 한 숙제를 내게 제출하렴." (숙제를 점검한 뒤) "벌써 선생님이 이렇게 하는 것이 싫다는 눈빛이 보이는구나. 그래도 나는 너희에게 이 내용을 다시 가르쳐야만 해."
"오늘, 너희들에게 선택안을 주려고 해. 내 강의를 통해 이 내용을 느릿느릿 배워나가거나 아니면 너희들이 이것을 직접 읽고 이해하도록 노력하는 거야. 자, 이제 다음 단원은 상당히 높은 수준이기 때문에 많은 학생들이 어려움을 겪었다는 사실에 주목하렴."

다음과 비교해보십시오.

"얘들아, 앉아서 주목해주겠니. 우리가 지금 공부하려는 단원은 우리 커리큘럼에서 가장 어려운 부분이야. 너희들이 능력이 있다는 것을 잘 알고 있어. 너희들과 수준이 비슷한 학생들도 이 부분을 굉장히 잘했다는 것을 알아주길 바란다. 특히 질문을 하고 참여하는 것을 잊지 않으면 잘할 수 있단다."
"자, 우리가 어젯밤에 집에서 해오기로 한 재미있는 숙제 검사부터 시작하자. 꺼내서 오른쪽으로 넘겨주겠니." (모아서 검사한 뒤) "어제 수업 내용에 대해 빠르게 복습할 필요가 있겠구나. 선생님 말이 맞니?" (잠시 멈추고) "좋

아. 노트를 꺼내고 어제 사용했던 예를 들어 복습해보자."

"아, 그런데 선생님 생각에는 오늘 아침 간단히 복습한 뒤에 다음 단원을 조금 다르게 접근해야 할 것 같구나. 복습이 끝나면 이야기해볼까?" (잠시 멈추고) "고마워."

여러분이 이 두 가지 예에서 큰 차이점을 발견했기를 바랍니다. 강력한 커뮤니케이션은 계획적이고 쉬울 수 있습니다. 교실 안에서 여러분이 하게 되는 모든 상호작용과 함께, 여러분이 어떻게 말하는지는 무엇을 말하는지 만큼 중요합니다. 어쩌면 더 중요합니다. 여러분이 가르칠 때, 방법을 알려줄 때, 상황을 설정하고 피드백하도록 할 때, 이 네 가지 원칙을 기억하십시오.

- 이미지를 이끌어내십시오.
- 초점을 유도하십시오.
- 일체감을 느끼게 하십시오.
- 구체적으로 하십시오.

이미지를 이끌어내십시오

작은 실험을 해보지요. 고릴라에 대해 생각하지 마십시오. 고릴라가 보라색 스판덱스 타이트(옮긴이주: 신축성이 좋은 소재로 만들어 몸에 달라붙는 팬티스타킹 같은 하의)를 입고, 녹색 테니스 운동화와 모자를 쓰고 있는 것을 생각하지 마십시오. 자, 실험이 끝났습니다.

어떤 일이 생겼나요? 화려한 색으로 차려 입은 고릴라를 생각하지 않기 위해 먼저 그 이미지를 만들어야 합니다. 여러분의 뇌는 선천적으로 이미지를 만들고, 편집하고, 저장하고 상기합니다. 이것은 자동적으로 일어나고 여러분이 듣는 단어에서 즉각 영향을 받습니다.

인간의 뇌는 끊임없이 이미지를 만듭니다. 이것은 시각, 청각 또는 양쪽 모두의 감각 기관을 통해 이루어집니다. 여러분이 단어를 들을 때 여러분의 뇌는 즉각 그것을 '이미지'로 처리합니다. 이 이미지나 인상은 도미노 현상을 일으켜 무수한 연상 작용을 하게 됩니다.

예를 들면, 여러분이 '공(ball)'이라는 단어를 들었을 때, 여러분의 뇌는 저장되어 있는 다양한 이미지를 불러옵니다. 농구공, 야구공, 비치볼, 배구공, 테니스공, 사교춤(옮긴이주: 'ball'은 '무도회'라는 뜻도 갖고 있다)뿐만 아니라 '공'이라는 글자도 보게 됩니다. 때때로 반대 개념을 연상하거나 듣는 과정에서 잘못된 개념을 떠올릴 수도 있습니다.

우리가 개념의 정확한 의미를 선택할 수 있는 것은 단지 주변 요소(context) 안에서만입니다. 그래서 아이디어를 정확히 전달하기 위한 의식적인 단어 선택이 중요합니다. 여러분이 선택한 단어는 여러분이 기대한 결과에 상당한 영향을 미칩니다.

풍부한 연상을 얻기 위해 여러분의 뇌의 능력을 이용하십시오. 학생들의 학습을 나아가게 할 수 있는 이미지를 이끌어내는 단어를 만들어내십시오.

> 사고 처리의 2가지 수준:
> 의식적인 수준, 무의식적인 수준

"얘들아, 이 부분은 가장 어렵고 지루한 부분이야. 그러니 주의해서 듣지 않으면 낙제할 수도 있단다."

어떤 이미지를 만드나요? 어려움, 지루함, 위험, 실패, 이런 말을 할 때 떠오르는 이미지가 어떻게 다른지 살펴보십시오.

"여기가 가장 중요한 부분이야. 집중하면 확실히 이해할 수 있을 거야."

여러분의 마음속에 있는 인상과 이미지를 학생들의 마음속에도 만듭니다. 긍정적인 연상에 불을 붙이고 학습을 나아가게 하고, 커뮤니케이션을 강화하는 단어를 의식적으로 선택하십시오.

초점을 유도하십시오

첫 번째 원칙과 비슷하게, 초점 유도하기는 많은 감각 입력을 분류하고 주의를 집중하는 뇌의 능력을 이용합니다. 과학자들은 우리가 깨어 있을 때 뇌가 초당 10,000비트의 정보를 받는다고 추정합니다. 와우! 우리는 이렇게 많은 입력을 어떻게 처리할까요? 뇌의 이중 처리 능력이 하나의 답입니다. 일단 뇌에 감각 정보가 들어온다면 그것이 의식적이든 무의식적이든 처리가 됩니다(로자노프, 1979).

다음의 실험을 해보지요. 이 페이지의 윤곽, 그래픽, 글자의 형태에 주목하십시오. 그리고 여러분 눈이 중요한 정보에 어떻게 이끌리는지를 보십시오. 이제 여러분이 있는 방의 온도를 느껴보십시오. 어떤 일이 일어났습니까?

글을 읽을 때 여러분의 마음은 윤곽, 그래픽, 디자인 등 각각의 포인트에 집중했습니다. 그리고 여러분의 마음은 주변 온도 같은 다른 것을 무의식에 놔두고 자신이 초점을 맞춘 특정한 입력 정보를 선택했습니다. 하지만 여러분의 주의가 온도로 쏠리자마자 온도에 초점을 맞추고, 페이지의 모든 세부 사항은 일순간에 다시 무의식이 됩니다.

이 원칙이 여러분의 교수법에 어떻게 효과적으로 도움을 줄까요? 지시를 내릴 때 초점 유도하기를 사용해보십시오. 그리고 자신에게 물어보십시오. "학생들의 주의집중이 필요한 부분이 어디지?" 그리고 그들의 초점을 유도하는 단어를 선택하십시오.

"너희 그룹으로 이동하는 동안 미술도구는 만지지 마라."

미술도구에 주의가 집중됩니다. 이것은 누군가가 미술도구를 인식할 가능성을 높입니다. 대신 이렇게 초점을 유도하십시오.

"그룹이 위치한 자리를 잘 봐. 그쪽으로 바로 움직여주겠니? 너희들의 책도 가지고 말이야."

미술도구에 대한 언급 없이 어디로 가야 하는지, 무엇을 가지고 가야 하는지 집중하게 합니다. 그리고 학생들이 미술도구를 발견할 확률을 낮춰줍니다.

여기, 초점을 유도하는 또 하나의 방법이 있습니다. 여러분이 학생들의 주의집중을 원한다면, 이렇게 말해선 안 됩니다. "잡담 중지!" 또는 "선생님은 (너희가 준비되기를) 기다리고 있단다."

그보다는 초점을 유도하십시오. "몸을 내 쪽으로 돌려서 나를 쳐다보렴."

또 다른 예도 있습니다. 오늘 수업 시간에 어제 배운 내용을 학생들이 기억해주었으면 한다면, 어제 수업의 하이라이트에 초점을 맞춤으로써 인식의 실마리를 제공하십시오.

"어제 배웠는데, 소금에 들어 있는 두 요소를 기억해보렴. 그리고 그것들의 상징을 떠올려보렴. 내가 너희에게 물어보면 그 두 가지 상징을 대답할 수 있도록 준비하렴."

여러분의 말은 의도적이든 아니든 연상을 유발합니다. 이 연상이 학생들의 마음속에 일어나기 때문에 우리는 학습을 가장 잘 뒷받침할 것 같은 연상으로 그들을 유도할 수 있습니다.

일체감을 느끼게 하십시오

교실에서 이런 말을 해본 적이 있습니까? "책 꺼내라." "다음은, 어제 숙제를 꺼내라." "너희 물건을 정리해라." 교사들은 이러한 말을 하루에 수백 번씩 합니다. 그들은 기대하는 행동을 하도록 분명히 전달하지만 다른 어떤 것을 또 전달하나요? 언어가 연상을 유발한다면 어떤 연상이 유발됩니까?

명령하는 말들이 나 대 너의 관계를 지속시킨다는 것에 주목하십시오. 이 말들 뒤에 숨어 있는 메시지는 "너희들은 내 통제하에 있으므로 내가 시키는 대로 해야 할 거야"입니다. 이제 교사에 대해 부정적인 연상을 갖고 있는 학생들이 어떻게 반응할까요? 아마 반항적이거나 비협조적일 것입니다. 이러한 부정적인 연상은 무의식적인 수준에 있는 것조차도 학습과 행동에 극적인 영향력을 갖습니다.

이제 다음 말들이 어떻게 더 긍정적이며 역동적인 힘을 만드는지 보십시오. "책을 꺼내봅시다." "어제

문장 재구성

- 숙제 잊지 마라.
  → 숙제를 기억해라.
- 책을 꺼내라.
  → 책을 꺼내봅시다.
- 난 너희들에게 이 단계를 가르치려고 해.
  → 우린 이 단계를 공부할 거야.
- 지금 우린 어려운 부분을 보고 있어.
  → 지금까지 배운 것 중에서 분명 가장 도전할 만한 부분이야.
- 떠들지 마라.
  → 주목해주겠니?
- 여러분 가운데 일부 학생에게는 다음 부분이 식은 죽 먹기일 거야.
  → 이 부분은 다양한 각도에서 하나의 도전이 될 거야.
- 여길 봐라.
  → 이걸 잠깐 보겠니?

숙제를 꺼내볼까?" "이제 우리 물건을 정리할 시간이야." 이렇게 말을 조금만 바꿔도 일체감을 느끼게 하며, 모두를 초청하는 협력적인 관계가 조장됩니다.

퀀텀 교사로서 여러분은 협력, 팀워크 그리고 함께하는 분위기를 꿈꿉니다. 특히 학생과 교사의 역학관계에 대해 부정적인 연상을 갖고 있는 학생들을 이해하는 분위기를 만들고 싶어합니다. 의식적으로, 신중하게 단어를 선택하는 것은 일체감을 강화시키고 긍정적인 연상을 이끌어 낼 수 있습니다. 서로 돕는 분위기를 만들고자 하는 의도를 뒷받침하려면 일체감을 느끼게 하는 언어를 사용하십시오. '~합시다' 그리고 '우리' 같은 단어는 화합의 느낌과 통일감을 만듭니다. 결국 이 단어들은 "우리는 여기 함께 있다"라는 의미입니다. 기억하십시오. 모든 것은 이야기합니다. 항상!

구체적으로 하십시오

여러분은 학생들이 휴식을 취할 수 있도록 하고 싶습니다. 그래서 여러분은 이렇게 말합니다. "여러분, 쉴 시간을 준비하세요." 그러면 학생들은 물건들을 책상 서랍이나 가방 속에 밀어 넣고, 자료를 가까운 카운터에 던져 넣고, 쓰레기는 의자 밑에 혹은 구석에 쑤셔 넣습니다. 학생들이 여러분의 지시를 따랐나요? 아마 그들은 '쉬는 시간 준비'를 했을 겁니다. 여러분의 지시를 잘못 이해한 거죠. 왜냐하면 여러분의 지시가 구체적이지 않았기 때문입니다.

여기 도움이 되는 말의 규칙이 있습니다. 언어의 경제학입니다. 즉 "가장 적은 단어로 명료하게, 꼭 필요한 말만 하라"입니다.

> **Hot Tip**
> "가장 적은 단어로 명료하게, 꼭 필요한 말만 하라."
> 이것이 언어의 경제학입니다.

오해는 막연함 때문에 종종 일어납니다. 막연함은 듣는 사람이 비어 있는 정보의 공간을 그 사람만의 해석으로 채워 넣게 합니다. 요구가 확실할수록 결과는 의도한 대로 완성될 확률이 높습니다. 쉬는 시간 준비에 대한 더 구체적인 요청은 여러분이 생각한 결과를 가져올 것입니다.

다음과 같이 말했다고 가정해보십시오.

"여러분, 자료를 원래 있던 자리에 가져다 놓으세요. 그리고 쓰레기는 쓰레기통에, 종이는 '프로젝트'라고 쓰인 곳에 되돌려 놓으세요."

구체적으로 이야기함으로써, 여러분의 의도와 말이 만든 결과를 더 잘 일치시킬 수 있습니다. 구체성이 명료성을 제공합니다. 명료성은 행동을 촉진합니다.

앞의 예처럼, 여러분도 가끔 명료하게 내용을 전달하기 위해 더 많이 말해야 한다는 사실을 발견할지도 모릅니다. 다른 때는 더 적게 말할 필요가 있습니다.

"다음에는 책을 꺼내서 134페이지의 그래프를 찾을 겁니다." 이 말은 이렇게 바꿀 수 있습니다. "134페이지의 그래프에 초점을 맞출 겁니다. 책을 꺼내주시겠어요?"

교사들은 종종 너무 많은 말을 합니다. 개념에 대해 장황하게 설명하고, 반복해서 지시하고, 무슨 말인지 알아듣지 못하도록 길게 답변합니다. 왜 그럴까요? 명료하지 못해서입니다. 그들은 자신이 말하고자 하는 것에 대한 확신이 없습니다.

여기, 이 함정을 피해가는 위한 방법이 있습니다. 지시하고자 하는 말을 할 때 동작 동사를 사용하십시오. 즉 가져가다, 그리다, 쓰다, 움직이다, 이야기하다 등은 정확한 결과를 얻을 뿐만 아니라 행동도 하게 합니다. 추가로, 지시할 때 신호를 주면 좀 더 도움이 될 것입니다.

"'가세요'라고 외치면 자신의 팀 위치로 가서 앉으세요. 가세요!"

신호는 학생들이 언제 지시가 시작되는지 알게 해주고, 학생들의 움직이는 소리와 여러분의 목소리가 겹치는 것을 막아줍니다.

또한 말하기 전에는 잠시 시간을 갖고 생각을 정리하십시오. 학생들 앞에서 길게 느꼈던 시간이 학생들의 관점에선 아주 짧은 순간입니다. 천천히 하십시오. 그리고 필요한 말만 하십시오. 학생들의 마음 속에 이미 하나의 연상을 만들어 놓았다면 번복하기 어렵습니다. 두 번 말하는 것보다 처음에 정확히 말해주는 것이 낫습니다.

4가지 원칙을 여러분의 정보 지각 양식 문구와 함께 사용한다면, 꽤 놀라운 학생들의 반응을 이끌어낼 수 있을 겁니다.

> **요점을 언급하십시오.**
>
> 지시하고자 하는 말을 할 때 동작 동사를 사용하십시오.
> - 가져가다
> - 그리다
> - 쓰다
> - 움직이다
> - 이야기하다

 비언어적 커뮤니케이션의 영향

이렇게 해보십시오. 구부정한 자세로 앉고, 호흡을 느리게 하고, 머리를 숙이고, 눈은 아래를 보십시오. "나는 굉장히 신난다"라고 말하십시오.

이제 일어서십시오. 앞을 보고, 눈을 크게 뜨고, 가슴으로 호흡하고, 웃으며 말하십시오. "나는 굉장히 신난다!"

실습

어떤 차이가 있나요? 두 번째에 외친 "나는 굉장히 신난다!"가 더 힘차고 활기찼나요? 왜 그럴까요? 그 이유는 메시지와 동작이 일치했기 때문입니다. 여러분의 몸과 목소리는 여러분의 메시지를 앞으로 나아가게 하는 운반 장치입니다. 표정, 제스처, 목소리 그리고 자세를 효과적으로 사용하는 것은 여러분의 커뮤니케이션을 강화시키는 일치된 메시지를 보일 수 있습니다. 일치하는 메시지란 여러분의 말, 표정, 제스처, 자세 모두가 하나의 메시지에 들어 있는 것입니다. 표정은 몸이 말하는 것과 마음이 생각하는 것과 똑같이 말합니다.

일치된 메시지를 만들기 위해 이런 질문을 하십시오.

- 나는 어떤 결과를 원하는가?
- 나의 학생들이 어떤 상태이기를 원하는가?
- 원하는 결과를 뒷받침하기 위해 나는 어떤 상태를 이용할 필요가 있는가?
  - 잘 전달하기 위해 눈, 얼굴, 목소리, 손 그리고 자세를 어떻게 사용할 수 있는가?

눈 맞춤

여러분을 거의 쳐다보지 않고 말하는 사람의 이야기를 들을 때를 생각해보십시오. 이제 누군가가 여러분을 바라보고 이야기할 때를 생각해보십시오. 어떤 때 일체감이 더 느껴지나요?

잦은 눈 맞춤은 높은 수준의 교감을 만들고 유지합니다. 여러분의 학생들을 보십시오. 단, 한 사람을 3초 이상 보지 마

강력한 커뮤니케이션의 4가지 원칙을 생각하며
(이미지를 이끌어내십시오, 초점을 유도하십시오, 일체감을 느끼게 하십시오, 구체적으로 하십시오)
다음 문장들을 다시 써보십시오.

- 여러분 모둠을 찾아가서 함께 앉으세요.
- 점수가 더 좋아야 해.
- 떠들지 마라.
- 내가 설명하지.
- 책을 세게 덮지 마라.
- 내 수업에 늦지 마라.

십시오. 3초 이상의 시선은 종종 '노려보는 것'으로 해석됩니다. 시선을 학생들의 머리 위에 두지 마십시오. 수업 시간 동안 각 학생들과 눈으로 커뮤니케이션할 수 있도록 의식적인 노력을 하십시오.

표정

여러분의 얼굴은 강력한 커뮤니케이션 도구입니다. 올라간 눈썹, 미소, 주름진 앞이마, 끄덕이기, 크게 뜬 눈 그리고 벌어진 입 등을 통해 전달되는 비언어 메시지는 많은 것을 대신합니다. 여러분에게는 과장처럼 느껴지는 것이 학생들에게는 명확하게 전달될 수 있습니다. 뚜렷한 얼굴 표정을 사용하여 메시지의 느낌을 전달하십시오.

약간의 연습이 도움이 될 것입니다. 다음 단어들에 알맞은 과장된 표정을 지어보십시오. 경이로움, 깜짝 놀람, 따뜻함, 보살핌, 호기심, 두려움, 행복, 어떤가요? 다른 사람이 구분할 수 있는 표정을 지을 수 있었습니까? 깜짝 놀람, 기쁨, 솔직함 그리고 흥미로움 등을 계속해서 연습해 보십시오.

그러나 주의해야 할 것이 있습니다. 교사들은 교실의 특성 때문에 지시, 비유 그리고 설명을 그 자리에서 만들어내면서 종종 즉흥적으로 생각합니다. 우리는 이것을 애정을 담아 '즉흥적으로 하기'라고 부릅니다.

여러분이 골똘히 생각할 때, 여러분의 얼굴은 자연스럽게 이완되어 얼굴에 나타나는 현상인 '편평한 정서(flat affect)'라고 불리는 무감정 표현 상태가 됩니다. 여러분이 속으로 생각을 만들어낼 때 이 현상은 자동적으로 나타나기 때문에 얼굴에 미소를 잃지 않도록 노력하는 것을 잊지 말아야 합니다. 여러분이 즉흥적으로 생각할 때 특히 그렇습니다. 여러

분은 자연스럽게 찡그린 표정을 지을 때도 있을 것입니다. 아마 무표정일 때는 화나거나 슬프거나 실망한 것처럼 보일 것입니다. 여러분 얼굴이 무표정으로 보이는 일은 매우 드물지만, 종종 그것은 이를 닦을 때나 머리 또는 자세를 고칠 때 그런 표정이 나타납니다. 거울 앞에서 자신의 표정이 어떤지 확인하십시오. 그리고 부담 없이 여러분의 백만 달러짜리 미소를 연습하십시오.

목소리

여러분의 얼굴과 목소리를 일치시키는 것은 얼굴 표정만큼 강력한 도구입니다. 좋은 말인데도 불구하고 누군가의 말투 때문에 불쾌했던 경험이 있나요? 톤, 크기 그리고 속도는 커뮤니케이션의 양념입니다. 얼굴과 제스처에 맛을 더합니다.

목소리의 변화와 높이의 정도는 기쁨, 실망, 의심, 확신 그리고 망설임과 다른 감정들을 표현합니다. 음량은 청각을 빠르게 사로잡고 부드러움은 종종 비밀 또는 요점 같은 경우에서 중요성을 나타냅니다. 그리고 소리의 크기는 흥분, 명령, 주의를 표현합니다.

속도의 다양함은 중요한 구절을 강조하면서 메시지의 중요성을 높입니다. 자주 멈추고 안정된 리듬과 빠른 음절로 속도를 다양화하는 것은 메시지에 흥미와 기대를 더하면서 학생들을 몰입하게 합니다.

다양한 목소리는 심지어 아주 평범한 정보에도 영향을 미칩니다. 가장 중요한 내용을 속삭이듯이 말해보십시오. 흥분을 불러일으키기 위해 빠르고 짧은 문장을 사용해보십시오. 중간 속도의 리듬 있는 프레젠테이션 패턴은 청각적 학습자에게 적합합니다. 또한 머리와 얼굴의 움직임은 여러분의 목소리 변화에 도움을 줄 것입니다.

연습을 위해 다음과 같이 말하는 모습을 녹화해보십시오. "나는 유능하고, 역량을 갖추었고, 영감을 불러일으키는 선생이다." 다른 방법의 억양, 소리, 속도, 표정 그리고 머리 움직임으로 말해보십시오. 녹화된 것을 틀고 눈을 감으십시오. 각 문장이 어떻게 다른지 주의 깊게 들어보십시오. 여러분 마음에 드는 것을 고르십시오. 눈을 뜨고 다시 틀어보십시오.

제스처

자연스럽고 단호한 손, 팔 그리고 몸동작은 여러분의 메시지를 강조하고, 핵심어를 강조하고, 여러분의 목소리에 움직임을 더함으로써 운동감각적 학습자의 주의를 끕니다. 여러분의 팔과 손을 몸통 선 밖으로 움직여야 한다는 것을 명심하십시오.

자신의 어깨에서 바닥까지 수직으로 그려진 선을 상상해보십시오. 간혹 제스처는 이 선 안에서 이루어집니다. 이 선 밖의 제스처는 초대와 함께하자는 메시지를 뜻합니다. 개인에게 제스처를 사용한다면 손바닥을 펴고 하십시오. 이것은 "내 손을 잡으십시오"라는 제안처럼 참여와 파트너십을 전합니다. 계획되고 단호한 손동작은 생각을 시각적으로 전달할 수 있습니다. 여기 몇 가지 예가 있습니다.

- 여러분이 전달하는 요점의 개수를 보여주십시오.
  두 손가락을 들어올리며 "이것은 휘트먼이 제안한 두 번째 아이디어야"라고 말합니다.
- 글쓰기를 위한 아이디어를 뼈대로 한 개념을 표현하기 위해 공중에 그림의 틀을 그리십시오.

실습

- '한편'이라고 말할 때는 손바닥이 위를 향하도록 한 손을 펼치십시오. 그리고 '또 한편에'라고 말할 때는 다른 한 손을 펼쳐 손바닥이 위를 보게 하십시오.

다음을 말할 때 어떤 손동작을 취할지 생각해보십시오.

- 로마 제국이 멸망한 두 번째 이유~
- 이 문제를 끝내기 위해~
- 세포 가운데에 있는 것은 핵입니다.

자세

공원 벤치나 상점에 앉아 지나가는 사람들을 본 적이 있습니까? 잠깐이라도 해보십시오. 상상해보십시오. 꼬마가 경주하듯이 뛰어가며 깔깔 웃습니다. 그 아이는 재빨리 뒤돌아보고, 거의 넘어질 뻔하다가 다시 힘 있게 달립니다. 한편, 전화박스 안에서 한 남자가 구부정하게 서서 수화기를 듭니다. 그의 머리는 가슴까지 내려와 있고 신발을 기둥에 비벼댑니다. 고개를 절레절레 흔들고 천천히 전화를 끊습니다.

이 장면에서 두 사람의 느낌이나 분위기를 어떻게 묘사하겠습니까? 여러분의 결론은 무엇에 근거를 두겠습니까? 당연히 그들의 자세입니다. 몸은 마음의 내적 상태를 표현합니다. 이렇게 생각해보십시오. 자세는 표정, 목소리 그리고 제스처가 기댈 수 있는 틀 또는 발판입니다.

특정한 자세는 특정한 메시지를 표시합니다. 여러분의 몸동작과 키 그리고 신체의 편안함은 학생들에게 그대로 전달되어 편안함을 느끼게 합니다. 퀀텀 교사들이 신체의 몸놀림과 표현을 연습하기 위해 사용하는 것이 춤과 연극입니다. 여러분이 체육 강사와 같은 몸을 가지고 있는지 여부는 아무 상관이 없습니다. 중요한 것은 여러분이 어떻게 여러분 자신을 움직이느냐입니다. 즉, 여러분의 몸을 지탱하고 공간에서 움직이는 방식이 어떻게 되느냐입니다.

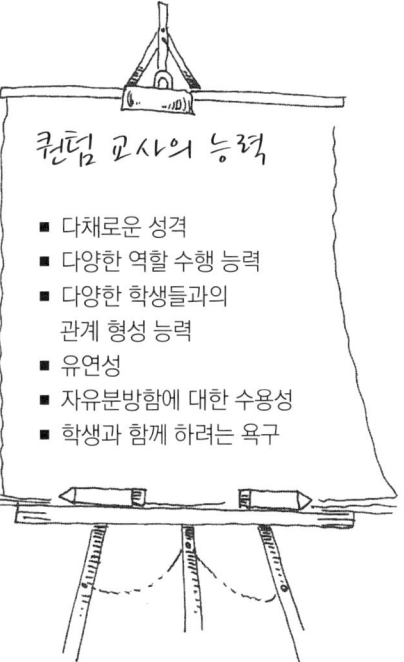

몸에 입은 옷처럼 여러분은 태도를 입습니다. 여러분이 어떻게 느끼고 무엇을 생각하는지는 여러분의 자세에 나타납니다. 여러분이 현재 학습하는 부분이나 모임 혹은 영화를 보는 것에 흥미를 느끼지 않는다면 학생들은 알아차릴 것입니다. 반대로 여러분을 흥분하게 하고 열정을 발휘하게 하는 것은 여러분의 자세에 나타납니다.

여러분이 가르칠 때 얼마나 자주 자연스럽게 경이로움, 솔직함 그리고 탐구적인 자세를 취하는지, 여러분의 자세가 무얼 말하고 있는지 돌아보십시오. 비디오 녹화는 좋은 거울이 되어줍니다. 수업 시간 전체를 녹화하십시오. 그리고 여러분의 메시지와 비언어적 커뮤니케이션의 일치성을 평가하십시오.

마틴 루터 킹이나 존 F. 케네디 같은 연설가의 비디오를 소리를 끄고 보십시오. 특정한 핵심사항을 만들기 위해 그들이 몸을 어떻게 움직이는지 관찰하십시오. 서서 그대로 따라하십시오. 처음엔 약간 이상하게 느껴지겠지만, 이 연습으로 여러분은 커뮤니케이션 효과를 극대화할 수 있는 기술을 만들 것입니다.

효과적인 프레젠테이션 패키지

상상해보십시오. 여러분은 교실 안에 있고 방금 수업을 마쳤습니다. 학생들에게 자신의 모둠으로 움직이라고 지시합니다. 아주 적은 학생만 움직입니다. 그래서 여러분은 다시 지시를 내립니다. 이제 모두 움직입니다. 교실 안을 돌아다니면서 많은 학생들의 노트 필기가 부실하고 가장 중요한 점이 빠져 있다는 것을 알아차립니다.

어떻게 이런 일이 벌어졌을까요? 여러분은 중요한 점을 강조했고 명확한 지시를 했다는 것을 알고 있습니다. 그럼 여러분이 빠뜨린 것은 무엇일까요? 그건 아마도 정보와 지시를 전달하기 위해 사용한 패키지일 것입니다. 패키지는 여러 요소들이 함께 작용하여 만들어지는 선물과 비슷한 복합체입니다. 여러분은 상자, 포장지, 끈, 리본 등을 가지고 있습니다. 이 모든 것을 조합해야 패키지가 완성됩니다.

이것은 프레젠테이션에도 해당됩니다. 지시에는 특별한 형태, 소리 그리고 느낌이 들어있습니다. 비슷하게, 학생들이 탁월해지도록 영감을 주는 것은 정보를 전달하는 것과는 다른 소리를 내고 다른 모습을 보입니다. 여러분의 영향력을 극대화하기 위하여 여러분이 전하고자 하는 말의 종류에 따라 특징을 만드는 것이 중요합니다.

여러분에게는 가르치는 순간, 지시를 내리는 순간, 영감을 주는 순간이 있습니다. 각각 서로 다른 이 특징들은 3가지 프레젠테이션 패키지로 구성됩니다. 탐험가, 리더 그리고 감독입니다. 이 각각의 프레젠테이션 패키지는 특정한 언어 패턴, 자세, 제스처를 가지고 있습니다.

각 프레젠테이션 패키지에 대해 살펴보겠습니다. 패키지들은 여러분의 커뮤니케이션 능력을 향상시키고, 학생들과 만든 결과물의 질을 높일 것입니다.

탐험가

여러분이 했던 최고의 수업 경험 가운데 하나를 상상해보십시오. 그리고 재생해보십시오. 좋습니다. 잠시 여러분을 완전히 그 순간에 머물게 하십시오. 장소, 학생들의 얼굴 표정들을 기억하십시오. 여러분이 말하는 것을 듣고, 여러분의 제스처를 느끼십시오.

여러분은 생생하고 몰입된 감정을 느끼고, 가르치는 자료에 대해 열정을 느낍니다. 이제 그 상상의 비디오에 일시 정지를 누르고, 표현과 제스처, 자세를 살펴보십시오. 어떤 점이 보이나요? 아마 가볍게 서서 마치 흥분이 여러분을 들어올리는 것처럼 몸을 약간 앞으로 숙이고 있을 것입니다.

비디오가 계속되면, 여러분이 어떻게 앞으로 갔다가 참가자들로부터 멀어지고, 어떻게 그들을 부르고, 어떻게 새로운 호기심으로 그들을 유혹하는지 관찰해보십시오. 여러분의 제스처, 목소리, 표현이 일치하여 흥미와 놀라움을 전달합니다. 여러분은 자신이 다음과 같이 말하는 것을 듣습니다.

"이것 좀 봐. 다음에 무슨 일이 벌어지는지 잘 들어봐. 여기를 봐. 이런 식으로 봐. 이것이 다른 것과 어떻게 연결되는지 잘 살펴봐. 이제 모든 것이 더 명확해지지 않았니?"

> **탐험가**
>
> 호기심, 놀라움, 흥분 그리고 발견했을 때의 느낌 등을 이끌어내기 위해 다음의 특징을 사용하여 학습내용을 전달하십시오.
>
> - 가볍게 서십시오.
> - 앞으로 살짝 몸을 숙이십시오.
> - 교실 앞에서 양쪽으로 움직이십시오.
> - 발견의 분위기와 매력을 유지하십시오.
> - 시각적, 청각적, 운동감각적 서술어를 사용하십시오.
> - 일체감을 만들기 위해 '~합시다', '우리'라는 단어를 사용하십시오.

여러분은 놀이 같은 분위기와 아이 같은 호기심을 내뿜습니다.

비디오가 계속되면, 여러분은 의식적으로 시각, 청각 그리고 운동감각적 서술어와 자세를 섞고, 가끔 똑바로 서고, 어떤 때는 살짝 무릎을 굽히고 제스처를 써가며 말합니다. "이쪽으로 와." 여러분의 목소리는 속도와 크기가 변하고, 하나의 요점은 속삭임과 억양의 변화로 강조됩니다.

학생을 빙그르르 돌면서 찍은 모습은 경청하는 자세, 호기심 가득한 얼굴 그리고 끄덕이는 머리를 보여줍니다. 여러분은 발견의 공간에 있습니다. 여러분은 탐험가의 패키지로 프레젠테이션을 하고 있습니다. 자연스럽게 느껴지지 않나요? 그리고 가르치는 것에 대해 흥미를 갖고 있고, 내용에 대해 흥분하며, 여러분이 흥미 있어 하는 것만큼 학생들도 흥미로워하기를 바란다면 여러분의 제스처와 목소리 그리고 표현은 일치된 메시지를 전달할 것입니다. "이것을 발견하십시오!"

이 프레젠테이션 패키지를 어떤 정보를 전달할 때, 특히 새로운 학습에 사용하십시오. 여러분의 표정과 태도에 호기심, 놀라움, 끌림, 흥분 그리고 발견의 느낌을 담는 것을 잊지 마십시오. 여러분이 그런 특징을 표출함에 따라 그 특징들이 학생들에게도 나타나는지 관찰하십시오.

리더

다시 한 번 다이내믹한 리더들이 연설하는 것을 들었을 때를 생각해보십시오. 아마 마틴 루터 킹 박사의 "나에게는 꿈이 있습니다"라는 연설이나 케네디 대통령의 "여러분의 나라가 여러분을 위해 무엇을 할 수 있는가를 묻지 말고…"라는 연두 교서를 기억할 것입니다. 이 사람들은 동기를 부여하고 영감을 주는 다른 많은 리더들처럼, 개인적인 열정에서 우러나오는 연설을 했습니다. 가치와 신념이라는 내면에 있는 분수가 특정한 제스처, 자세 그리고 언어 패턴을 통해 밖으로 분출됩니다.

상황이 여러분으로 하여금 학생들을 헌신과 행동 쪽으로 통합하고 영감을 주도록 촉구할 때가 있습니다. 이것은 학생들이 쓰레기를 줍도록 동기부여를 하는 것처럼 쉽고 간단할 수도 있고, 학교 졸업에 관한 더 미래 지향적인 관심사일 수도 있습니다.

잠깐 이 장면을 상상해보십시오. 최근까지 여러분의 학급은 끈기와 자기동기부여를 보여주었습니다. 그들은 인내심을 갖고 커리큘럼의 가장 어려운 부분을 완수했습니다. 그러나 최근 여러분은 변화를 감지했습니다. 여러분의 학급은 탁월함을 잃었고, 평범한 것에 만족해서 그냥 그대로 지내는 것처럼 보입니다. 전반전까지 지고 있는 팀의 코치처럼 여러분은 상황을 판단합니다. 여러분은 그들이 필요로 하는 것과 더불어 그들에게 능력이 있다는 것을 압니다. 또한 상황이 그들에게 달려 있다는 것도 알고 있습니다. 어떤 말이 가장 좋을까요? 여러분의 다음 말은 어떻게 전달되어야 할까요? 답은 열정, 확신 그리고 리더십을 가지는 것입니다.

학생들 앞에서 학생들과 눈을 맞추고 심호흡을 합니다. "여러분, 우리의 눈앞에는 도전이 있습니다. 그것은 여러분에게 새로운 것이 아닙니다. 여러분은 올해의 도전을 결단력 있게 받아들이고 차례로 정복했습니다. 여러분은 능력이 있습니다. 일 년 중 지금이 도전을 되돌리고, 그냥 내버려 두고, 태도 불명의 상태로 두기 쉬운 때입니다. (한쪽 발에 체중을 싣고 가볍게 한 발을 앞으로 움직이며 절반의 학생에게 말하기 위해 돌아섭니다.)

리더

학생들이 높은 수준의 성과를 내도록 영감을 주고 동기를 부여하기 위해 다음과 같이 행동하십시오.

- 발을 어깨넓이로 벌리고 곧게 서십시오.
- 한발을 다른 발 앞에 두십시오.
- 청중을 향해 한 방향으로 한 번에 조금씩 움직이십시오.
- 심호흡을 하십시오.
- 눈 맞춤을 유지하십시오.
- 시각적이고 운동감각적인 서술어를 주로 사용하십시오.

"우리는 지금까지 많은 것을 이루었습니다. 여러분이 자신을 자랑스러워하는 것만큼 나도 여러분이 자랑스럽습니다. 여러분은 헌신과 인내를 보여주었습니다." (이제 체중을 다른 발로 옮기고 나머지 반에게 연설하기 위해 돌아섭니다.) "여러분은 여러분의 학문적인 인생에서 가장 먼 길을 왔습니다. 여러분은 빨리 배울 수 있다는 것을 스스로 증명했고…, 우리는 서로가 최고가 되도록 도와주기 위해 함께 왔습니다." (이제 몸을 앞으로 숙인 채로 똑바로 섭니다.) "우리가 할 수 있는 모든 일을 다해 최고의 노력을 기울이고, 우리의 놀라운 잠재력을 계속해서 믿어봅시다."

리더십 패키지는 우리 안에 있는 깊은 신념과 우리가 가르치는 학생들을 향한 높은 희망을 이끌어내고, 단순 명쾌함과 영감을 통해 커뮤니케이션하도록 돕습니다. 학생들은 때때로 우리가 그들을 더 높은 곳으로 불러주고, 우리가 보았던 잠재력을 끌어내고, 신념을 회복시켜주기를 바랍니다. 위의 예가 약간 부자연스럽게 보일 수도 있지만, 그들의 성공을 보고자 하는 여러분의 진실한 소망은 그들을 헌신과 행동으로 이끌 필수 요소입니다.

감독

탐험가와 리더와는 다르게 감독(디렉터) 패키지는 여러분의 지시에 힘과 정확함을 더해줍니다. 때때로 여러분의 지시에 대한 결과가 만족스럽지 못하기도 합니다. 왜냐하면 정보가 부족한 지시이거나 여러분이 가르칠 때의 음성과 별다른 차이점이 없기 때문입니다.

하나의 지시를 계속 반복해서 말해본 경험이 있습니까? 또는 지시로 인해 학생들이 하던 일에서 손을 떼게 만들고, 다양한 해석으로 오해를 부른 적이 있습니까? 여러분이 지시를 잘 만듦으로써 이러한 시나리오를 피할 수 있을뿐더러 지시가 완전하고 단순하고 확실하게 전달될 수 있습니다. 감독 방식에 따라 학생들은 자신의 임무를 명확히 이해하고 행동하게 됩니다. 여러분이 지시를 디자인하거나 전달할 때 다음의 5가지 요소를 사용하십시오.

언제: 사람들이 무엇인가를 '언제' 했으면 하는지, 처음에 밝히십시오. 예를 들면 '45초 동안' '내가 시작!' 이라고 외치면' 같은 말입니다. 이 방법은 어쨌든 학생들에게 즉각 실행해야 한다는 정보를 줍니다. 또한 여러분이 마무리 지시를 내리기 전까지 학생들이 일어나서 다른 일을 하는 것을 막아줍니다.

누구: 누구에 관한 것인지, 누구에게 적용되는 것인지 구체적으로 표현하십시오. 그 결과 각 개인은 집중합니다. '우리 반 모두가…' '이쪽 학생들만…'

지시: 학생들이 임무 또는 임무의 한 부분을 해낼 수 있도록 구체적이고 간결하며 시간에 맞춘 정보를 주십시오. 가능하다면 핵심 정보를 칠판, 플립 차트, OHP에 써놓으십시오. 아니면 다른 말과 톤으로 지시를 반복하십시오. "15장에 나오는 3가지 주제에 대해 토론하고, 오늘의 학습일지를 끝내세요. 자신의 모둠으로 이동하세요."

감독

학생들이 행동할 수 있도록 다음과 같이 하십시오.

- 바로 서십시오.
- 어깨를 펴십시오.
- 눈 맞춤을 유지하십시오.
- 강한 음성과 유쾌한 얼굴을 사용하십시오.
- 문장을 시각, 청각 그리고 운동감각인 서술어로 만드십시오.

지시문 시작법

지시의 원활함과 효과성을 높이기 위해 다음을 연습하십시오.

- 약 60초 안에~
- 잠시 멈추세요.
- 이제 곧 여러분은 ~할 기회가 있을 겁니다.
- 일어서세요(몸과 목소리를 말과 일치시키십시오).
- 음악이 시작되면~
- 내가 시작이라고 말하면~
- 모두 위를 보세요. 아래를 보세요. 앞을 보세요. 그리고 박수를 치세요.
- 2분 동안~
- 마무리하시고~ 파트너와 인사하세요.
- 다음 내용을 알면 굉장히 흥미로울 거예요.
- 이 임무를 완수하기 위해 알아야 할 3가지가 있습니다.

점검: 이해도를 점검하십시오. "이 부분에 대해 질문할 것이 있니?"라고 물으십시오. 아니면 (1) 질문 있음 (2) 이해했음 (3) 가르칠 수 있음, 이중에서 어느 수준으로 이해했는지 물어보십시오.

행동: 지시의 마무리는 행동을 촉구하는 말로 하십시오. 학생들에게 언제 시작할지 알려주십시오. '시작' '출발' '착수' '탑승' '몰입' 혹은 다른 어떤 것이라도 적절한 시작법을 사용하십시오. 지시를 내릴 때는 주의를 끌면서 고상함과 교감을 유지하는 보디랭귀지를 같이 쓰십시오. 동작이 필요한 동사로 문장을 끝내십시오. "책을 꺼내세요." "펜을 잡으세요." "이 쪽을 보세요." "15페이지 차트를 보세요." "받아 적으세요."

 **앵커링**

이것을 상상해보십시오. 장작불이 활활 타올라 불꽃이 너울거리며 춤을 추고, 연기는 큰 전나무 숲을 지나 별이 반짝이는 하늘까지 꼬리를 물고 흩어집니다. 그리고 통밀 크래커와 초콜릿 사이에 자리 잡은 하얀 마시멜로가 노릇노릇하게 구어지고 있습니다. 웃음과 포옹이 가득한 밤 공기 속으로 노래가 깃듭니다.

위의 문단을 읽으면서 어떤 연상, 느낌, 생각이 들었나요? 캠프파이어의 장면과 냄새가 많은 사람들에게 단란함, 따뜻함, 휴식의 느낌을 불러일으킬 것입니다. 매일 일어나는 많은 사건은 예측할 수 있는 반응을 이끌어냅니다. 경찰 사이렌, 오래된 노래 가사, 병원 냄새, 분필가루가 쌓이기 전의 정렬된 책상…. 이 '앵커링(anchoring)'들은 친숙하고, 예측 가능한 삶을 만듭니다. 여러분은 앵커링의 힘을 사용해 학생들로부터 유용한 연상과 긍정적인 반응을 이끌어낼 수 있습니다. 프레젠테이션 패키지나 학생의 참여를 유도하는 언어 사용과 비슷한 효과를 내는 앵커링은 부드러운 전환과 최적의 학습 상태를 촉진합니다.

신경언어학에 따르면, 앵커링은 주어진 자극에 연상된 반응이라고 정의될 수 있습니다. 우리는 많은 자연적 앵커링을 경험합니다. 야구방망이에 생긴 금, 깜박거리는 빨간불, 라디오에서 나오는 노래, 이 경험들은 생각과 기억과 느낌을 이끌어냅니다.

이런 일들은 여러분의 학급에서 항상 벌어지고 있습니다. 여러분이 서 있는 장소에서부터 만드는 동작까지, 학생들은 특정한 상태나 반응을 보이도록 조건화됩니다. 여러분은 이것을 유리하게 사용할 수 있습니다. 우리는 교수법과 학습에 가장 유용한 세 가지 앵커링에 대해 살펴볼 것입니다. 개인 경험, 위치 그리고 소리에 대한 앵커링입니다.

개인 경험 앵커링

많은 운동선수, 연주자, 배우 그리고 연사들이 그들의 성과를 극대화하기 위해 앵커링의 힘을 사용합니다. 어떻게 그것이 행해지는지 보십시오. 예를 들면, 여러분이 최고의 순간보다 낮은 상태라고 느낄 때 최고의 교육 순간을 앵커링하기 원한다면, 여러분은 자신을 좀 더 충만한 상태로 이끌 수 있습니다.

먼저 심호흡을 하십시오. 여러분에게 최고였던 순간을 떠올리십시오. 학생들이 몰입해 있고, 여러분은 강한 교감 상태에 있고, 수업 내용은 빈틈이 없습니다. 무엇을 생각하고 있었나요? 어쩌면 이런 생각을 하고 있었겠죠. "지금 이 순간이 즐거워!" "그들은 나와 교감하고 있

> 여러분의 개인적인 닻(anchor)을 기록하십시오. '최고의 순간'을 묘사하는 이미지나 단어들을 빠르게 쓰십시오.

어." "이 자료를 알아." "다음 결과가 무엇일까?"

무엇을 느낄 수 있었습니까? 아마도 여러분은 기쁨, 열정, 흥분, 호기심을 경험했을 것입니다. 될 수 있는 한 그 순간에 머무르십시오. 여러분이 어디에 있는지, 무엇을 하고 있는지 그리고 어떤 소리가 들리는지 관찰하십시오. 이 상황을 묘사할 수 있는 단어를 선택하십시오. 힘, 행복 혹은 기쁨과 같은 단어들일 것입니다.

이제 주먹을 꽉 쥐고 그때의 느낌이 생생하게 다가올 때 여러분의 단어를 외치십시오. 이 '최고의 순간' 비디오를 반복 재생하십시오. 그리고 그때의 감정이 다시 살아나면 여러분의 단어를 말하며 주먹을 꽉 쥐십시오. 이제 최고로 가르쳤던 순간에 대한 앵커링을 만들었습니다. 매번 주먹을 꽉 쥐고 단어를 반복적으로 외치는 것을 기억하십시오.

이제 최고가 아니었던 사건을 떠올려보십시오. 그러면서 주먹을 꽉 쥐고 여러분을 감싸고 있던 최고의 순간에서 떠올렸던 연상을 느껴보십시오.

이것이 개인 경험의 앵커링입니다. 이것은 자신이 가지고 있는 최고의 것을 이용하는 앵커링입니다. 수업을 시작할 때마다, 여러분이 당면한 일에 대해 부족한 느낌을 받을 때마다, 심지어 비관적인 순간에도 이 기법을 사용하십시오. 여러분은 강력하고 충만한 상태를 이용할 수 있는 능력이 있습니다. 그렇게 하기 위해 여러분 개인 경험의 앵커링을 사용하십시오.

위치 앵커링

노련하고 다이내믹한 연설가를 보면 위치 앵커링이 어떻게 작용하는지 알 수 있습니다. 다음 요점으로 전환하는 것을 보여주기 위해 실제로 한 걸음 내디디며 한 요점에서 다른 요점으로 이동합니다. 또 강단 위의 다른 장소(연단의 옆 부분도 마찬가지)는 일화나 농담만을 위해 사용됩니다. 그렇기 때문에 연사가 그 위치로 이동할 때마다 청중들은 이야기나 농담을 기대합니다.

> ## 특별 게시판
> ### 여러분의 행동은 말보다 강하다!

설명 지점

이 기술은 여러분의 교실에서도 유익합니다. 교육 신경언어학 전문가인 마이클 그라인더의 말을 들어봅시다. "교사가 계속 특정한 비언어 동작과 개념 혹은 아이디어를 같이 사용하면, 비언어와 개념은 연결됩니다(그라인더, 1991)."

교실의 앞쪽은 전통적으로 설명 지점입니다. OHP가 투사되고, 화이트보드가 위치하고, 실험이 진행됩니다. 여러분이 이 장소에 있을 때 학생들은 지금이 지식, 사실, 질문 등을 듣는 시간이라는 것을 알고 있습니다(이 설명 지점은 특히 여러분이 일체감을 느끼게 하며 시선을 끌어들이는 탐험가 패키지를 사용할 때 강한 효과를 냅니다). 여러분은 학생들의 반응에 깜짝 놀랄 것입니다. 여러분이 설명 지점으로 이동할 때, 학생들은 펜을 들고 노트에 필기할 준비를 합니다.

규율 지점

교실 옆쪽 혹은 규칙이나 규율 포스터를 붙여 놓은 곳 근처에는 '규율' 지점이 있습니다. 이곳은 학생들이 자신의 행동에 대한 피드백을 받는 장소입니다. 목소리를 낮추고, 말을 천천히 하세요. 조용히 호흡하며 의미심장한 눈길을 보내면 학생들의 주의를 끌게 됩니다. 커뮤니케이션 방법으로 O.T.F.D.(9장 참조)를 사용할 때, 여러분은 '거울' 역할을 하면서 태도, 행동, 말 등을 고칠 필요가 있다는 정보를 학생들에게 제공합니다.

몇 번의 앵커링이 사용된 뒤에 학생들은 그 지점에서 무슨 일이 일어나는지 알게 됩니다. 수업이 혼란스러울 때 그 지점으로 움직이는 것만으로도 집중하고 경청하는 상태를 이끌어냅니다.

이야기 지점

교실의 한구석은 이야기나 농담을 위한 지점으로 사용될 수 있습니다. 이곳에서 여러분은 목소리를 바꾸고, 큰 제스처와 각 캐릭터를 위한 과장된 표정을 사용해 이야기를 합니다. 여러분이 이야기를 시작할 때, 학생들의 자세가 어떻게 바뀌는지 살펴보세요. 똑바로 앉은 상태에서 몸을 살짝 앞으로 숙이거나 뒤로 편안히 기댈 것입니다.

정보 지점

여러분은 핵심 아이디어나 확실한 정보를 전달하기 위한 특별한 장소를 앵커링할 수 있습니다. 정보 지점이라고 알려진 이곳은 교실 앞쪽 바닥에 커다란 X 표시를 해놓은 장소입니다. 여러분이 X 표시 쪽으로 가까이 가는 동안에 학생들이 몸을 앞으로 숙이고 주의 깊게 듣도록 하십시오. X 표시 위로 올라서며 목소리를 낮춰서 핵심정보, 단어, 공식 혹은 다른 좋은 정보를 전달하십시오. 이것은 주의와 집중을 증가시키는 데 꽤 효과적인 상태 변화(state change) 방법입니다.

정보 지각 양식 골목

여러분이 서 있는 장소와 거기서 하는 말은 학생들의 학습 정보 지각 양식을 일깨울 수 있습니다. 이 앵커링을 위해 탐험가 패키지를 사용하십시오.

여러분의 교실 앞에 3개 영역이 있다고 생각하십시오. 화이트보드 가까이에 하나가 있고, 다른 하나는 그 앞쪽에 그리고 그 앞에 하나가 더 있습니다. 화이트보드 가까이에 있는 첫 번째 영역은 시각 골목입니다. 이곳은 정보가 주어지고, 사실들이 공유되고, 원리가 작용하는 등의 장소입니다. 여기서 정보는 쓰이거나 보입니다. 바로 서서 자신감 있게 시각적으로 전달되는 언어를 사용하십시오. "무슨 뜻인지 보이나요?" "큰 그림이 있습니다." "이제 이것은 확실해질 것입니다."

한두 걸음 앞으로 가서 청각 골목에 들어갑니다. 여러분의 목소리는 확연히 달라지고, 말은 자연스러운 리듬을 탑니다. 이곳에선 시각 골목에서 주어진 정보를 강화하기 위해 설명, 일화, 비유, 은유가 행해집니다.

또 한두 걸음 앞으로 갑니다. 이곳은 학생들과 아주 가깝다고 해서 이름 지어진 운동감각 골목입니다. 여러분이 '손을 뻗어 닿을 수' 있는 곳에 학생들이 있습니다. 이 골목은 모둠을 만들고, 다른 자리로 이동하고, 일어나서 스트레칭을 하는 등 학생들을 안내하고 지시하기 위해 주로 사용됩니다. 이곳은 또한 감동적인 이야기를 들려주거나 학생들의 책상 위에 걸터앉아 이야기할 때 사용될 수 있습니다.

이 골목에 있는 동안 감독 패키지를 사용하십시오. 가까이 접근하여 위엄 있게 학생들을 행동하게 만드십시오. 한편, 감정을 사로잡는 이야기 (등장인물의 삶에서 어떤 순간, 제1차 세계대전 때 참호의 상황, 혹은 원자의 결합 시 전자의 손실과 같은)를 할 때에는 그들에게 가까이 다가가십시오. 이것은 이야기와 연결되는 느낌을 단단하게 해줍니다. 말의 속도를 늦추고 운동감각적 단어와 문구에 집중해야 한다는 사실을 기억하십시오. 갖다,

앵커링을 사용하십시오.

- 개인 경험
- 위치
- 소리

잡다, 쥐다, 느끼다, 만지다, 둘러싸다, 포장하다, 감싸다, 달라붙다 등입니다. 또 부드러운, 거친, 꺼끌꺼끌한 등의 촉감 단어도 마찬가지입니다.

여러분이 3개 골목의 목적을 이해하고 속도, 자세, 언어 사용에 대한 능력을 늘려가면 학생들이 여러분을 따르는 모습을 보게 될 것입니다. 여러분이 시각 골목에 들어서면 학생들은 펜을 들고 정보를 써내려갈 것입니다. 여러분이 설명하면 그들은 종이에서 펜을 떼고 약간 뒤로 기대앉을 것입니다. 여러분의 목소리 톤과 설명에 따라 그들은 움직일 준비를 할 것입니다. 그리고 여러분이 운동감각 골목으로 들어서며 펼치는 이야기에 빠져들 것입니다. 이 각각의 지점을 앵커링함에 따라 여러분은 그에 알맞은 상태를 이끌어낼 수 있습니다. 시도해보십시오! 분명 만족하실 겁니다.

소리 앵커링

여러분과 학생이 하는 말은 특정한 연상을 이끌어냅니다. 예를 들어 "오늘의 숙제는…" 하고 말하면, 학생들은 주로 어떻게 반응하나요? 맞습니다. 대부분이 신음소리를 냅니다. 학습에 도움이 되는 반응인가요? 아닐 겁니다.

콜로라도 주에서 '올해의 교사' 상을

노련한 교사 롭 애버내시는 하루 동안 자리를 비울 것을 대비해 위치 앵커링을 그의 학급에 도입했습니다. 대리교사를 위한 일이었습니다.

A선생님(학생들은 다정하게 그를 A선생님이라고 부릅니다)은 교실 한쪽에 '특별 지점'이라는 장소를 만들었습니다. 학생들이 떠들거나 지각할 때, 자료 준비 등 약속을 잊어버렸을 때, 그는 차분히 '특별 지점'으로 걸어가곤 했습니다. 그곳에서 A선생님은 목소리를 낮추고, 호소력 있게 말했습니다. 그리고 그들의 잘못된 행동을 인식하도록 만들었습니다. 그는 학생들과의 약속을 상기시키고 상황을 개선하기 위한 방법을 이끌어냈습니다. 마침내 학급은 다시 합의를 하고, 하던 일로 돌아가도록 지시받았습니다.

대부분 4, 5학년 수업이었기 때문에 대리교사가 오는 날은 그들의 한계점을 시험하는 날입니다. 학생들은 이 특별한 날, 교실 안 책상들이 재배치되어 있는 것을 발견합니다. 거기에 대해 깊이 생각하지 않고 그들은 자리에 앉습니다. 대리교사가 그들을 맞았고, 수업이 시작되었습니다.

다음날 아침 A선생님은 학교에 도착해서 대리교사의 보고서를 받았습니다.

> 선생님의 학생들을 가르친 것은 영광이었습니다. 그들은 예의 바르고, 협동적이고, 친절했습니다. 우린 선생님이 남겨놓았던 계획을 완수하였고, 심지어 복습 게임을 하고도 제가 준비한 특별한 이야기를 할 수 있을 정도로 시간이 남았습니다. 다음에도 선생님의 대리교사로 즐겁게 일할 수 있을 것 같습니다.

A선생님은 미소 지었습니다. 그것은 효과가 있었습니다. 그는 책상을 모두 '특별 지점'을 향하도록 배치해두었던 것입니다.

받은 케빈 T. 어빈처럼 전통을 만드십시오. 그가 '숙제'라는 말을 꺼내면 교실은 박수와 환호로 폭발합니다! 극단적으로 들리나요? 어쩌면 케빈은 앵커링이 이끌어내는 연상의 힘을 알고 있었을 겁니다. 학생들은 '시험'이나 '퀴즈'라는 말에 반응해 자신감과 힘 있는 목소리로 "빨리 시험문제 주세요!"라고 말하기도 합니다.

학생들의 반응을 이끌어내는 핵심 단어나 문구를 생각해보십시오. 긍정적인 연상을 앵커링하고 학생들을 '척' 하게 만드는 소리 반응을 만드십시오(3장 참조).

카이젠의 힘

커리큘럼의 전달을 오케스트레이션하는 것은 높은 수준의 기술입니다. 커리큘럼이 종종 생각했던 것과 다르기 때문에 학생이 확실하게 받아들일 수 있도록 하기가 어려울 수 있습니다. 따라서 이렇게 말하십시오. "우리가 이것을 배워야 할까?" "이것이 어떤 것과 관계가 있을까?" "이것을 언제 사용하게 될까?"

퀀텀 교사로서 여러분의 과제는 놀라움, 호기심, 매혹, 그리고 열정을 가지고 커리큘럼을 전달하는 것입니다. 각기 구별이 되는 프레젠테이션 패키지에 일치하는 비언어 동작과 함께 정보 지각 양식 맞추기, 이미지 끌어내기, 초점 유도하기, 일체감 주기, 구체적 기법 사용하기 등은 여러분의 커뮤니케이션에 명쾌함을 더합니다.

여러분은 이 장에서 여러분의 커리큘럼 전달을 오케스트레이션하는 것에 대해 많이 배웠습니다. 한 번에 하나씩 실행하고 능숙해지도록 하십시오. 작은 것부터 시작하십시오. 여러분이 빨리 숙지할 수 있는 것부터 시작하십시오. 그리고 무엇을 하든, 무조건 시작하십시오. 훌륭한 교사는 일본 자동차업계의 생존 방식인 '카이젠(옮긴이주: 우리말의 '개선'을 뜻하는 일본어)'의 힘을 믿습니다. 작고 겉보기엔 보잘 것 없지만, 계속적이고 끝없는 향상이라는 뜻을 가진 '카이젠'을 실행하는 훌륭한 교사가 된 여러분 자신을 축하하십시오.

여러분은 정보 지각 양식 맞추기에서 앵커링까지, 이미지 끌어내기에서 탐험가까지, 초점 유도하기에서 보디랭귀지까지, 다이내믹한 프레젠테이션의 기초를 잡았습니다. 이 퀀텀 교수법의 디자인 틀과 조화된 기초들(정보 지각 양식 만들기, 커뮤니케이션의 원칙, 일치된 보디랭귀지, 프레젠테이션 패키지 그리고 앵커링)은 여러분을 학생의 성취감을 높이는 거장으로 만듭니다.

> 훌륭한 교사는 많은 일본인들의 삶의 방식인 '카이젠'의 힘을 믿는다. 카이젠은 작고 겉보기엔 보잘 것 없지만 계속적이고 끝없는 향상이라는 뜻이다.

I Know!

여러분이 아는 것에 체크하세요.

- ☐ 정보 지각 양식 맞추기
- ☐ 이미지 이끌어내기
- ☐ 초점 유도하기
- ☐ 일체성
- ☐ 구체성
- ☐ 목소리
- ☐ 표정
- ☐ 제스처
- ☐ 자세
- ☐ 탐험가 패키지
- ☐ 리더 패키지
- ☐ 감독 패키지
- ☐ 앵커링

Celebrate!

축하합니다!
다이내믹한 커리큘럼에 있는
강력한 프레젠테이션!

축하

07

7장_ 내용

참여와 상호작용을 이끌어내는 명쾌한 퍼실리테이션

- **a** KEG의 3가지 원칙
- **b** 퍼실리테이터의 관점에서 본 성공모델
- **c** 학생 상태 읽기
- **d** 행동을 통해 태도에 영향 주기
- **e** 사고 전략 끌어내기
- **f** 학습의 디브리핑 순간

가입

학생들이 더 일관적으로 학습에 참여한다면 어떻게 될까요?

여러분이 학생들의 학습 준비 태도와 학습 능력을 '쉽게 만들고 키울' 수 있다면 어떻게 될까요?

경험

상상해보세요. 콜린은 시계를 보고 믿을 수가 없습니다. 마치 1분 전에 시작한 것 같은데 벌써 수업이 끝났습니다! 그는 이 사실에 매일 감탄합니다. 다른 교사들의 수업은 느리게 흘러가는데 이 수업은 빠르게 돌아갑니다. 상황이 비슷한 것 같음에도 불구하고 콜린은 다른 수업보다 이 수업에서 더 많이 배운다는 것도 알게 됩니다. 그는 시계가 고장 난 것이 아닌가 두드려보며, 왜 그럴까 궁금해합니다.

콜린의 질문에 대한 답은 아마 이 한 단어로 정리될 겁니다. 퍼실리테이션!

이전 장에서 말했던 것처럼, 퀀텀 교사로서 여러분은 학습 환경 안에서의 상호작용을 우선순위에 놓습니다. 여러분은 학습자들 사이에서 일어나는 것뿐만 아니라 여러분과 학습자 사이에서 일어나는 상호작용의 질에도 주의를 기울입니다. 게다가 여러분은 커리큘럼을 가지고 학습자들의 상호작용을 관찰합니다.

이 시점에서 여러분은 EEL Dr. C.의 도움을 받아 다이내믹한 퀀텀 교수법 수업을 위한 디자인을 손에 넣게 되었습니다. 우리는 커리큘럼을 품위 있게 전달할 아이디어도 주었습니다. 이제 학습자와 커리큘럼 사이의 상호작용을 퍼실리테이션하는 것에 초점을 맞추겠습니다.

이 장면을 그려보십시오. 학생들이 수업을 듣기 시작한 지 20분이 지났습니다. 교사는 최소한의 참여와 몇 차례의 방해를 받으며 상호작용하는 강의를 방금 마쳤습니다. 그는 최선을 다해 토의를 활성화했고, 학생들의 생각을 끌어내는 질문을 던졌고, 심지어 주요 사항을 OHP에 비추기까지 했습니다. 여전히 참여는 저조했습니다. 30분이 남았는데, 그는 무엇을 해야 할지 고민합니다.

이런 장면을 여러분의 교실에서 본 적이 있습니까? 이러한 일이 벌어졌을 때, 여러분은 무엇을 합니까? 어떻게 학습자들을 학습 과정에 참여하도록 만듭니까? 어떻게 흥미를 유지하고, 집중을 계속하도록 하며, 참여를 높입니까? 어떻게 학습 순간을 극대화시킵니까?

우리의 대답은 학습자와 커리큘럼 사이의 상호작용을 오케스트레이션하라는 것입니다. 학생들이 쉽게 참여할 수 있도록 만드십시오.

첫 번째, 항상 여러분이 원하는 최종 결과가 무엇인지 알면서 시작하십시오. 결과에 대한 확실한 모습을 갖고 시작하십시오. 이것은 수업 시 존중의 수준, 과제의 질, 과업을 완수하기 위해 걸리는 시간 등에 대한 결과일 수 있습니다. 여러분이 원하는 결과를 명확히 아는 것은 여러분을 제대로 된 방향으로 가게 하고, 학생들을 쉽게 성공에 이르게 합니다.

그럼 어떻게 제대로 된 방향으로 가고 학습자들이 따라오도록 만들겠습니까? 작은 통(KEG)을 사용하십시오! 여러분이 '작은 통'을 읽을 때 어떤 것이 떠오르나요? 음료수가 들어 있는 큰 금속통? 화약이 들어 있는 작고 낡은 통? 둘 다 맞습니다. KEG의 3가지 원칙을 효과적으로 사용하면 폭발을 방지하고 음료를 즐길 수 있을 것입니다. 알아라(Know what you want), 설명하라(Explain what you want), 얻어라(Get what you want).

ⓐ KEG의 3가지 원칙

알아라(Know It)

K는 알아라(Know)입니다. 원하는 것을 알아야 합니다. 이것은 '로마 제국을 멸망으로 이끈 3가지 사실'처럼 인지 중심적인 결과일 수도 있고, '수업을 위해 준비된' 것과 같은 기술 중심적인 결과일 수도 있습니다. 이 결과가 어떤 모습일지 아십시오(사건과 결과를 한눈에 알 수 있도록 3가지 사실을 도표에 나열함). 결과가 어떤 소리일지 아십시오(도표를 완성하기 위해 학생들이 서로 대화함). 결과가 어떤 느낌일지 아십시오(학생들이 정보를 얻기 위해 차분히 책장을 넘김). 결과가 어떤 모습, 소리, 느낌인지 아는 정도는 곧 여러분이 명확히 소통하고 원하는 결과를 얻을 수 있는 정도입니다.

매일 KEG를 사용하십시오.

- 알아라.
- 설명하라.
- 얻고 피드백하라.

설명하라(Explain It)

작은 통의 다음 원칙은 설명하라(Explain)입니다. 여러분이 결과의 모습, 소리 그리고 느낌을 명확히 알았다면 설명하십시오. 어떻게 마음속에 그리는지 학생들에게 말해주십시오. 강력한 커뮤니케이션의 4가지 원칙을 사용하십시오(이미지를 이끌어내십시오, 초점을 유도하십시오, 일체감을 느끼게 하십시오, 구체적으로 하십시오). 예를 들어봅시다.

결과: 학생들은 모둠으로 이동합니다.

감독 패키지: "내가 '모둠!' 하고 외치면 동시에 일어나서 노트와 책을 들고, 빠르고 안전하게 모둠 장소로 이동하십시오. 서 있는 상태에서

나머지 지시를 주의 깊게 들으십시오. 모둠!"

빈약한 결과는 종종 불충분한 커뮤니케이션에 의해 일어납니다. 작업의 질, 상호작용의 수준, 자원의 사용 등에 관한 여러분의 기대를 설명하십시오. 여기 또 다른 예가 있습니다.

결과: 3개의 팀으로 나뉜 학생들은 물의 순환을 시각적으로 나타내는 포스터를 만듭니다.

감독 패키지: "과제는 간단합니다. 품질은 뛰어나야 합니다. 어떻게 해야 하는지 가르쳐주겠습니다. 시각적으로 물의 순환을 나타내십시오. 뒤쪽 탁자에 있는 포스터 종이와 마커펜을 사용하십시오. 물의 순환을 색깔로 표현하고, 적절히 명칭을 붙이고, 가능한 자세한 정보를 담으십시오." (이 세 가지 특징은 칠판/OHP에 쓰여 있습니다.) "포스터를 15분 안에 완성하십시오. 우리는 3개 팀으로 나누어 이 작업을 할 것입니다. 각 팀원들의 아이디어를 존중하십시오. 주위를 둘러보고 이 프로젝트의 동료로 삼고 싶은 사람 둘을 찾으십시오. 내가 '물의 순환' 하고 외치면 모둠을 만들고, 자료를 가지러 한 사람을 보내십시오. 물의 순환!"

얻어라(Get It)

학생들이 작업을 시작하면, 여러분은 KEG의 'G(Get, 얻어라)'로 들어섭니다. 얻고 피드백하라! 결과를 얻으십시오. 학생들이 시작할 때 주의 깊게 보고 들으십시오. 정확한가요, 그렇지 않은가요? 그들에게 알려주십시오. 피드백을 주십시오. 잠시 학습을 멈추게 한 뒤 그들이 어떻게 하고 있는지 알려주십시오. 그러나 학생들로부터 수정이 필요한 것을 끌어내고 다시 시작하는 것이 더 좋습니다.

위쪽의 예로 돌아가 보겠습니다. 학생들은 팀을 형성하고 자료를 모습니다. 3분 뒤에 대부분의 학생들이 프로젝트와 상관없는 주제에 대해 이야기하는 것을 발견합니다. 여러분은 이렇게 말합니다. "내 목소리를 들을 수 있으면 손을 드십시오."(손을 든 상태로 잠시 멈추십시오.) (이번엔 부드러운 목소리로) "내 목소리를 들을 수 있다면, 이쪽으로 의자를 돌리십시오."(멈추고 미소를 지으십시오.) "고마워요. 여러분이 3인조로 뭉쳐서 자료를 모으는 것을 봤습니다. 또한 물의 순환 외에 다른 주제에 대하여 크게 이야기하는 것도 보았습니다. 여러분이 과제에 대해 또는 지시에 대해 잘 모르는 것인지, 그리고 그것이 크게 이야기하는 이유인지 알고 싶습니다. 내가 답변해줄 질문이 있나요? 어떻게 해야 여러분이 물의 순환 포스터에 집중할 수 있을까요? 이 문제의 해결 방법에 대해 생각해주십시오."(잠시 멈추십시오.) "아이디어가 있는 사람 있나요?"

이 세 번째 원칙(얻고 피드백하라)은 특히 학년 초나 매 학기 초반에 원하는 결과를 얻는 효과를 가져오기 때문에 매우 중요합니다. 이 세 번째 원칙을 배우십시오. 그러면 더 높은 수준의 상호작용에 여러분의 모든 주의를 집중할 수 있습니다. 예를 들면, 고차원적 사고 기법이나 토의와 프로젝트의 질에 집중하기 위해서, 처음 그것을 소개할 때 일상적인 절차가 명확히 전달되고 관찰되어야 합니다.

처음에 여러분은 실행을 확실히 하기 위해 자주 피드백을 주고 싶을 겁니다. 때로 기대 밖의 결과들도 있지만 시간이 지남에 따라 줄어듭니다. 학생들이 하는 것을 주의 깊게 보고 들으십시오. 만약 여러분이 그려준 그림과 다르게 행동하는 것을 발견한다면, 이번에는 좀 더 정확한 피드백으로 그들을 이끄십시오. 일관적이고 구체적인 피드백을 주는 능력은 여러분의 학습 공동체 안에서 단단한 기초를 위한 토대를 놓습니다. 부드럽게 달리는 배가 환상적인 항해를 할 수 있습니다!

> 여러분의 일상 중 한 부분에 KEG를 적용해보는 시간을 가지십시오. KEG의 각 부분에 대한 주요 내용을 써보십시오.

7장_ 퍼실리테이션

잠시 멈춰서 여러분 교실 분위기의 질서 정연함을 생각해보십시오. 질서는 창의력과 학습을 조성합니다(케인&케인, 1997). 여러분은 엄격함을 찾는 것이 아니라 창의력이 활성화될 수 있도록 체계를 잡아나가는 것입니다. 잠시 여러분이 일상적으로 하는 것과 절차에 대해 집중해보십시오(과제 돌려주기, 교구 가져오기, 교실 드나들기). 상상했던 것처럼 학생들이 일관적이며 효율적으로 실행하나요? 잠시 시간을 갖고 교실의 절차 가운데 하나에 대해 분석해보십시오. 만약 여러분이 다시 가르쳐야 한다면, '작은 통'을 사용하여 가르치십시오.

ⓑ 퍼실리테이터의 관점에서 본 성공모델

이제 여러분은 결과를 마음속에 그렸습니다. 어떻게 학생들을 성공하도록 오케스트레이션할 수 있습니까? 아마 여러분은 학생들을 학습하도록 만드는 것이 여러분의 책임이라고 생각했을 것입니다. 하지만 그런 생각은 하지 마십시오. 학습의 책임은 학생들에게 있습니다. 여러분이 가르치는 것을 학습할지 안 할지는 학생들이 순간순간 선택합니다.

이제, 무슨 역할을 하십니까? 여러분 자신이 학습의 디자인과 오케스트레이션에 대해 100퍼센트 책임이 있다고 생각하십시오. 그러면 학습은 매력적이고, 유혹적이고, 흥미롭고, 경이와 발견으로 가득하게 됩니다. 그렇게 함으로써 여러분은 학생들이 성공을 선택할 가능성을 높입니다.

여러분은 어떻게 학생들이 성공하도록 오케스트레이션 혹은 설정을 합니까? 처음 학습하는 순간에 학생들의 성공을 확실히 하기 위해 5장에서 배운 요소들을 다시 생각해보십시오.

- 다중감각/다중지능 우선 노출
- 정보 단위 묶음
- 잦은 복습

이제 퍼실리테이터의 관점에서 하나를 더 추가하겠습니다.

- 큰 그림

이 네 가지 요소들은 이해라는 다리의 철골 구조가 됩니다. 이것은 학습 순간을 극대화시키는 데 필요한 무수한 신경 연결과 연상을 지탱합니다. 각각의 요소를 차례차례 살펴보고, 여러분이 새로운 학습을 소개하는 방법을 분석해보십시오. 여러분의 학습 노트에 자유롭게 아이디어를 적으십시오.

큰 그림

뇌/마음은 전체와 부분을 동시에 받아들일 수 있습니다. 새로운 정보를 이전의 지식과 연결하고 동시에 정보를 분류하여 위치시킴으로써 활발하게 '의미 만들기'에 개입합니다(케인&케인, 1997).

여러분의 수업이 학생들이 했던 것 혹은 알고 있는 것과 어떤 관계가 있는지, 그리고 여러분

> 첫 학습 순간에 학생들의 성공을 확신하십시오.
>
> - '큰 그림'을 보십시오.
> - 다중감각/다중지능 우선 노출을 사용하십시오.
> - 초기 학습은 반드시 '정보 단위 묶음'이어야 함을 아십시오.
> - '잦은 복습' 시스템을 사용하십시오.

의 수업이 앞으로 배울 것과 어떻게 연결되는지, 그리고 같이 하고자 하는 수업에 대해 큰 그림을 그리십시오. 여러분의 강의는 이렇게 될 것입니다.

"오늘, 정보 혁명의 범위에 대해 알아봅시다. 우리는 이 혁명의 이면에 있는 혁명의 이유, 즉 '아느냐 모르느냐? 그것이 문제로다'를 해부할 것입니다. 우리는 이 정보 혁명이란 주제를 두 방향으로 다룰 것입니다. '지식이 정보 혁명과 무슨 상관이죠? ['사랑이 그것과 무슨 상관이죠?(옮긴이주: 'What's Love Got To Do With It?', 가수 티나 터너의 자전적 영화, '어제 오늘 그리고 내일'이란 타이틀로 1993년 국내 개봉)'라는 노래의 선율에 맞춰서 이렇게 표현했음]'라는 주제로 학교 현장에서 일어나는 일을 다루고, '가진 자와 못 가진 자(The Haves and the Have Nots)'를 이해하기 위해 미래로 우리를 투사함으로써 정보 혁명이란 주제를 훨씬 더 깊이 다룰 것입니다."

이 큰 그림이 곧 개봉할 영화의 예고편 같은 역할을 하게 하십시오. 예고편으로 학생들의 타고난 호기심과 경이감을 이용하십시오. 수업의 핵심 부분만 강조하고 나머지를 학습하게 하십시오.

다중감각/다중지능 우선 노출

초기 학습은 반드시 다중감각 그리고 다중지능으로 해야 합니다. 이것이 무슨 뜻일까요? 간단하게 하자면 이렇습니다. 학생들이 가진 3~4가지의 다중지능을 이용하면서 시각적, 청각적 그리고 운동감각적 방법으로 학생들에게 호소하도록 학습을 조정하십시오(암스트롱, 1994 · 라지어, 1991). 여러분이 곧 가르칠 수업을 생각해보십시오. 아래의 몇 가지 전략들을 어떻게 사용할 것인지 생각해보십시오.

- 개념에 대한 아이콘을 사용하거나 이미지를 학생들의 마음속에 만듦으로써 그들의 흥미를 사로잡으십시오.
- 여러분이 목소리 높낮이와 속도를 바꿀 때 시각적, 청각적, 그리고 운동감각적 서술어로 말하십시오.
- 학생들의 몸이 정보를 기억할 수 있도록 손동작을 사용하게 하십시오.
- 다양한 음량과 높낮이로 핵심 단어와 문구를 크게 말하도록 하십시오.
- 핵심 개념에 관한 몸동작을 만드십시오. 그리고 그것을 엮어 춤 같은 움직임을 만드십시오.
- 각각의 단계나 개념의 머리 글자를 모아 두문자어(頭文字語)를 만드십시오.
- 동요의 가사를 바꿔 부르십시오.
- 학습할 개념을 담은 은유적 그림을 보여주십시오.
- 은유적 이야기를 들려주십시오. 주인공은 주된 아이디어이고, 그들의 행동과 성격은 주된 아이디어의 세부 사항입니다.
- 마인드맵 혹은 다른 시각 자료를 사용해서 주제에 대해 이미 알고 있는 것을 브레인스토밍하게 하십시오.
- 이야기의 한 장면이나 과학 공식의 역학 관계를 역할극 또는 무언극으로 표현하십시오.

이 목록을 추가하고, 여러분의 상상력과 창의력이 자유롭게 달려가게 하십시오.

정보 단위 묶음

초기 학습은 반드시 습득하기 좋게 묶여지거나 정리되어야 합니다. 단기 기억은 7±2개 항목을 저장하거나 재생할 수 있습니다(밀러, 1956). 물론 최종적으로는 정보가 여러분의 장기 기억 속에 저장되기를 원하지만, 일단은 단기 기억에 먼저 저장되어야 합니다. 구별할 수 있는 단위로 정보를 묶는 것은 뇌가 적절한 연결과 저장을 위한 연상을 만들도록 도와줍니다. 정보 단위 묶음은 축하할 기회를 더 많이 만들어줍니다.

배운 것을 축하하라!

학생들이 모든 공식을 풀고, 전체 줄거리를 해부하거나 전체 글의 윤곽을 잡을 때까지 기다리는 것보다 처음 두 단계에서 이룬 성공을 칭찬하십시오. 예를 들면, 첫 번째 행동 시도 혹은 시작 문단 구성 등입니다. 잦은 축하는 학습자들에게 자신감을 심어주고 성공을 향한 열망을 증폭시킵니다. 우리가 2장에서 언급했던 것처럼, 축하는 여러 가지 형태가 있습니다. 하이파이브, 완료한 부분 옆에 별표를 붙이는 것, 긍정의 말("난 이것을 빠르게 배우고 있어") 등.

잦은 복습

잦은 복습은 학습자들에게 새로운 개념에 대한 자신감을 갖게 해줍니다. 더 중요한 점은, 복습이 개념을 새로운 방법(시각적, 청각적, 운동감각적 또는 다른 지능)으로 볼 수 있는 기회를 제공한다는 것입니다. 이것은 신경 통로를 만들고 강화함으로써 새로운 학습을 입력합니다. 복습은 집중과 분산도 이용합니다(이 내용은 나중에 자세히 살펴보겠습니다). 복습은 뇌가 다시 집중하기 전에 정보를 갖고 다른 무언가를 하게 합니다.

10-24-7의 원칙

학습을 단기 기억에서 장기 기억으로 넘기는 한 가지 방법은 10-24-7 원칙입니다. 학교 사물함에 쓰이는 자물쇠를 상상해보십시오. 다이얼을 보면 1부터 24까지 눈금이 있고, 그중에서 10, 24, 7이 밝은 빨간색으로 강조되어 있습니다. 기억(memory)이란 뜻의 대문자 M이 다이얼의 가운데에 쓰여 있습니다. 여러분은 문득 이 자물쇠의 조합은 10-24-7이라는 것을 알게 됩니다. 여러분이 다이얼을 부드럽게 돌림에 따라 각각의 빨간 숫자에서 찰칵 소리가 납니다.

이 숫자들 10-24-7은 초기 학습을 10분 안에, 24시간 안에 그리고 다시 7일 안에 복습하도록 알려줍니다. 이 시간 순서는 정보를 단기 기억에서 장기 기억으로 옮기도록 도와줍니다.

여러분이 사용할 만한 복습 전략은 다음과 같습니다.

- 포유류가 새끼들을 어떻게 보살피는지 옆 사람과 이야기하십시오.
- 노트를 읽고 세포 발달의 각 단계를 그려 넣으십시오.
- 이 공식을 위한 연속된 몸동작을 만드십시오.

여러분의 상상력과 정보 지각 양식 그리고 다중지능을 이용하여 복습 전략을 퍼실리테이션하십시오.

C 학생 상태 읽기

운전면허 시험을 준비 중이거나 방법론 강좌 가운데 한 과정에 앉아 있을 때 여러분이 어떻게 느꼈는지 생각해보십시오. 이제 여러분이 가장 좋아하는 선생님의 수업을 기억해보십시오. 각각의 상황에 대한 여러분의 상태를 어떻게 설명할 수 있습니까? 그리고 각각의 수업에서 얼마나 잘 배웠습니까?

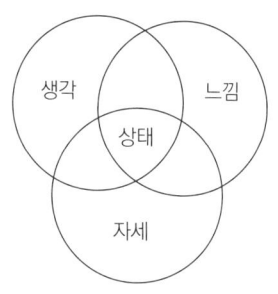

우리는 여러분이 선호하는 선생님의 수업에서 잘 배웠다고 장담합니다. 왜냐하면 모든 학습은 상태 의존적이기 때문입니다. 다른 말로 하면, 모든 학습은 감정 생리 조건에 깊숙이 관련돼 있기 때문입니다(다마지오, 1994).

학습의 순간을 극대화하기 위해 학생들의 상태를 오케스트레이션하십시오. 그들이 편안하고 집중할 수 있는 최적의 학습 상태가 되도록 도와주십시오. 여러분이 상태를 퍼실리테이션할 수 있는 능력은 학생들이 학습에 임할 수 있도록 하는 능력과 비례합니다. 상태는 생각, 느낌 그리고 자세, 이 세 가지 요소로 구성됩니다.

몸과 마음의 연결은 우리가 몸을 움직일 때 마음도 움직인다는 것을 알게 합니다. 그리고 반대로도 됩니다. 운동하기 싫었던 적이 있나요? 운동하기 싫지만 어쨌든 해낸 적이 있나요? 어떤 일이 일어났나요? 여러분의 마음이 지배한 것입니다. 책을 읽다가 잠들었던 경험이 있나요? 어떤 일이 일어났나요? 여러분의 몸이 지배한 것입니다. 여러분의 마음은 책을 아침까지 다 읽어야 한다는 것을 아는데도 말이죠.

학생들은 느낌과 생각을 그들의 보디랭귀지를 통해 나타냅니다. 지루함을 예로 들지요. 지루한 상태를 반영하는 자세를 여러분은 알고 있습니다! 하지만 간단한 이야기, 흥미로운 사실, 혹은 개념의 응용을 통해 여러분은 학생들의 몸을 앞으로 기울여지게 하여, 생각과 느낌의 변화에 맞춘 자세의 변화를 만듭니다.

전략의 수행, 즉 학생들을 최적의 학습 상태로 만드는 오케스트레이션은 '상태 퍼실리테이션'이라고 불립니다. 여러분은 다양한 방법으로 이것을 할 수 있습니다. 그리고 각각의 상태 퍼실리테이션을 연속해서 구성할 수 있습니다. 한쪽 끝은 순수하게 신체적 상태 변화(일어서기, 스트레칭하기), 그리고 다른 한쪽은 인지적 상태 변화('상상해보십시오…')입니다. 여러분은 수업에 따라 어떤 종류의 상태 변화가 적절한지 결정하게 됩니다.

우리가 아는 최적의 학습 상태를 효과적으로 이끌어내고 유지하는 다음의 상태 전환법을 확인해보십시오.

- 박수를 세 번 치십시오.
- 다른 자리로 이동하십시오.
- 팔꿈치가 천장을 향하게 하십시오. 팔꿈치가 나를 향하게 하십시오. 이것을 반복하다가 팔꿈치를 내리십시오.
- 심호흡을 하십시오.
- 내가 여러분을 부르면 준비하십시오.
- 이 질문에 어떻게 대답할 것인지 잠시 생각해보십시오.

> 최소한 10가지의 상태 전환법을 생각해내십시오. 상태 전환법을 각각의 카드에 적으십시오. 쉽게 참조하기 위해 이것을 책상 위나 근처에 두십시오.

 행동을 통해 태도에 영향 주기

여러분은 학생들에게 이런 말을 한 적이 있을 겁니다. "선생님은 기

> ### 행동을 통해 태도에 영향 주기
>
> - 여러분이 가르치는 내용과 연관된 동작을 만드십시오.
> - 학생들이 따라하기를 원한다는 듯이 손동작을 하십시오.
> - 다음 지시를 칠판에 적으십시오. 보드를 몇 번 두드리십시오.
> - 박수 치기: 여러분이 리듬감 있게 박수를 치면 학생들이 반복하여 따라합니다.

다리고 있어…." (선생님이 시계나 손목시계를 보며 멈춰선 채) "지금 여러분은 여러분의 휴식 시간을 낭비하고 있습니다." (또 한 번 멈춤). "괜찮아요, 여러분이 학습할 준비가 될 때까지 여기 서서 기다리지요. 우린 점심 시간을 이용해서 공부할 수 있습니다. 이것이 여러분이 원하는 방법이라면 말이죠. 모든 것은 여러분에게 달렸습니다."

말은 그와 똑같은 결과를 만듭니다. 이것은 교실 안의 에너지 흐름을 멈추고, 학습에 대한 부정적 메시지를 만들고, 여러분이 그동안 만든 학생들과의 관계를 약화시킵니다.

교실 안에 있는 학생들의 에너지를 강으로 생각해보십시오. 학생들이 학습에 몰입할 때(모둠 안에서 상호작용하고, 학습의 중심에서 중심으로 이동할 때) 교실 안에 있는 공동의 에너지가 강처럼 흐릅니다. 에너지는 이동합니다. 강을 멈추는 것은 중요한 일처럼 보입니다(위의 사례처럼). 하지만 강의 흐름을 바꾸는 것이 더 쉬울 뿐만 아니라 더 품위가 있습니다.

행동을 통해 태도에 영향 주기(Influencing Behavior through Action, IBA)는 학습자들의 주의를 끌고, 다음 과제로 혹은 여러분에게로 방향을 돌려줍니다. 우리가 쓰는 IBA전략 가운데 하나인 '내 말이 들리면~'은 협동 모둠, 팀 혹은 짝으로 작업 중인 학생들의 주의를 끄는 방법으로 좋습니다.

"내 말이 들리면 박수를 한 번 치세요"라고 말하십시오. 그리고 박수 한 번. 앞의 문구를 반복하면서 이번엔 '박수 두 번'이라고 하십시오. 그리고 박수 두 번. 더 많은 학생들이 주의를 여러분에게 돌릴수록 목소리와 박수 소리를 낮추십시오. "내 목소리가 들린다면 이쪽을 바라보세요"라고 마무리하십시오. 학생들에게 손가락을 튕기거나 책상에 두드리는 것 혹은 다른 동작을 하도록 요구함으로써 이것을 실험해보십시오.

행동을 통해 태도에 영향을 주는 다른 방법은 학생들이 파트너에게 감사하고, 그들의 팀에게 박수를 쳐주는 것입니다.

또 다른 상황에서, 여러분은 아마 이 방법을 사용하고 싶을 것입니다. "할 수 있을 때 따라하십시오." 그리고 특정한 춤 혹은 그들이 방금 배운 내용 가운데 하나에 관한 몸동작을 시작하십시오. "할 수 있을 때 따라하십시오"라고 다시 말하고, 이번엔 목소리를 낮추고 동작을 반복하십시오. "선생님은 기다리고 있어"라고 말하는 것보다 행동을 통해 태도에 영향 주기 전략을 실행함으로써 짧은 시간에 모두가 집중하도록 할 수 있을 것입니다.

모둠의 상호작용을 촉진하기 위한 중요한 아이디어가 있습니다. 크레센도에 귀를 기울이십시오. 크레센도는 음량의 증가입니다. 이렇게 작동합니다. 예를 들면, 학생 3명이 모여 그들의 프로젝트를 위한 행동 계획을 만들어내는 것입니다. 학생들이 모둠별로 모여 작업을 하기 위해 자리 잡으면 대화가 시작됩니다. 아이디어가 공유되고, 계획이 토의되고, 작업을 나눔에 따라 소리는 자연스레 커집니다. 소리가 피크에 다다른 뒤에 방향이 바뀌지 않는다면, 소리는 작아지고 주제에서 벗어난 이야기들로 흐트러질 것입니다.

요령은 크레센도를 주의 깊게 듣고 피크에 다다르기 직전에 학생들의 초점을 바꿔주는 것입니다. 예를 들면, 주의를 끈 뒤 다음 지시를 내릴 수 있으며, 상황을 고려해서 개입할 수 있고, 혹은 첫 번째 임무의 완수를 축하하는 모둠별 구호를 요청할 수도 있습니다.

복창은 또 하나의 효과적인 상태 퍼실리테이션 전략입니다. 이렇게 사용합니다. 핵심 단어나 문구를 포함한 설명을 하십시오. 그리고 물어보십시오. "~가 뭐라고요?" 그 물음에 학생들이 대답합니다. ("남북전쟁 때, 중요한 쟁점은 노예 해방이었어요. 쟁점이 뭐였다고요?" 학생들이 답합니다. "노예 해방요.") 이것은 학생들이 집중하게 하는 강력한 방법입니다. 동시에 핵심 단어의 청각적 입력을 강화합니다.

> 나이(뇌) = 집중(분)

상태 퍼실리테이션의 효과는 집중과 분산의 개념과 연관되어 있습니다. 뇌는 주어진 시간의 양만큼 집중할 수 있고, 그 후에 집중을 분산시킬 필요가 있습니다. 일반적인 공식은, 뇌의 나이=집중하는 시간.

학생들이 몇 살입니까? 14살이라면, 그들의 뇌가 집중할 수 있는 시간은 14분입니다. 14분 뒤에 1~3분 정도 분산 활동을 통해 학습을 확실히 하십시오. 많은 선택 사항이 있습니다. 이것을 고려하십시오.

- 제국주의에 대한 이해를 그리십시오.
- 여러분이 이야기의 주인공인 척하십시오. 여러분이 무슨 생각을 하는지 친구에게 쪽지를 쓰십시오.
- 일어서서 스트레칭을 하며 쉬십시오.

기억하세요.
학생들의 상태를 퍼실리테이션하십시오.
그러면 여러분은 이해하고, 참여하며,
집중하고, 정보를 기억하는 그들의 능력을
증가시킬 것입니다.

몸동작

여러분의 수업 내용을 학생들의 근육 기억 속에 집어넣는 것은 효율적으로 학습하는 능력과 빠르게 기억해내는 능력을 촉진합니다. 어떻게 작용하는지 보십시오. 핵심 개념이나 단계를 손, 팔 혹은 몸동작에 연결시키십시오. 예를 들면, 긴 나눗셈의 단계는 나누기, 곱하기, 빼기, 아래로 가져오기. 이것의 손/몸동작은 이렇게 될 수 있습니다.

나누기: 왼손을 수평으로 가슴높이에 고정하고 오른손 엄지와 검지를 왼손의 위아래에 점처럼 만듭니다.

곱하기: 손이나 팔을 X자로 교차합니다.

빼기: 왼손을 수평으로 가슴높이에 둡니다.

아래로 가져오기: 주먹을 쥐고 가슴높이에서 아래로 내리는 동작을 취합니다.

여러분이 가르치는 내용의 모든 것이 동작과 맞춰질 수 있습니다. 몸동작은 운동감각 양식을 강화하고 정보를 근육기억 속에 저장하는 것뿐만이 아니라, 행동을 통해 태도에 영향 주기(IBA)를 사용해 학생들의 주의를 끄는 또 다른 방법을 제공합니다.

> { **특별 게시판**
> **휴식을 가져라!** }

휴식

여러분은 의식적으로 모든 것을, 심지어는 휴식도 오케스트레이션하고 퍼실리테이션합니다. 학생들에게 한 시간의 강의마다 3~5분 정도

휴식 시간을 제공하십시오. 이 휴식 시간 동안 부드러운 원반, 물렁공, 제기, 저글링 스카프 등 장난감을 만질 수 있도록 하십시오.

이 활동들은 학생들을 다른 방법으로 몰입하도록 만들고, 학습은 항상 일어난다는 메시지를 보냅니다. 또한 재미와 위험 감수하기에 대해 이야기합니다. 이 계획되고 목적 있는 휴식은 전통적 학습 형식을 차단합니다. 휴식은 뇌를 상쾌하게 만들고 무의식이 새로운 정보를 통합하게 함으로써 집중의 순간을 강조합니다.

사고 전략 끌어내기

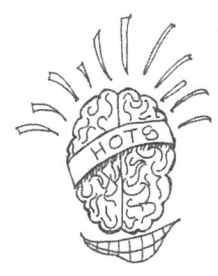

학생들이 왜 질문하는지 고민해본 적이 있습니까? 평소대로 쉽게 말하면, 여러분은 분명 이렇게 말할 것입니다. "대답을 얻으려고!" 학생들의 노력 칭찬하기, 그리고 고차원적 사고 기술 끌어내기라는 두 가지 다른 목적이 떠오릅니다.

첫 번째, 우리는 질문을 통해 학생들의 참여와 위험 감수하기를 칭찬하고 인정할 기회를 얻습니다. 기억하십시오. 학생들은 항상 옳습니다. 학생의 대답과 관계없이, 우리의 의무는 맞는 질문을 찾는 것입니다. 우리가 2장에서 논의했던 것처럼 답에 맞추십시오. 예를 들면,

"8 곱하기 7은 뭐지?"

"54요."

"말해줘서 고마워. 54는 9 곱하기 6의 답인데, 8 곱하기 7은 뭘까?"

이 예에서, 여러분은 학생의 참여에 대해 인정하고, 그의 답에 대해 올바른 질문을 찾아냈습니다. 그리고 이전 질문에 대해 다시 대답할 기회를 제공했습니다. 만약 그 학생이 답을 모르는 것 같으면 잠시 뒤에 다시

오겠다고 알려주십시오. 그리고 다른 학생에게 가십시오.

두 번째, 여러분은 질문을 통해 특정한 답으로 이어지는 학생들의 생각과 사고의 진전을 끌어내고 드러나게 합니다. 예를 들어 "광합성의 목적이 뭐죠?"라고 묻습니다. 한 학생이 대답합니다. "식물을 녹색으로 만들어줘요.""음, 근접했어. 누가 정답을 말할 수 있지?"라고 여러분은 응대할 것입니다. 이 상황에서 학생은 개운하지 않은 느낌이 듭니다. 더 이해심 있는 질문은, "그것은 분명 답의 일부야. 네가 아는 것에 대해 더 말해주렴"입니다. 학생은 이제 답을 더 설명할 수 있고, 처음 답에 대해 더 잘 이해했음을 알려줄 수 있는 기회를 갖습니다.

여러분은 계속 이렇게 할 수 있습니다. "'광'과 '합성'이란 두 단어를 기본으로 하는 '광합성'이란 단어의 뜻에 대해 무엇을 알고 있니?" 학생들이 대답한 뒤에 다시 질문합니다. "정의를 알고 녹색이 그 과정의 중요한 요소라는 것을 알았으니, 이제 광합성의 정의가 무엇인지 말할 수 있겠니?" 이처럼 여러분의 목적은 지금 학습하는 개념과 그 개념에 대한 학생들의 생각 범위를 넓혀 이해력을 높이는 데 있습니다.

 ## 학습의 디브리핑 순간

"멈춰서 장미 향기를 맡으세요(옮긴이주: 비틀즈의 멤버였던 링고 스타가 1981년에 발매한 8번째 앨범 'Stop and smell the roses')"라고 어떤 작곡가가 현명하게 제안했습니다. 사람들은 인생에 대한 보상이 별로 없을 때 종종 이런 조언을 합니다.

교실 안 상황들, 즉 판에 박힌 일상, 일정 그리고 커리큘럼의 요구 사항들은 종종 여러분이 가르치는 자료에 대한 이해를 풍부하게 하는 데 이용할 수 있는 수많은 순간에 그림자를 드리웁니다. 여러분은 학생들의 주의력뿐만 아니라 이해의 깊이도 극대화할 수 있습니다. 학생들에게 성찰의 시간을 가지게 함으로써 여러분은 학생들이 개념을 더 깊이 이해하고, 더 강한 연결을 만들고, 학습 과정에 더 큰 역점을 두게 돕습니다.

이런 중요한 일을 어떻게 할 수 있을까요? 보이지 않는 것을 보이게 만드십시오. 생각을 이끌어냄으로써 여러분은 마음속에서 일어나는 무수한 상호 연상을 의식적인 것으로 만듭니다(케인&케인, 1997). 일단 이것이 의식적이 되거나 겉으로 드러나게 되면, 더 많은 이해와 더 강한 연결이 가능하게 됩니다.

3가지 질문이 학습의 순간을 풍부하게 하고, 보이지 않는 개념을 보이게 하는 단단한 기반을 제공합니다.

- 무엇이 일어났습니까?
- 무엇을 배웠습니까?
- 이것을 어떻게 적용할 수 있습니까?

각각의 질문과 의도 그리고 그것에 대한 학생들의 반응을 살펴보겠습니다.

무엇이 일어났습니까?

방금 어떤 일을 겪었나요? 이 질문은 느낌과 보이는 사실 두 가지 모두를 드러냅니다. "난 좌절감을 느꼈어. X를 15로 나눴는데, 거기서 더 이상 풀리지 않아. 제대로 풀고 있는 줄 알았는데." 이 첫 번째 질문의 목적

다음의 디브리핑용 질문을 사용하십시오.

- 좀 더 말해주시겠습니까?
- 이 개념이 이 단원의 큰 주제와 어떻게 관련이 있을까요?
- 우리가 공부하는 것과 스케이트보드를 타는 것 또는 비디오 게임을 하는 것이 어떻게 비슷한가요?
- 여러분의 아이디어와 작가의 의도가 어떤 관련이 있습니까?
- 이 부분에 대해 여러분이 이미 알고 있는 것은 무엇입니까?
- 기본 구조가 무엇입니까?
- 숨겨진 가정과 명백한 가정은 무엇입니까?

은 학생이 처한 상황의 현실을 바르게 이해하는 것입니다. 그렇게 함으로써 여러분은 그들의 세계로 들어갈 것이고, 교감을 만들고, 그들이 지금 갖고 있는 인식에 관한 가치 있는 정보를 모을 것입니다.

무엇을 배웠습니까?

여러분이 하고 있는 과정에 대해 어떤 견해가 있습니까? 여러분이 방금 한 것을 근거로 어떤 점을 발견했습니까? "글쎄요, 난 X를 15로 나눌 수 없다는 것을 배웠습니다. 제가 방정식의 두 번째 단계를 이해하지 못했다는 것도 발견했습니다"라고 학생들이 대답할 것입니다.

이제 여러분은 차이, 즉 현 시점에서 무엇이 무엇인지 구별이 어려운 학생들에 대해 더 잘 이해하게 되었습니다. 이제 여러분은 코치의 역할을 하고 대조적인 사항들을 제공합니다.

배운 것을 어떻게 적용할 수 있습니까?

여러분이 방금 발견한 것을 어떻게 도움이 되게 사용할 수 있습니까? 그들이 실제로 이해를 하는가, 못하는가를 아는 것에 목적이 있습니다. 그리고 그런 목적은 그들의 이해를 현재 상황 또는 다른 상황으로 이동시킬 수 있습니다.

학생들에게 대답할 시간을 주십시오. 여러분은 힌트를 주고, 제안을 하고, 연관성을 제기해야 할 필요가 있을 것입니다. "여러분이 배운 것이 삶의 다른 분야에서 어떻게 쓰일까요? 여러분이 문제를 좀 더 효율적으로 해결하는 능력에 대해 이 정보는 어떤 효과가 있을까요?"

여러분이 학생들에게 성찰을 불러일으키는 질문을 한다면, 학생들은 왜 그 자료를 배워야 하는지 깊게 이해하고 다른 관심 분야로 다리를 연결하며, 그들의 학습에 내재하는 의미 만들기와 사고 과정을 찾습니다.

여러분과 학습자들 사이에 상호작용이 일어나는 동안 '멈춰서 학습 향기를 맡기 위한' 순간을 찾아보십시오. 처음에 여러분은 단지 지나

오늘 나는 32명의 사춘기 학생들에 대해 완전히 통제력을 잃었습니다. 나는 학습법을 배우는 1일 과정 수업 담당 교사였습니다. 첫 시간에 내 뇌는 바쁘게 돌아가기 시작했습니다. 학생들의 주의, 흥미 그리고 협조를 잃은 게 분명합니다.

모둠을 다시 짤 시간이었습니다. 생각이 머릿속에 흘렀습니다. "이런, 10시 15분밖에 안 되었는데 그들을 통제할 수가 없어. 자기들끼리 떠들고, 빈둥대고, 흥미를 보이지 않아."

"난 이런 대접을 받으면 안 돼! (작은 자존심 – 짧게 말한 다음엔 오랫동안 침묵합니다.) 이제 무엇을 해야 하지? 이 순간에 가장 적합한 전략은 뭐지? 정신 차려, 마크! 넌 노련한 교사야. 너는 이 반을 이끄는 데 필요한 것을 갖고 있어." 그리고 가슴에서 혼란스러운 상태를 영감으로 바꿔준 생각이 납니다. "자, 해봐! 진실을 말해. 그들의 가장 높은 자아에게 이야기해." 이런 생각이 들자 나는 무의식에서 벗어났습니다.

"가장 중요한 정보 3가지에 대해 포스터를 만드세요." 그들에게 말했습니다. 그들은 모둠으로 어수선하게 갔고 마침내 작업에 착수했습니다. 나는 멈춰서 숨을 들이쉬고 훑어보았습니다. 나는 그들이 몸으로 말하는 것을 보았습니다. 그들이 말하는 것을 들었고, 다행히도 현 상황을 감지했습니다.

나는 교실 앞쪽으로 이동했습니다. "마지막 1분입니다, 여러분!" 나는 나 자신이 교육 현장에 있는 이유가 인간의 잠재력 때문이라고 상기시켰습니다. 나는 사춘기 학생들의 부드러운 마음을 믿습니다. 그리고 그들이 더 높은 자아 쪽으로 움직이기를 필사적으로 원한다고 믿습니다. 이 학생들이 최고가 되고자 하는 것을 압니다. "펜 뚜껑을 닫고, 여러분이 쉽고 편하게 이쪽 방향을 볼 수 있도록 의자를 돌려 앉으세요." 나는 앞쪽 모둠 테이블의 한쪽에 앉았습니다.

진실된 목소리로 내 생각을 말했습니다. "최고가 되고 싶은 여러분 마음이 느껴지네요. 그 마음이 진심임을 믿습니다." 나는 몇몇의 학생들과 눈을 마주치기 위해 잠시 멈추었습니다. "지금 내 앞에 있는 학생들은 이곳에 있기로 결정한 사람들입니다. 거짓으로 태도를 취하는 사람이 아닙니다. '이거 수상해. 난 여기 있고 싶지 않아'라고 말하는 사람이 아닙니다."

몇몇의 학생과 더 교감하기 위해 또 한 번 멈춥니다. "그리고 여러분은 스스로 선택했기 때문에 여기 이미 있는 것입니다. 다음 몇 분 동안 나는 진정한 여러분에게 말할 것입니다. '난 최고가 되길 원해'라고 말하는 그 사람에게 말입니다." 내 진실성이 담긴 메시지가 전달되도록 길게 멈춥니다.

우리 반은 45분 동안 집중했고, 학생들은 생각하는 모습, 흔들림 없는 자세, 초점이 맞춰진 눈으로 몰입했습니다. 학생들의 가장 높은 자아에게 이야기하는 것은 그들이 필요로 하고 갈망하는 것입니다. 술책이나 속임수가 아닙니다. 단지 '진실을 말하는' 것입니다.

– 마크 리어든

간 다음에나 이러한 순간들을 감지할 수 있습니다. 하지만 곧 여러분은 그 순간들이 다가오는 것을 보고, 수업에 그 순간들을 디자인하게 될 것입니다. 그 순간이 되면 생각하기와 의미 만들기의 보석을 찾는 보물 사냥꾼 – 흥분하고 있지만 인내하는, 열정적이지만 통찰력 있는 – 처럼 행동하십시오.

"멈춰서 학습 향기를 맡으세요."

복습

여러분은 이제 퍼실리테이션하기 위한 멋진 전략을 얻었습니다. 학생들의 학습이 쉽게 되도록 하십시오. 결과를 마음에 새기는 것으로 시작하십시오. KEG가 여러분의 기대를 포장하고 전달하도록 도와줍니다. 성공모델은 학생들이 가능성이 커진 성공을 향하도록 지침을 제공합니다. 전환 관리는 여러분이 목적이 있고, 학습 내용과 관련 있는 동작을 사용해 태도에 영향을 미칠 때 더 매끄럽게 됩니다.

마지막으로, 생각 이끌어내기 전략은 학생들이 특정한 답에 어떻게 도달하는지, 그리고 생각하는 시간을 어떻게 강화하는지 보여줍니다.

퍼실리테이션에 관하여 여러분이 배운 전략과 아이디어들 가운데 어떤 것이 여러분의 주의를 끌었습니까? 어떤 것을 여러분이 즉시 시행하거나 시행할 수 있다고 느꼈습니까?

이것을 동료 혹은 친구들과 공유하십시오. 그렇게 할 때 언제, 어디서 그리고 어떻게 각각의 것을 사용할 것인지 자세하게 설명할 수 있습니다.

다음에는 이 단원에서 소개한 몇 가지 전략 중 여러분이 완벽히 이해하지 못한 것을 찾으십시오. 그 아이디어가 담긴 부분을 다시 읽어보십시오. 여러분이 성공적으로 그 아이디어들을 실행하는 모습을 될 수 있으면 자세히 상상해보십시오.

퍼실리테이션은 학생들과 함께 함으로써 학습의 순간을 극대화하는 예술이며 과학입니다. 그들의 머릿속으로 그리고 가슴 속으로 뛰어들어, 그들이 학습하고 있는 것을 어떻게 표상하고 의미를 만드는지 알아내고 탐험하는 것입니다. 정보의 전달을 넘어 지식의 창조와 인생의 설계까지 여러분을 데려가는 것이 바로 이 퍼실리테이션 부분입니다.

I Know!

여러분이 아는 것에 체크하세요.

☐ KEG를 사용하여 기대를 전달하기

☐ 4요소를 사용하여 학생들의 성공을 퍼실리테이션하기
  - 큰 그림
  - 다중감각/다중지능 입력
  - 정보 단위 묶음
  - 잦은 복습

☐ 10-24-7을 사용한 기억 자물쇠 열기

☐ 행동을 통한 태도에 영향 주기

☐ 힌트 주기, 질문하기, 기다리기, 답 이끌어내기를 사용하여 생각 이끌어내기

☐ 학습의 순간 디브리핑하기

Celebrate!

축하합니다!
학습을 촉진하는 상호작용!

축하

08

8장_ 내용

학업 성취감과 열의를 올리는 학습 기술

a 사례 연구

b 학습 스타일 극대화하기

c 학습을 위한 강력한 상태

d 정보 정리하기

e 창의적 천재성 깨우기

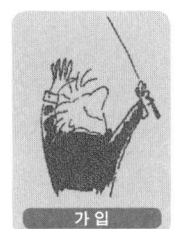
가입

학생들이 짧은 시간에 더 많이 학습하고 더 많이 기억하여, 학교가 재미있고 쉬운 곳임을 알게 되면 어떻게 될까요?

경험

상상해보세요. 콜린은 새로운 내용을 자신이 얼마나 쉽게 이해하는지 알고는 혼자 웃습니다. 그는 선생님이 정보를 제공할 때 기억을 쉽게 하는 표시를 만들면서 여러 가지 색깔로 중요 내용을 써내려 갑니다. 그는 새로운 정보와 만나는 일이 아주 쉽다는 것을 압니다. 그는 이해할 수 없는 방식으로 공부했던 지난날의 자기 모습을 떠올리며 미소를 짓습니다. 그는 이제 실질적으로 학습과 집중을 즐겁게 여기는 다른 학생이 되었음을 압니다. 왜냐하면 최고의 성취자들이 갖추고 있는 기법과 전략으로 무장했기 때문입니다.

잘 조직되고, 집중력이 높으며, 열성적으로 학습에 임하고, 다음과 같은 것들로 무장한 학생들로 여러분의 교실이 가득 찼다면 여러분의 인생은 어떻게 달라졌을까요?

- 놀라운 기억력과 시험 준비 기술
- 번개같이 읽는 속도
- 더 정확한 필기를 위한 도구

게다가 모든 학생들이 단 한 번의 수업으로 새로운 내용을 이해해 버린다면 어떻게 될까요? 그리고 모두가 최고 성취자들의 학습 기술을 가지고 있다면 어떻게 될까요?

이것은 모든 교사들이 상상하는 상황일 겁니다. 그러나 사실은 올바른 공부 기술을 가지면 모든 학생은 더 짧은 시간 안에 대부분의 내용을 이해할 수 있습니다. 이것은 여러분이 내용을 설명하느라 소비했던 시간을 단축시켜줄 것입니다. 그리고 이것은 커리큘럼의 다음 단계로 이동할 수 있게 해주거나 간단한 활동을 추가할 수 있게 할 것입니다.

학습에 열의를 갖게 하는 5가지 기술

과목에 상관없이 다음의 중요한 기술을 익혔을 때 학생들은 빠르고 효과적으로 학습합니다.

- 주의 집중
- 필기
- 정리와 시험 준비
- 속독
- 암기법

이 기술들은 꽤 중요하지만, 전통적 학교 커리큘럼에는 포함되어 있지 않았습니다. 대부분의 교사들이 이 기술들을 가르칠 시간이 없다고 믿었습니다. 교사들은 학생들이 어떻게 정리하는지, 필기하는지 그리고 시험을 위해 어떻게 공부해야 하는지 이미 다 안다고 생각합니다.

 사례 연구: 5가지 기술을 가르치는 학교

다행히도 우리는 방향이 바뀌는 것을 보기 시작했습니다. 새로운 뇌 연구가 공부를 더 잘하는 기술을 밝혀냈고, 몇몇의 선구적인 학교들이 그것들을 도입하기 시작했습니다.

1994년 일리노이 주의 우드스탁에 있는 노스우드 중학교의 교장 피터 앤더슨은 슈퍼캠프를 모델 삼아 퀀텀 교수법을 전체 학교가 사용하도록 결정했습니다. 최고의 결과를 얻기 위해 그는 교사들을 훈련시키는 것 외에 학생들도 훈련시켜야 했습니다.

퀀텀 교수법 그리고 학습을 위한 학습 기술, 그리고 공동 수업 디자인을 위한 시간을 갖는 데 참여한 후에 교사들은 새로운 기술들을 학생들에게 가르치게 되었습니다.

러닝 포럼(옮긴이주: 이 책 지은이들의 소속 회사 이름)사와 공동 협력을 통해 노스우드는 '슈퍼 스타트'라는 범 학교적 프로그램을 개발하여 새 해부터 적용하도록 했습니다. 이 프로그램은 교감, 팀워크 그리고 학습을 위한 학습 기술에 초점을 맞추고 있습니다. '슈퍼 스타트' 기간 동안 학생들은 효과적으로 읽기, 기억하기, 필기 그리고 시험 준비 기술을 배웠습니다.

오늘날, 노스우드는 퀀텀 학습법을 이 책에 나온 교수법에 의해 구체화되고 지원되는 모든 수업의 한 부분으로 계속 만들고 있습니다. 결과는 지속되었습니다. 학교 전체가 계속해서 높은 점수와 긍정적인 분위기를 유지합니다. "학교의 분위기는 과거에도 긍정적이었지만, 이 프로그램이 새로운 수준으로 끌어올렸습니다. 교수 전략에 감사드립니다"라고 앤더슨 교장은 말합니다.

여러분의 학생들이 어떻게 집중하고, 효과적으로 필기하고, 시험을 위해 공부하고, 독서 속도와 이해와 기억 능력을 증가시키는가를 가르침으

결과들

단지 몇 주 뒤에 인상적인 개선 결과가 나타났습니다.

- 8학년 언어 과목과 읽기: A와 B를 받는 학생의 비율이 60%에서 81%로 상승.
- 사회 과목: 퀀텀 학습 기술을 배우기 시작한 지 1주일 뒤에 어휘 점수 13.8%, 단어 뜻풀이 점수 11.5% 상승.
- 학습 부진 8학년 학생: 28명의 학생들 가운데 17명이 A를 기록. D는 단 1명, F는 한 명도 없음.
- 분기 말: 학교는 역사상 가장 적은 C 이하 학점 학생 수를 기록. 보통 170명 중 30~40명 정도였음. 퀀텀 학습법으로 인해 단 10명으로 감소.

– 노스우드 중학교 사례에서

로써, 여러분은 그들이 어떻게 성공적인 학습자가 되는가를 가르치고 있는 것입니다. 이것은 그들의 학문적인 경력과 남은 인생 동안 학습자로서 자신을 바라보는 방식 두 가지 모두에 영향을 미칩니다.

 학습 스타일 극대화하기

이 책의 앞부분에서 우리는 시각적, 청각적 그리고 운동감각적 학습 스타일을 구분해내는 것의 중요성에 대해 설명했습니다. 이 스타일과 친숙해졌기 때문에 이제 여러분은 이 특별하고 가치 있는 학습 방법을 어떻게 식별하고 가르칠 것인지 압니다. 학생들의 특정한 학습 스타일을 극대화할 수 있도록 도와주는 방법 몇 가지를 소개하고자 합니다.

첫째, 사람들은 각자 다른 방법으로 학습하고, 어느 누구의 방법도 더 좋은 것이라고 할 수는 없다는 것을 설명하십시오. 각각의 강점이 있습니다. 사실, 우리는 모두 세 가지 학습 스타일을 보유하고 있습니다. 다만 그 중에서 주로 한 가지 스타일을 선호할 뿐입니다(로즈와 니콜, 1997).

다음으로, 학생들이 자신의 학습 스타일을 알 수 있도록 하십시오. 다음의 테스트가 어떤 스타일의 학습자인지 알려줄 것입니다.

시각 – 청각 – 운동감각(V-A-K) 평가

각각의 질문에 대해 적절한 곳에 표시하십시오. 각 항목의 점수를 계산하십시오. 그리고 결과를 그래프로 만드십시오.

시각

	자주	가끔	드물게
● 깔끔하고 정리 정돈을 잘합니까?	☐	☐	☐
● 빠르게 말합니까?	☐	☐	☐
● 장기 계획을 세웁니까?	☐	☐	☐
● 철자를 틀리지 않고, 단어를 마음속에 그릴 수 있습니까?	☐	☐	☐
● 들은 것보다 본 것을 잘 기억하는 편입니까?	☐	☐	☐
● 시각적 연상을 통해 기억합니까?	☐	☐	☐
● 글이 아닌 말로 하는 강의를 기억하는 것에 어려움을 느끼고, 사람들에게 다시 말해달라고 부탁합니까?	☐	☐	☐
● 듣는 것보다 읽는 것을 선호합니까?	☐	☐	☐
● 전화할 때나 직원회의 때 메모를 합니까?	☐	☐	☐
● 말로 설명하는 것보다 시범 보이는 것을 좋아합니까?	☐	☐	☐
● 음악보다 미술을 좋아합니까?	☐	☐	☐
● 말하고 싶은데 알맞은 단어가 생각나지 않을 때가 있습니까?	☐	☐	☐

소계 ___ ___ ___
      x 2   x 1   x 0

합계 ___ + ___ + ___

= ___

청각

	자주	가끔	드물게
● 일할 때 혼잣말을 합니까?	☐	☐	☐
● 소음에 의해 쉽게 집중을 잃습니까?	☐	☐	☐
● 읽을 때 입술을 움직이거나 단어를 말합니까?	☐	☐	☐
● 크게 읽고 듣는 것을 즐깁니까?	☐	☐	☐
● 따라하고 톤, 음색, 음을 흉내낼 수 있습니까?	☐	☐	☐
● 쓰는 것보다 말하는 것이 쉽습니까?	☐	☐	☐
● 리듬감 있게 말합니까?	☐	☐	☐
● 달변가입니까?	☐	☐	☐
● 미술보다 음악을 좋아합니까?	☐	☐	☐
● 듣기를 통해 학습하고, 본 것보다 말한 것을 더 잘 기억합니까?	☐	☐	☐
● 말하기, 토의를 좋아하거나 긴 묘사를 합니까?	☐	☐	☐
● 쓰는 것보다 큰 소리로 철자를 잘 말할 수 있습니까?	☐	☐	☐

소계 ___ ___ ___
     x 2 x 1 x 0

합계 ___ + ___ + ___

= ___

운동감각

	자주	가끔	드물게
● 천천히 말합니까?	☐	☐	☐
● 사람들의 주의를 끌기 위해 접촉합니까?	☐	☐	☐
● 누군가에게 말을 할 때 가까이 섭니까?	☐	☐	☐
● 신체 지향적이고 많이 움직입니까?	☐	☐	☐
● 조종하고 시행함으로써 학습합니까?	☐	☐	☐
● 걷고 보는 것을 통해 기억합니까?	☐	☐	☐
● 읽을 때 손으로 짚어가며 읽습니까?	☐	☐	☐
● 제스처를 많이 사용합니까?	☐	☐	☐

- 오랜 시간 앉아 있는 것에 어려움을 느낍니까? ☐ ☐ ☐
- 느낌에 따라 결정을 내립니까? ☐ ☐ ☐
- 들을 때 펜, 손가락 혹은 발을 두드립니까? ☐ ☐ ☐
- 스포츠나 신체 활동으로 시간을 보냅니까? ☐ ☐ ☐

소계 ___ ___ ___
       x 2 x 1 x 0

합계 ___ + ___ + ___

= ___

	V	A	K
24			
23			
22			
21			
20			
19			
18			
17			
16			
15			
14			
13			
12			
11			
10			
9			
8			
7			
6			
5			
4			
3			
2			
1			

점수로 그래프를 채우십시오.

테스트를 실시하고 학생들의 학습 스타일을 식별했다면. 다음과 같이 조언하십시오.

시각적 학습자

시각적 학습자들에게 상징이나 그림을 노트에 많이 그려 넣도록 장려하십시오. 수학이나 과학에서는 차트와 그래프가 그들의 이해를 넓혀줄 것입니다. 마인드맵은 시각적 학습자들에게는 어떤 과목에 있어서도 훌륭한 도구입니다.

시각적 학습자들은 '큰 그림'으로 시작할 때 최고의 학습을 하기 때문에 내용에 관한 개요를 짜는 것은 굉장히 도움이 됩니다. 검색을 예로 들면, 그들이 세부사항으로 파고들기 전에 읽을 내용에 대한 개요를 먼저 제공하는 것이 좋습니다.

청각적 학습자

강연, 예시, 이야기 듣기, 그리고 정보를 반복해서 듣기는 학생들의 학습에 도움이 되는 주요 방법입니다. 청각적 학습자들은 정보를 반복해서 듣기를 좋아하기 때문에 아마 테이프 리코더(녹음기)를 필기 대용으로 선호할 것입니다. 그들은 아마 여러분이 방금 말한 내용을 크게 반복할 것입니다. 그들은 들은 것을 다시 듣기 좋아합니다.

만약 그들이 학습 내용과 씨름하고 있는 것을 본다면, 자기 자신에게 이야기하도록 도와주십시오. 아주 많은 정보를 익숙한 멜로디에 담아 보십시오. 따라 부르는 노래는 학생들이 쉽게 기억할 수 있게 만듭니다. 다른 이들은 공부할 때 음악을 듣는 것이 방해가 되지만 어떤 청각적 학습자들은 그것을 좋아합니다. 청각적 학습자들은 그들이 공부할 때 스스로에게 속삭이도록 해야 합니다.

운동감각적 학습자

이 학습자들은 손을 많이 움직여서 하는 일을 좋아합니다. 짧은 촌극도 도움을 줍니다. 이 학습자들은 움직임을 통해 배우는 것을 좋아하고, 각각의 사실을 움직임과 연관 짓는 방법으로 기억력을 극대화할 수 있습니다. 어떻게 하는지 그들에게 보여주십시오. 많은 운동감각적 학습자들은 책상을 싫어합니다. 바닥에 앉는 것을 선호하고, 주위에 늘어놓고 작업하기를 좋아합니다.

학생들이 이 모든 방법을 학습에 도입하도록 장려하십시오. 또한 학생의 학습 스타일을 그들의 부모에게 알려주고, 그러한 학습 스타일을 뒷받침하는 전략을 부모들에게 가르치십시오.

C 학습을 위한 강력한 상태

우리는 하나에만 집중할 때 최고로 학습합니다. 하지만 우리는 자주 한순간에 몇 가지를 생각합니다. 책을 읽거나 과제를 쓰려고 하는 동안에도 평범한 학생들은 어떻게 좋은 성적을 얻을지 생각하고, 과제 완료에 대한 걱정, 혹은 친구들과 놀러가는 공상을 합니다. TV와 라디오로부터 들려오는 대화와 옆방의 전화 소리에 이르기까지 수많은 방해물이 집중을 어렵게 합니다. 학생들은 과제를 제외하고 무엇이든 모든 것에 초

점을 맞춥니다.

대부분의 학생들은 어떻게 집중하는지 배울 필요가 있습니다. 연구 결과는 집중한 상태의 학생이 더 빠르고 쉽게 학습한다는 사실을 보여줍니다. 게다가 정보를 더 오래 기억합니다. 다른 말로 하면, 그들은 학습의 순간을 극대화합니다. 그들이 학습을 위한 최고의 상태로 들어가도록 가르치십시오. 그러면 그들은 더 많이, 더 짧은 시간에, 더 적은 노력으로 학습할 수 있을 것입니다.

'상태'는 생각, 느낌 그리고 자세의 조합입니다. 혼란이나 이완, 지루함에서 흥분까지 각 상태는 이러한 요소의 독특한 조합을 가지고 있습니다. 여러분은 알맞은 조합을 만듦으로써 여러분이 원하는 상태로 진입할 수 있습니다. 이 뜻은 다음과 같습니다.

6장에서 여러분은 이 실험을 했습니다. 구부정하게 앉아서 바닥을 보십시오. 천천히 깊게 숨을 쉬십시오. 이제 자신에게 말하십시오. "지루해." 이것을 잠시 동안 해보십시오. 어떻게 느껴집니까? 여러분은 지루한 상태를 경험하고 있습니다. 이제 똑바로 앉으십시오. 시선은 정면보다 조금 위쪽에 두십시오. 혼자 생각하십시오. "이거 매력적이야!" 그 생각을 잠시 유지하십시오. 지금 여러분은 흥미라고 불리는 상태를 경험하고 있습니다.

잠시 동안 여러분은 자신의 상태를 변화시켰습니다. 여러분은 통제권을 가지고 있습니다. 여러분이 선택한 상태는 여러분이 얻는 인생의 결과와 교실 안팎에 영향을 미치고, 이것은 학생들에게도 마찬가지입니다. 학생들에게 다음의 두 가지 기술(SLANT와 알파 상태)을 가르치는 것으로, 여러분은 그들에게 학습을 위한 최고의 순간으로 들어가게 하는 도구를 제공할 수 있습니다.

SLANT

학생들이 책상에 앉아서 수업을 들을 때, 그들은 어떤 모습입니까? 대다수의 학생이 책상에 엎드려서 쉬고 있습니까? 어떤 학생들이 쪽지를 건넬 때 몇몇은 창밖을 응시합니까? 여러분 수업을 듣지 않고 무엇인가를 하고 있는 것 같습니까? 이것은 최고의 교육을 더 열심히 하게 하는 태도가 아닙니다.

하지만 교실을 둘러보면, 분명 주의를 집중하는 몇몇 학생들을 볼 수 있을 것입니다. 그들은 보통 제일 앞줄에 앉아 있습니다. 그리고 몸을 살짝 앞으로 숙인 채 여러분이 중요한 내용을 말할 때마다 고개를 끄덕입니다. 가끔 그들은 질문하기 위해 손을 들고, 여러분이 하는 모든 말을 듣고 대답합니다. 여러분은 그들에게만 가르치고 있는 자신을 발견합니다. 그들은 수용적이고, 흥미를 느끼는 상태입니다. 모든 학생이 이렇게 행동한다면 멋지지 않을까요?

믿기 힘들겠지만, 여러분은 그들의 상태를 어떻게 관리해야 하는지 보여줌으로써 수업에 집중하는 방법을 가르칠 수 있습니다. 읽고 쓰는 것처럼 정보를 듣고 흡수하는 것은 기술입니다. 학생들이 주의 집중법을 마스터하면 그들은 더 많은 내용을 흡수할 것이고, 여러분은 더 즐거운 교수 경험을 하게 될 것입니다.

에드 엘리스 박사로부터 도입한 전략인 새로운 SLANT를 학생들의 학습에 제공합시다(엘리스, 1991). 그들이 어떻게 의자에 바로 앉고(Sit up), 앞으로 숙이고(Lean forward), 질문하고(Ask questions), 고개를 끄덕이고(Nod), 교사에게 말하는지(Talk to their teacher)를 보여주십시오.

이 행동을 강화하기 위해, 집중하지 않는 사람들 앞에서 말하는 것이 어떤 느낌인지 알 수 있도록 역할극을 시도해보십시오. 다음 각본이 도움이 될 것입니다.

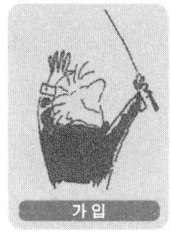

선생님: "여러분이 다른 사람에게 가르치거나 설명할 수 있는 것으로 자신이 잘하는 스포츠나 취미를 생각해보세요. 아마 여러분은 풋볼 패스를 아주 잘하고, 맛있는 초콜릿 케이크를 만들 수 있고, 또는 비디오 게임에서 이기는 멋진 전략을 가지고 있을 겁니다. 모두 생각해냈나요? 좋아요. 이제 잠시 동안 여러분의 취미나 스포츠를 즐기는 순서를 머릿속에 그려보세요." (생각할 시간을 주십시오.)

"앞으로 나와서 자신의 경험을 발표하고 싶은 사람은 손을 드세요." (지원자를 선택하십시오.)

"어떻게 하는지 알려줄래? 제시카, 너는 말하는 사람이 되고, 나는 듣는 사람이 되는 거야." (의자에 앉거나 앞줄의 빈 책상에 앉으십시오.) "이제, 너의 취미에 대한 모든 것을 말해주겠니? 네가 나에게 방법을 가르치듯이 설명을 해주는 거야." (학생이 말을 할 때 다음 행동을 하십시오. 책상에 엎드리기, 시계 바라보기, 머리 빗기, 그림 그리기, 옆 사람과 이야기하기, 읽기, 학생들의 또 다른 행동 흉내 내기. 얼마나 오랫동안 이 행동들을 할 것인지 결정하십시오.)

(제시카에게) "방금 너의 취미를 나에게 설명할 때 느낌이 어땠니?"

(학생들을 향해 돌아서서) "제시카가 설명한 것을 내가 얼마나 많이 이해했다고 생각하니?" "내 몸짓이 무엇을 의미했지?" "제시카가 어떻게 느꼈을 것 같니?"

(다시 제시카를 보고, 바로 앉아 몸을 약간 앞으로 숙인 뒤) "너의 취미를 다시 설명해주겠니?" (제시카가 이야기할 때, 고개를 끄덕이고 질문을 하고 활기차고 흥미 있게 행동하십시오.)

(제시카에게) "이번엔 어땠니? 느낌이 어땠어?"

(학생들에게) "이번엔 제시카의 설명을 내가 이해한 것 같니?" "내 몸짓이 무엇을 의미했지?" "이전 행동과 지금 행동은 어떤 점이 다르니?" "둘 중 어느 때 제시카가 더 잘 설명했고, 왜 그랬지?" "제시카가 이야기하는 방법에 변화를 준 사람은 누구지?" ('학생' 또는 '듣는 사람'을 이끌어내십시오.)

"맞아요! 여러분이 듣는 태도는 내가 얼마나 재미있게 가르치는가에 변화를 줍니다. 그리고 나는 여러분을 지루하게 만들고 싶지 않아요. 그래서 여러분이 듣고 있다는 것을 나에게 보여주면, 나는 활기차고 흥미롭게 가르칠 것이고 최선을 다할 거예요!"

"이제 여러분이 빨리 학습하는 능력을 가속하기 위해 어떻게 들어야 하는지 배워보지요. 내가 제시카의 설명을 두 번째 들었을 때의 방식을 어떻게 따라하는지 보여줄 거예요. 이것은 SLANT라고 불려요. 첫 번째 단계는 똑바로 앉기입니다." (하나씩 설명할 때마다 칠판이나 플립 차트에 글자를 적고, 해당 동작을 보여주십시오.) "다음은, 앞으로 숙이기입니다. 아주 약간." (시연) "이것은 여러분이 흥미를 갖고 있고 호기심으로 뇌가 자극 받고 있다고 나에게 말하는 것과 같아요. 여러분이 이 자세를 취할 때, 집중하기가 쉬워요." (학생들에게 자세를 취해보라 하십시오.)

"SLANT의 'A'는 질문하기입니다. 호기심에 찬 마음은 알기를 원해요! 알맞은 질문은 여러분이 내용을 이해할 수 있게 도와주고, 여러분의 마음이 학습에 임할 수 있게 도와줄 거예요. 수업에서 여러분 자신에게 던지는 재미있는 질문은 '다음은 무엇을 하게 될까?' 입니다. 어떤 질문을 선생님에게 해야 할까요? 언제든 이해가 안 될 때는 나에게 분명하게 알려달라고 혹은 다시 설명해달라고 요청하십시오. 여러분이 이해할 수 없다면, 아마 여러분 혼자만 모르는 것이 아닐 겁니다."

"다음 글자는 N, 고개 끄덕이기입니다. 여러분은 친구와 이야기할 때 아마 이렇게(끄덕이는 모습을 보여준다) 할 것입니다. 이것은 여러분이 듣고 공감하고 있다는 것을 보여줍니다. 그리고 이것은 내게도 해당됩니다. 고개를 끄덕이는 것은 나와 여러분의 뇌 모두에게 메시지를 보냅니다. 내게는 '저 듣고 있어요'라는 신호를 보내고, 여러분의 뇌에게는 여러분이 지금 배우는 것을 이해한다는 메시지를 보냅니다. 그리고 여러분이 고개를 끄덕일 때, 나는 여러분이 듣고 있다는 것을 느끼고 더 잘 가르칩니다. 내가 '동의하나요?'라고 물으면 끄덕이는 연습을 하십시오. 준비~ 동의하나요? 고마워요, 이제 정말 이해했다고 느껴요."

"마지막 단계는 선생님에게 말하기입니다. 관계와 학습은 나란히 갑니다. 폴 맥린 박사가 개발한 삼위일체 뇌 이론에 따르면, 학습은 여러분 뇌의 관

S 바로 앉기

L 앞으로 숙이기

A 질문하기

N 고개 끄덕이기

T 선생님에게 말하기

계와 연결이 만들어지는 곳과 같은 곳에서 이루어진다고 합니다(맥린, 1990). 만약 여러분이 학습을 극대화시키고 싶다면, 선생님과 관계를 갖도록 하십시오. 여러분은 수업이 시작될 때 인사하는 것 또는 수업이 끝난 뒤에 질문을 위해 잠시 남는 것 또는 그날 배운 것에 대해 이야기하는 것으로 선생님과 관계를 가질 수 있어요. 나에게 말하세요. 난 그것을 좋아해요!"

"같이 빠르게 복습합시다." (각각의 단계에서 시각적 학습자를 위해 시범을 보임과 동시에 청각적 학습자를 위해 알맞은 소리를 만들어줍니다. 운동감각적 학습자를 위해 학생들이 여러분을 따라 하도록 하십시오.)

- "바로 앉으십시오." ('바로'라고 하며 시범을 보이십시오.)
- "앞으로 숙이십시오." (덜그럭거리는 소리를 내며 시범을 보이십시오.)
- "질문하십시오." ('네?'라고 말하며 손을 올리십시오.)
- "고개를 끄덕이십시오." ('아하'라고 말하며 시범을 보이십시오.)
- "선생님에게 말하십시오." (손바닥을 붙인 채 입처럼 열었다 닫으며 박수소리를 내십시오.)

"옆 사람에게 돌아서서 하이파이브를 하고, '나를 위한 SLANT!'라고 외치세요."

가끔 학생들은 이전 습관으로 돌아갑니다. 그들에게 심호흡을 하고 자세를 고치라고 말하는 것으로 신호를 주십시

Hot Tip

학생들은 가까이 앉거나 앞줄에 앉을 때 쉽게 집중합니다. 모든 학생들에게 맨 앞줄의 특혜를 주기 위해 책상을 말발굽 모양 혹은 반원 모양으로 바꾸거나 정기적으로 자리를 바꿔보십시오.

오. 이것을 항상 수업 시작할 때 해야 합니다. 하지만 훈련 교관처럼 그것을 요구한다기보다 항상 학습 코치라고 생각을 하며 학생들에게 다시 알려주십시오. 학생들이 여러분이나 학급에서 발표할 때 경청하는 자세를 보여주는 것을 명심하십시오.

알파 상태

1970년대 중반, 게오르기 로자노프 박사는 학습을 위한 최고의 상태에 대해 실험을 했습니다. 그는 학생들이 알파 상태(안정되게 집중하는 상태)일 때 더 빠른 속도로 학습하는 것을 발견했습니다. 그들은 또한 정보를 더 오랜 시간 동안 기억했습니다(슈스터와 그리튼, 1986).

인간은 4가지 상태의 뇌파 활동을 보입니다. 베타, 알파, 세타 그리고 델타입니다. 베타 상태에서 여러분은 민감함과 활력을 느낍니다. 세타는 졸거나 꿈꾸는 상태이고, 델타는 깊고 꿈꾸지 않는 수면 상태입니다.

이 정보를 어떻게 이용할 수 있습니까? 학생들이 읽고, 수학 문제를 풀고, 작문을 할 때처럼 주의 집중의 장점을 얻는 알파 상태로 쉽게 들어가는 것을 가르침으로써 학생들이 더 나은 학습자가 되도록 도와줄 수 있습니다.

처음으로 알파에 들어가는 것을 가르칠 때는 다음의 시각화를 거쳐야 할 것입니다. 나중에 그들 스스로 이미지를 빠르게 기억해낼 수 있어야 합니다. 이 기술을 많이 사용할수록 그들은 알파 상태로 더 쉽게 들어갈 것입니다. 처음으로 알파 상태로 들어가기 위해 여러분은 다음의 각본을 사용할 수 있습니다.

선생님: (천천히 이완된 어조로 말하십시오.) "눈을 감고 심호흡을 몇 번 하세

요. 편안해짐을 느껴보세요. 자신이 편안함을 느끼는 장소를 머릿속에 그리세요. 아마 여러분은 방과 후 침대에 잠시 동안 누워 있을 것입니다. 아니면 여러분은 거실이나 해변에서 자신이 가장 좋아하는 의자에 앉아 있을 것입니다. 그곳에서 들리는 소리, 모습, 물건의 감촉 등을 상상하세요." (그들의 마음속에 이 느낌이 고정되도록 시간을 주십시오.)

"이제 눈을 뜨세요. 어떤 느낌이었죠? 여러분이 상상한 장소는 어디였죠? 이제 시각화 연습을 더 해보지요. 눈을 감고 그 특별한 장소를 다시 생각해보세요. 그곳에 여러분이 있는 것처럼 느껴보세요." (잠깐만 하십시오.) "눈을 뜨세요. 모두 그곳에 즉시 도달했나요?" (필요하다면 몇 번 더 연습하십시오.)

알파 상태의 사용

학생들이 그들의 평화로운 장소에 들어가는 법을 배웠다면, 여러분은 시각화를 다시 할 필요가 없을 것입니다. 언제든 학생들이 정말 집중하길 원한다면, 교육 컨설턴트인 스티브 스나이더 씨가 개발한 다음 단계를 시도해보십시오.

먼저, 그들의 자세를 조정하십시오. 학생들에게 바로 앉아 발을 바닥에 붙이고 몸을 앞으로 약간 숙이라고 하십시오.

다음은, 학생들의 눈을 감게 한 뒤 심호흡을 시키고 그들이 시각화했던 특별한 장소를 생각하게 하십시오. 눈을 위아래로 굴리도록 한 다음 뜨게 하십시오. 이것은 아주 잠깐이면 됩니다. 그들이 눈을 떴을 때 분명 집중되고, 편안하면서 긴장된 상태를 느낄 것입니다.

SLANT와 알파 상태의 장점 가운데 하나는 학생들의 학습에

알파 상태로 들어가기
- 자세를 고치십시오.
- 눈을 감고 심호흡을 하십시오.
- 평화로운 장소를 생각하십시오.
- 눈을 위아래로 굴리고 나서 눈을 뜨십시오.

8장_학습 기술

관한 긍정적인 태도를 촉진하는 것입니다. 스트레스와 걱정 대신 학생들은 이완되고 집중된 느낌을 갖습니다. 편안한 집중 상태에서 학습은 빠르고 쉬워집니다. 따라서 그들은 학교에 대해 더 긍정적인 태도를 갖고, 그들의 학습 능력에 대해 강한 자신감을 갖게 됩니다.

 정보 정리하기

어떻게 정보를 정리하는지 아는 것은 가치 있는 기술입니다. 어떤 사람들은 천성적으로 정리 정돈을 잘하는 것처럼 보입니다. 하지만 우리 대부분은 그렇지 않습니다. 정리하는 능력은 나이와 학습 스타일에 관련되어 있습니다.

교사로서 여러분이 학생들에게 할 수 있는 최선은 그들에게 정리하는 도구를 제공하는 것입니다. 마인드맵과 노트:TM, 순환 학습은 모든 학생이 어떤 수업에서든 사용할 수 있는 기술입니다. 마인드맵과 노트:TM은 생각과 아이디어를 깔끔하고 간결하고 쉬운 방법으로 종이에 남길 수 있도록 도와줍니다. 뇌와 잘 맞는 이런 방법은 정보를 이해하고 기억하기 쉽게 만들고, 학습의 순간을 극대화합니다. 순환 학습은 이러한 필기법 위에 만들어진 시험 준비 도구입니다.

마인드맵

좋은 필기법은 읽고 들은 것을 기억하도록 도와야 하고, 내용에 대한 이해를 높여야 하고, 내용을 정리하도록 돕고, 새로운 통찰력을 제공해야 합니다. 마인드맵은 이 모든 것을 가능하게 해줍니다.

뇌 재단의 토니 부잔 회장이 개발한 마인드맵은 많은 정보를 기억하기 쉽도록 만들어주는 창의적인 필기법입니다. 가운데는 주제를, 그 다음에는 부제를, 그리고 세부 사항이 밖으로 뻗어나가는 연결된 아이디어의 패턴을 만들면 여러분의 노트는 완성됩니다. 최고의 마인드맵은 풍부한 색채, 많은 그림과 상징을 사용합니다. 따라서 종종 미술 작품처럼 보입니다!

어떻게 뇌가 정보를 처리하는지에 대한 연구를 바탕으로 한 이 필기법은 여러분의 뇌처럼 작용합니다(부잔, 1993). 전문가들은 한때 전통적인 필기법과 아주 유사하게 뇌도 정보를 순차적으로 처리 및 저장한다고 생각했습니다. 과학자들은 이제 뇌가 뒤죽박죽된 이미지, 소리, 냄새, 생각과 느낌과 같은 정보를 가져다가 연설과 작문같이 순차적으로 분류한다는 것을 압니다. 뇌는 정보를 회상할 때 종종 화려한 색의 그림, 상징, 소리와 느낌의 형태로 호출합니다(다마지오, 1994).

마인드맵은 주제에서 주제로 점프하는 사고 과정을 모방하고 있습니다. 여러분은 뇌가 정보를 처리하는 방식과 아주 비슷하게 상징, 그림, 감정적 특징 그리고 모든 색을 동원해 정보를 기록합니다. 그리고 마인드맵은 뇌의 양쪽으로 접근하기 때문에, 여러분은 쉽게 정보를 기억할 수 있습니다. 이제 왜 이것이 작동하는지를 알았으므로 어떻게 하는지 보여드리겠습니다.

마인드맵을 만드는 방법

여러분이 학생인 것으로 간주하겠습니다. 여러분은 미켈란젤로의 인생에 관한 강의를 듣는 중입니다. 여러분은 새로운 마인드맵 기술을 시도해보고 싶습니다. 빈 종이를 꺼내 가로로 펼치십시오. 종이 가운데에 미켈란젤로라는 주제를 적으십시오.

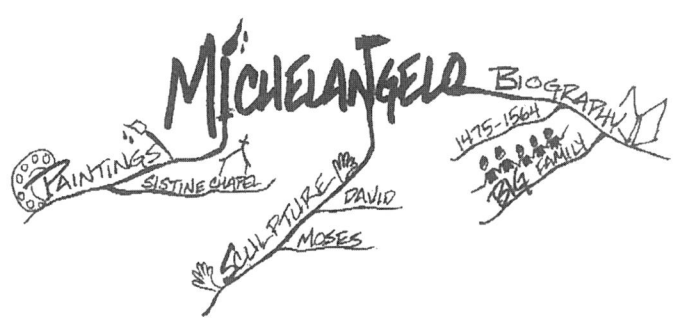

선생님은 예술가의 일대기를 간단히 설명하는 것으로 강의를 시작합니다. 여러분은 미켈란젤로라는 주제로부터 뻗어 나온 굵은 선이 점점 가늘어지게 그립니다. 그리고 '일대기'라고 이름 붙입니다. 선생님이 설명하는 각각의 주제(일대기, 그림, 조각상)에 맞춰 여러분은 주제마다 서로 다른 색깔을 사용하여 바퀴살처럼 가운데에서 밖으로 뻗어 나오는 굵은 선을 그립니다.

이제 선생님은 미켈란젤로의 일대기에 좀 더 깊이 들어가기 시작합니다. 여러분은 작은 가지처럼 주제에서 뻗어 나오는 작은 선을 그립니다. 이 작은 선을 따라 여러분은 몇 가지 사실을 적습니다. 생일이나 태어난 곳 등, 그리고 상징과 그림, 여러분이 정보를 기억할 수 있도록 돕는 표시를 만듭니다.

강의가 끝나갈 무렵 선생님은 '그림'에 대해 설명하기 위해 앞부분으로 돌아갑니다. 문제없습니다. 여러분은 간단하게 또 하나의 가지를 그립니다. 강의의 마지막에 선생님은 핵심 사실을 반복하고, 여러분은 그것이 시험에 나올 만하다는 것을 알아차립니다. 여러분은 마인드맵에 있는 이 사실들 옆에 별을 그려넣습니다. 선생님이 조각상에 대해 특히 강조하는 것을 알아차린 여러분은 그 부분에 명암을 줍니다.

강의가 끝나면 여러분은 세부 사실에 색을 더 칠한다든지, 상징에 멋을 낸다든지 하는 방법으로 세부 사항을 가지에 추가합니다. 여러분은 멀리 서서 여러분이 만든 화

Hot Tip

- 각각의 주제에 다른 색을 사용하거나 교대로 사용하십시오.
- 가지 사이에 화살표를 그려 연상을 보여주십시오.
- 그림, 상징 그리고 단축어로 된 여러분 자신의 속기술을 개발하십시오.
- 가지에 번호를 매김으로써 정보를 연대순으로 배열하십시오.
- 창의성을 가지십시오.

려한 색의 작품을 자랑스럽게 바라봅니다(여러분이 마지막으로 노트에 이런 그림을 그린 게 언제였나요?). 여러분은 이제 명확하고, 잘 정리되고, 기억하기 쉬운 마인드맵을 갖게 되었습니다.

강의를 넘어 학생들은 마인드맵을 읽기 숙제, 브레인스토밍 그리고 쓰기에 사용할 수 있습니다. 학생들이 읽기를 마치는 대로 방금 읽은 것에 대해 마인드맵을 만들도록 장려하십시오. 이것은 이해와 기억 모두를 발전시키고, 학생들은 마인드맵을 시험 공부에 사용할 수 있습니다.

마인드맵은 또한 브레인스토밍에도 훌륭한 역할을 합니다. 특히 학생들이 그룹으로 작업하고 많은 사람들이 한번에 아이디어들을 외칠 때 큰 역할을 합니다. 한 학생이 빠르게 정보를 기록하는 동안 다른 학생은 주제에 관해 논의할 수 있습니다.

다. 마인드맵은 생각의 도약을 위해 만들어졌습니다. 왜냐하면 그것은 뇌가 작동하는 방법과 같은 방법으로 작동하고, 통찰력과 번쩍이는 아이디어를 장려하기 때문입니다.

어려운 쓰기 숙제를 하는 동안 마인드맵은 학생이 정보를 정리하고, 그들의 생각이 굴러갈 수 있도록 도와줍니다. 그리고 장애가 생길 때 그것을 극복할 수 있도록 도와줍니다. 쓰기 숙제나 브레인스토밍은 하나의 주제가 새로운 주제로, 혹은 더 나아간 생각이나 설명으로 발전되는 것처럼 여러 개의 마인드맵을 만들어낼 것입니다. 이것은 여러분이 최초의 마인드맵을 잘못 만들었다는 얘기거나 초기 가치가 없음을 뜻하지는 않습니다. 차츰 정리하여 제대로 된 마인드맵을 만들어나가는 것은 아이디어를 탐구하고 정보를 정리하는 자연스러운 과정입니다.

마인드맵을 도입하고 강화하기 위한 훌륭한 방법은 바로 여러분 자신이 그것을 사용하는 것입니다. 여러분이 강의할 때 여러분의 마인드맵을 플립 차트 혹은 칠판에 그리십시오. 유인물과 다른 자료들은 주로 순차적인 모양으로 만들어져 있는데, 이것 또한 마인드맵으로 만들 수 있습니다.

대부분의 학생들은 마인드맵이 재미있고 흥미로운 필기 방식임을 알아차립니다. 처음에는 정보를 놓칠까 두려운 마음에 이 새로운 방식의 사용을 주저하지만, 그들을 계속하도록 격려하고 칭찬한다면 더 잘하게 될 것입니다. 이것이 편하게 느껴지기 위해서는 약간의 연습이 필요합니다.

노트:TM

수업 중간에 학생이 공상에 빠져 있는 것을 본 적이 있나요? 왜 그럴까요? 여러분은 분당 200~300단어를 말합니다. 그리고 뇌는 분당 600~800단어를 처리할 수 있습니다. 긴 수업 동안 학생들의 마음은 '더 흥미로운 것'으로 남는 시간을 채우기 시작합니다. 내일의 데이트, 지난 주 금요일의 풋볼게임, 오늘의 점심…. 따라서 여러분의 말은 학생들을 비현실적인 세계로 보내는 연상을 유발합니다.

코넬 노트(Cornell Notes)의 변형물로 우리는 노트:TM을 개발했습니다. 이것은 학생들이 그들의 놀라운 공상 능력을 사용하여 직면한 학업에 집중하도록 해줍니다. 노트:TM은 Notes:Taking and Making을 뜻합니다.

학생들은 여러분이 하는 수업에서 얻은 사

실과 연상 모두를 기록합니다. 생각과 느낌은 그들을 생각 여행으로 보냅니다. 이 생각들을 적는 것은 그들이 생각에 대해 더 인지하게 도와주고, 그들의 초점이 여러분을 향하도록 유지해줍니다. 여러분이 가르치는 정보와 일치하는 연상을 기록하는 것도 기억력을 높여줍니다. 감정과 연결된 정보는 기억하기 쉽습니다.

노트:TM이 이루어지는 방법

노트:TM은 배우기 쉽고 매우 효과적입니다. 학생들은 한 장의 종이와 두 가지 색깔의 펜 또는 연필, 형광펜이 필요합니다. 하나는 크고 하나는 작은 두 개의 단을 만들기 위해 오른쪽 끝에서 1/4 되는 지점에 세로선을 그리도록 하십시오. 꼭대기의 왼쪽에 있는 큰 단에 학생들은 '중요한 정보'라고 씁니다. 꼭대기의 오른쪽 작은 단에는 '생각, 느낌 그리고 질문'이라고 씁니다. 왼쪽 단은 필기 공간입니다. 작은 오른쪽 단은 생각을 쓰는 공간입니다.

왼쪽에는 평소처럼 학생들이 수업을 듣고, 글을 읽고, 영화를 보는 동안 중요한 날짜, 이름 그리고 다른 정보들을 써내려갑니다. 언제든 여러분이 포인트나 주제를 바꾸면 학생들도 색깔을 바꿉니다. 뇌는 구별을 좋아합니다. 그리고 이것은 학생들로 하여금 노트를 보았을 때 다른 종류의 정보를 구별하도록 도와줍니다.

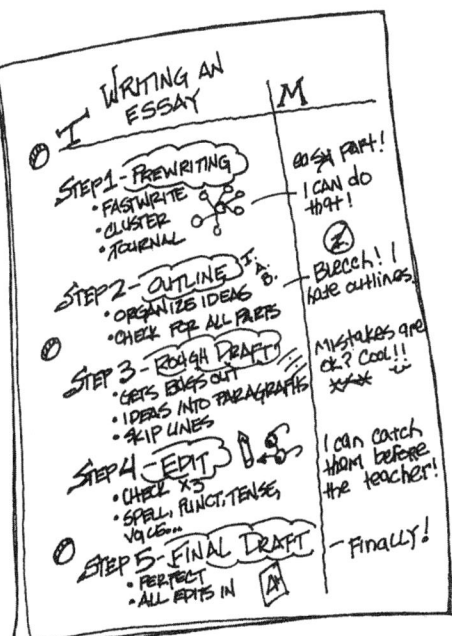

오른쪽에는 학생들의 머릿속에 떠오르는 연상되는 생각을 적습니다. 이것들은 그들이 듣거나 질문한 것 등에 대한 의견이나 반응일 수 있습니다. 그들은 아마 이 공간에 그림이나 상징을 그리는 것이 도움이 된다는 사실을 발견할 것입니다. 이 오른쪽 공간은 또한 그들의 느낌(슬픔, 흥미, 혼란, 지루함 등)을 쓰는 곳으로도 사용됩니다. 이렇게 함으로써 그들은 배우고 있는 정보가 그들의 마음에 각인되도록 도와주는 감정적 관계를 만듭니다. 이것은 학생들에게 빠른 학습을, 여러분에게는 적은 시간으로 반복과 복습을 하도록 합니다.

이제 마지막 단계입니다. 이것은 그들의 성적에 정말 변화를 만들 수 있습니다. 수업 마지막에, 여러분의 학생들에게 그들의 노트를 빠르게 복습할 수 있도록 약 90초의 시간을 주십시오. 그들은 곧 형광펜을 칠하고, 감탄 표시를 더하고, 어휘에 동그라미를 치고, 시험 내용에 별표를 다는 것으로 중요한 사실을 구분합니다. 이 구분은 뇌가 좀 더 효과적으로 정보를 기억할 수 있도록 도와줍니다. 여러분은 모든 학생이 사용할 수 있도록 상징 시스템을 개발하거나, 학생들이 그들만의 시스템을 만들도록 할 수 있습니다.

시험 공부를 할 때가 되면, 학생들은 중요하게 표시된 부분을 보거나 적절한 상징을 골라내면 됩니다. 여러분이 잘 아는 것처럼, 공부를 빠르게 그리고 쉽게 만들어주는 것은 학생들에게 환영 받습니다. 이 구별(다른 색깔과 상징)은 정보를 더 기억하기 쉽게 만듭니다. 또한 노트의 오른쪽 부분에 그들이 학습 순간에 경험한 느낌과 연상을 기록해두는 일은 정보를 쉽게 기억할 수 있도록 만듭니다.

순환 학습

여러분은 이제 학습을 위한 강력한 상태와 높은 효과를 가진 두 가지 필기법을 모두 가르치는 능력을 가졌습니다. 이제 우리는 새로운 시험 준비 도구인 순환 학습을 위해 모든 것을 합칠 것입니다. 우리는 이 방법을 '순환' 학습이라고 부릅니다. 왜냐하면 전기가 집의 배선을 타고 흐르는 것처럼 학생들은 매일 같은 패턴으로 정보 속을 달리기 때문입니다. 퀀텀 교수법의 퍼실리테이터이자 교육 컨설턴트인 존 르텔리어가 이 방법을 개발했습니다. 이것은 하루 10분밖에 걸리지 않아 시간을 아껴줍니다. 수업 시간을 극대화함으로써 여러분은 공부 시간을 최소화합니다.

순환 학습은 자신감과 성공적인 마음 상태로 시작합니다. 대부분의 학생은 시험에 관해 부정적 연상을 가지고 있습니다. 그들은 무서워하고, 두려움은 그들을 멈추게 합니다. 몇 시간의 공부 후에, 테스트가 눈앞에 다가왔을 때 그들은 아무것도 그리지 못합니다. 심지어 가장 성실한 학생조차 시험을 치르는 것에 대해 어려움을 겪습니다. 그래서 첫 번째 단계는 그 부정적 상태를 돌파하고 힘을 주는 생각과 느낌으로 대체하는 것입니다. 다음의 시각화와 긍정문이 도움이 될 것입니다.

성공적인 이미지를 위한 각본

교사: "모두 숨을 깊이 들이쉬고, 멈추고, 내쉬세요. 눈을 감으세요. 이제 여러분이 시험이나 퀴즈를 잘 보았을 때-자신이 매우 자랑스러움을 느꼈을 때-를 생각해보세요. 그 교실, 선생님, 책상, 과목을 머릿속에 그려보세요. 자신감, 기쁨, 자존심, 성과 같은 성공의 감동을 느끼세요. 여러분 자신이 그 순간에 있도록 하세요. 이제 한 번 더 숨을 깊게 들이쉬고, 천천히 내쉬세요."

"이제 눈을 뜨세요. 아직 여러분 안에 있는 그 성공의 느낌을 통해 여러분의 시험 능력에 대한 짧은 의견이나 긍정문을 써보세요. 그것은 아마 이렇게 간단할 거예요. '빨리, 시험지를 주세요!'"

학생들이 그들의 긍정문을 썼다면, 그들이 쓴 것을 공유할 수 있도록 유도하십시오.

교사: "이제 여러분이 시험에 대한 새로운 접근 방법을 발견했으니, 실전 연습을 해봅시다. 알파 상태를 기억하죠. 이제 우리는 새로운 시험 준비 상태를 만듭니다. 모두 일어서 주세요. 당당하고 자신감 있게, 가슴을 펴고 똑바로 서세요. 내가 '시험' 하고 외치면, 여러분이 방금 적은 긍정문을 외치세요. 준비, 시험!"

여러분은 또한 빈 종이를 사용해 시험지처럼 나눠주는 역할극을 할 수도 있습니다. 그리고 학생들에게 긍정문을 외치거나 그들 자신에게 조용히 속삭이도록 하십시오. 학생들이 활력이 없다면, 순환 학습 기술을 가르칠 때입니다.

월요일 아침이라고 가정하고, 여러분은 학생들에게 그들이 윌리엄 셰익스피어에 대해 배울 것이고, 그의 작품을 간단하게 살펴볼 것이라고 공지합니다. 여러분은 월요일에 셰익스피어의 연대기를 알려줄 것을 계획하고, 화요일엔 '로미오와 줄리엣'의 한 장면을 읽고, 수요일엔 '햄릿', 목요일엔 '베니스의 상인' 그리고 금요일엔 선택된 소넷(옮긴이주: 10개의 음절로 구성되는 시행 14개가 일정한 운율로 이어지는 14행시)을 읽도록 계획합니다.

그날 오후, 학생들은 수업 시간의 노트를 사용하여 한 주의 주제에 대해 마인드맵을 만들기 시작합니다. 예를 들면, 그들은 '연대기'라고 이름 붙인 월요일을 위한 가지를 만듭니다. 그리고 정보를 적어넣습니다. 그들은 더 많은 정보를 채울 충분한 공간을 남겨둡니다.

화요일에 학생들은 월요일의 정보를 복습합니다. 그리고 그들은 '로미오와 줄리엣'이라는 또 다른 가지를 추가하고 정보를 써넣습니다. 수

M	T	W	T	F	S
begin MM	review & add to MM	review & add to MM	review & add to MM	review & add to MM	review MM
					S
					rest
					M
					Test!

요일에 그들은 월요일과 화요일의 학습을 복습하고, '햄릿'이라는 또 다른 가지를 추가합니다. 그 주 내내 그들은 더하고 복습하고, 더하고 복습하는 패턴을 계속합니다.

    모든 과정은 각 해당 일에 몇 분밖에 걸리지 않습니다(학생들에게 이 점을 강조하는 것을 잊지 마십시오). 그들이 노트:TM 형태든 마인드 맵 형태든 둘 중 하나인 그들의 수업 노트에서 정보를 가져오기 때문에 그 주의 마인드맵에 기록하기 위해 핵심 정보를 고르는 것은 몇 분 이내일 수밖에 없습니다. 복습은 약 2분 정도밖에 걸리지 않습니다. 그래서 그들이 이 노트를 공부하는 것에 소비하는 시간은 단 10분일 것입니다! 그리고 이 정도의 시간조차도 그들이 마인드맵을 완성한 시점인 그 주의 마지막 날에 필요할 것입니다.

    이제 토요일과 일요일입니다. 토요일에 학생들은 완성된 마인드맵을 복습합니다. 다시 한 번 말하지만, 약 10분입니다. 이제 이 부분이 재미있는 부분입니다. 일요일에 그들은 최초 마인드맵의 색깔, 단어 배열 그리고 상징을 포함한 기억을 토대로 마인드맵을 다시 만듭니다. 이 활동은 그들의 마음속에 정보가 기억되도록 도와줍니다. 그들이 마인드맵을 완성했을 때, 그들은 자신이 얼마나 많은 정보를 기억하고 어떤 것에 집중할 필요가 있는지 보기 위해 최초의 것과 비교해볼 수 있습니다.

    이것은 여러분이 시도해볼 수 있는 가장 쉽고 빠른 시험준비 도구 가운데 하나이며, 필요한 시간 또한 아주 적습니다. 같은 날에 여러 개의 시험을 보더라도 학생들이 그들의 일정 안에서 그 시험 공부를 다 할 수 있을 정도로 완벽한 방법입니다. 전에 우리가 언급했듯이, 이 방법은 효과가 있습니다. 왜냐하면 이것은 학습 순간을 극대화할 수 있도록 돕는 필기법을 이용하기 때문입니다.

Hot Tip

학생들에게 수업 중에 이해하지 못한 내용 옆에 물음표를 그려넣으라고 하십시오. 수업이 끝난 후 그들은 내용을 명확히 하기 위해 여러분에게 물어볼 수 있습니다.

e 창의적 천재성 깨우기

퀀텀 독서법

모든 학생들이 읽은 내용을 잘 이해하고 읽기 숙제를 제시간에 마치길 원하십니까? 여러분이 알다시피, 잘 읽는 것은 여러분이 일생 동안 사용하는 가치 있는 기술입니다. 하지만 많은 학생들이 읽기를 힘든 일이라고 생각합니다. 몇몇은 마지막 순간까지 읽기를 미루다가 시간 안에 과제를 마칠 수 없음을 깨닫습니다.

고학년 학생들은 아마 한 번에 여러 수업에서 읽기 과제를 받을 것입니다. 잘 읽는 사람도 기가 꺾이는 분량입니다. 만약 빠르고 쉽게 읽는다면, 학생들은 자신들의 과제를 수월하게 끝마칠 수 있을 것입니다. 그리고 학생들의 이해력이 증가된다면, 그들은 높은 점수를 받을뿐더러 짧은 시간에 그들의 공부를 완료할 수 있을 것입니다. 공부가 더 쉬워질 것이며 인생이 쉬워질 것입니다. 바로 앞에 닥친 대학입시도 쉬워질 것입니다. 그들이 쉽고 성공적인 읽기를 경험하게 되면, 과제뿐만 아니라 그들 자신의 즐거움을 위해 좀 더 자주 읽기 시작할 것입니다. 퀀텀 독서법은 정말 많은 문을 열어줍니다.

어떻게 작동하는지 보십시오. 여러분의 뇌는 빨리 읽기를 원합니다. 뇌는 여러분이 평균적인 속도로 읽는 것보다 훨씬 더 많은 단어를 이해할 수 있습니다. 하지만 여러분이 어려운 읽기 과제를 직면할 때 어떤 일이 벌어지나요? 만약 여러분이 다른 보통 사람들과 같다면 속도를 늦추십시오. 읽은 것을 더 천천히 생각할수록 많은 것을 이해할 것입니다.

역설적으로 반대 상황이 발생할 수도 있습니다. 천천히 읽기는 지루함을 유발하고, 여러분의 마음은 길을 잃기 시작합니다. 방금 읽은 것에 대해 어떠한 아이디어도 얻지 못한 채 한 문단을 다 읽어버립니다. 그래도 여러분은 알아차리지 못합니다.

높은 관심도와 집중력 그리고 특정한 읽기 전략을 조합 사용하는 퀀텀 독서법은 한 번에 여러 단어를 파악하는 뇌의 능력을 이용합니다. 5단계 방식을 통해 실행할 수 있습니다.

1. 호기심 있는 학습자가 되십시오.

퀀텀 독서법은 질문하는 것을 의미합니다. 각 읽기 과제를 시작하기 전에 자신에게 물어보십시오.

- 무엇에 관한 것인가?
- 이 정보에서 내가 얻고자 원하는 것이 무엇인가?
- 이 정보를 내가 어떻게 사용해야 하는가?

여러분에게 읽고 싶은 이유를 줌으로써 관심도를 높이십시오. 기억하십시오. 호기심에 찬 마음은 알기를 원합니다.

2. 집중 상태로 들어가십시오.

독서는 높은 집중력을 요합니다. 책상 위에 책을 세우십시오. 최선을 다해 읽도록 여러분의 알파 상태를 사용하십시오. 알파 상태에 들어가기 위해 똑바로 앉으십시오. 눈을 감고 심호흡을 하십시오. 평화로운 장소를 생각하십시오(앞에서 다뤘던 연습). 눈을 위아래로 굴리십시오. 눈을 뜨고 책을 보십시오.

3. 빨리 훑어보십시오.

알파 상태로 들어가면, 책을 빨리 훑어보십시오(SuperScan). 이것은 여러분이 할 수 있는 가장 빠른 읽기 속도입니다. 빠르게 읽기 과제의 각 쪽을 훑으십시오. 한 번에 한쪽 전체를 보십시오. 스키 선수가 경사면을 지그재그로 내려오듯이 여러분의 손가락을 페이지 좌우로 '스키'를 타듯이 움직이십시오. 눈을 빠르게 책장의 아래쪽으로 당기십시오. 제목, 굵은 글씨, 그림, 그래프, 장 마지막에 있는 질문 등 눈에 띄는 것을 찾으며 여러분의 눈이 손가락을 따라가도록 하십시오. 이렇게 여러 번 하다보면 내용이 익숙해지면서 책이 무엇을 말하는지 알 수 있게 됩니다. 그런 다음 책을 읽기 시작하면, 여러분은 더 빠르게 읽고 더 많이 이해할 것입니다.

훑어보는 동안 여러분 자신에게 물어보십시오. "이 책이 무엇에 관한 것인지 궁금한데? 무슨 의미지? 왜 이 사람이 중요하지?" 여러분의 마음은 질문을 사랑하고 자동적으로 답을 찾습니다. 책 앞쪽으로 돌아가 내용을 읽을 때, 답은 튀어나올 것입니다.

4. 읽으십시오.

다시 한 번 알파 상태로 들어가십시오. 읽기를 시작할 때 여러분이 읽기를 처음 배웠을 때처럼 한 줄 한 줄 손가락으로 글씨를 따라가십시오. 보통 속도보다 조금 빠르게 읽으십시오. 여러분의 손가락을 시각적 안내자로 사용함으로써 여러분의 읽기 속도를 두 배로 높일 수 있습니다. 여러분의 손가락이 눈을 밀어 책장을 가로지르게 하면, 여러분은 이전보다 더 빠르고 효율적으로 읽습니다. 그리고 이 손가락은 여러분이 한참 읽다가 '지금 어디를 읽고 있지' 하며 헤매는 일이 없도록 도와줍니다.

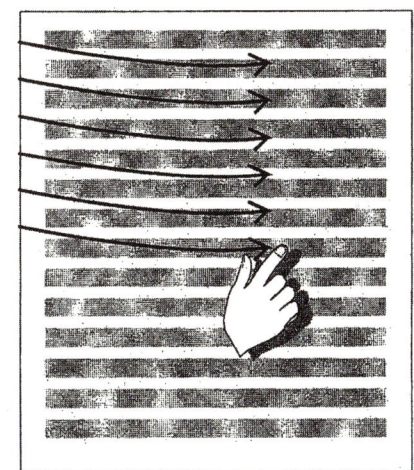

우리들 가운데 많은 사람이 한 번에 한 단어를 읽습니다. 좌뇌는 부분에 집중합니다. 퀀텀 독서가로서의 우리 목표는 전체를 이해하는 부분인 우뇌를 사용하여 한 번에 전체 단어 그룹을 읽도록 하는 것입니다. 여러분의 손가락을 따라가며 몇 개의 단어를 함께 보십시오. 둘 이상의 단어가 모인 구는 개별 단어보다 더 큰 의미를 가지고 있습니다.

5. 복습하십시오.

여러분이 방금 읽은 것을 마인드맵으로 만드십시오.

이것은 여러분의 기억 속에 학습을 단단히 하고 내용에 대한 여러분의 이해를 높입니다. 그러고 나면 여러분은 시험을 대비한 복습을 위해 마인드맵을 사용할 수 있을 것입니다.

청각적 학습자는 그들이 방금 읽은 것에 대해 이야기하는 것이 도움이 됩니다. 다른 학생에게 그들이 읽은 것을 설명하거나, 아니면 스스로에게 말하도록 장려하십시오.

위에 말한 방법을 사용함으로써 학생 대부분이 그들의 읽기 속도와 이해도를 상당히 증가시킬 수 있습니다. 슈퍼캠프에 참여한 많은 학생들이 두 배 이상을 기록했습니다. 만약 읽기 속도로 학생들을 놀라게 만들고 싶다면, 그들의 발전을 잴

퀀텀 독서법을 개발하십시오.

- 호기심 있는 학습자가 되십시오.
- 집중 상태로 들어가십시오.
- 빨리 훑어보십시오.
- 읽으십시오.
- 복습하십시오.

Hot Tip

읽기 과제를 마친 한 쌍의 학생을 부르십시오. 읽은 내용을 서로에게 교대로 설명하도록 하십시오. 이것은 이해와 기억을 향상시킵니다. 또 그들이 이해하지 못한 내용이 무엇인지 갑자기 확실해집니다. 질문을 위한 시간을 남기십시오!

수 있도록 사전 측정과 사후 측정을 제안합니다. 이것을 하기 위해서는 스톱워치와 읽을 자료가 필요합니다.

여러분의 스톱워치를 사용하여, 학생들이 과제를 읽도록 정확히 1분을 주십시오. 1분이 지나면 '그만'이라고 말하고, 학생들에게 그들이 읽은 마지막 줄에 표시를 하라고 하십시오. 그리고 그들이 읽기를 마치면 즉시 대답해야 하는 10개의 질문을 준비하십시오. 학생들에게 읽은 줄 수를 세라고 하고, 한 줄에 있는 평균 단어를 그 줄 수에 곱하라고 하십시오. 그 답이 바로 그들의 읽기 속도입니다.

퀀텀 읽기를 몇 번 연습한 뒤 다시 측정을 하십시오. 학생들 대부분은 속도가 엄청나게 향상됐을 것입니다. 그들이 무엇을 성취했는지 보는 것은 신나는 일입니다. 그리고 퀀텀 독서법이 정말 효과가 있다는 것을 학생들이 알면 이 독서법을 계속 사용할 것입니다.

여러분이 읽기 과제를 줄 때마다 학생들에게 퀀텀 독서법의 순서를 보여줄 것을 제안합니다. 이것은 5분밖에 걸리지 않고, 복습은 그 과정을 습관으로 만들어줍니다.

기억력 극대화하기

여러분의 마음은 여러분이 본 것, 들은 것 혹은 느낀 것 모두를 저장합니다. 이 말은 여러분이 완벽한 기억력을 가진 것을 의미합니다.

어려운 점은 정보를 불러내는 것입니다. 여러분은 학생들이(여러분 자신도) 몇 가지 기억 기술을 사용하여 긴 목록의 장소, 이름, 날짜 그리고 다른 정보들을 기억하도록 도울 수 있습니다.

{ 특별 게시판 }
기억은 주의의 기술이다.

좋은 기억력을 가지기 위해 여러분은 사실뿐만 아니라 의미와 연상도 의식적으로 입력해야 합니다. 만약 정보가 여러분에게 중요하게 여겨진다면 불특정한 사실과 모양을 기억하는 것보다 훨씬 쉬울 것입니다. 기억력을 극대화하기 위해 여러분은 반드시 정보를 의미화해야 합니다.

의미 있다는 말은, 정보를 잘 이해하는 것과 그 정보에 개인적 의미를 부여하는 것 모두를 뜻합니다. 종종 학생들은 시험을 대비해 정보를 기억하지 않습니다. 단지 뒤죽박죽된 이름과 날짜일 뿐 그들에겐 아무 의미가 없다는 것이 그 이유입니다. 이 정보를 중요하게 만드는 것이 무엇인지 아는 것은 학생들이 정보를 기억하는 데 큰 도움을 줍니다. 정보를 그들 삶 속에 있는 것들과 연결시키는 방법으로 정보에 개인적인 의미를 부여하는 것 또한 도움이 됩니다. 그것에 더하여, 선명한 연상을 만드는 것은 여러분의 상상력에 의해서만 제한되는 놀라운 도구입니다.

최근의 뇌 연구에서는 모습, 소리, 냄새, 맛과 느낌 등의 강한 감각 지각과 정보를 연결하는 것은 기억을 더 쉽게 만든다는 것을 알아냈습니다. 왜냐하면 뇌는 정보 조각을 나누어 저장하면서, 정보를 이러한 감각의 범주로 구성하기 때문입니다. 예를 들어 우리는 장미에 대해 생각할 때 꽃의 색깔, 냄새, 그리고 느낌을 뇌의 다른 부분에서 불러냅니다. 하지만 그 조각들은 장미를 구성하기 위해 모두 한곳에 모입니다(다마지오, 1994).

감각 이미지를 과장함으로써 우리는 정확히 기억할 수 있는 방법을 만들 수 있습니다. 과격한 모습과 밝은 색깔, 과장된

소리, 자극적인 향기, 물건의 느낌, 심지어는 강한 감정까지 우리가 정보를 쉽게 기억할 수 있도록 도와줍니다. 여기 하나의 예가 있습니다.

학생들이 볼프강 아마데우스 모차르트가 '피가로의 결혼'을 작곡했다는 것을 기억하길 원한다고 간주하겠습니다. 여러분은 아마 모(Mo)라는 이름의 남자가 큰 색채 그림(art)을 들고 있는 것을 생각하라고 말할 것입니다(Mo's art, Mozart라는 의미로). 이 그림에서, 신부와 신랑은 줄지어 있는 무화과나무(fig)들 가운데에 서 있습니다. 큰 소리의 음악이 연주되고, 모는 우렁차게 노래합니다. "피가로, 피가로, 피가로(Figaro, Figaro, Figaro)!"

학생들 대부분은 이것에 재미를 느낍니다. 기억법을 가르칠 때, 위에 있는 것과 같은 예를 주십시오. 그리고 그들이 자신만의 연상을 만들도록 하십시오. 비정상적으로 만들수록 더 잘 기억합니다. 여러분은 이것에 관한 게임을 만들 수 있습니다. 연상을 먼저 주고 여러분이 가르치는 것이 무엇인지 추측하도록 하십시오. 우리는 이 방법을 슈퍼캠프에서 많이 사용합니다. 이 방법은 학생들이 배울 것이 무엇인지 발견하도록 기다리게 하면서 그들을 매료시킵니다. 순간적으로 "아하!" 하고 깨닫게 되는데, 이것은 재미있는 방법으로 기억에 남도록 만듭니다.

연결하기/이야기로 만들기

긴 정보의 목록을 가르치기 위해, 특히 그 정보가 특정한 순서로 기억되길 원할 때 연결법을 사용하십시오. 연상을 이용하는 것은 체인의 연결고리처럼 각각의 아이템을 옆으로 연결합니다.

그 예로, 여러분은 심장이 어떻게 피를 펌프질하는지 학생들에게 가르치고 싶다고 간주합시다.

심장기능: 심장은 왼쪽과 오른쪽에 각각 2개씩, 모두 4개의 방으로

구성되어 있습니다. 심장의 위쪽에 있는 2개의 방을 심방이라 하고, 아래쪽의 2개의 방을 심실이라 부릅니다. 한 방향으로 된 판막이 이 네 방을 통해 흐르는 피를 제어합니다. 몸의 각 부분에서 심장으로 흐르는 피는 푸르스름합니다. 이것이 산소와 결합되었을 때 붉은색이 됩니다. 몸에서 흘러온 피는 첫 번째로 우심방으로 흘러 들어갔다가 우심실로 내려갑니다. 그리고 심장은 이것을 폐로 보냅니다. 그곳에서 피는 폐기물인 이산화탄소와 산소를 교환합니다.

산소가 공급된 피는 좌심방으로 흐릅니다. 그리고 그것은 주 동맥인 대동맥을 통해 피를 심장에서부터 우리 몸의 나머지 부분까지 멀리 보내는 기능을 하는 좌심실로 흐릅니다. 이 정보를 다음과 같은 이야기를 통해 연결하십시오.

유명한 하트 호텔(Heart Hotel)에 도착한 여러분은 시설 안내를 요청합니다. 그러자 객실 청소부(chambermaid)인 블러드 플로(Blood Flow) 양이 즉시 도착해 안내해줍니다. 블러드 플로 양은 하트 호텔에 두 개의 아트리움(atrium)과 두 개의 통풍구(vent), 총 네 개의 공간(chamber)이 있다고 말합니다. 그녀는 첫 번째로 여러분을 오른쪽 아트리움으로 안내합니다. 주위를 둘러보니 그곳의 모든 식물이 파란색입니다. 블러드 플로 양도 파란색으로 변했습니다. 여러분은 되돌아가고 싶지만 문의 밸브(valve)가 이쪽에서는 열리지 않습니다. 여러분과 블러드 플로 양은 한쪽 방향으로만 이동할 수 있습니다. 그뿐만 아니라 오직 통풍구를 통해서만 이 아트리움에서 나갈 수 있습니다. 여러분은 오른쪽 통풍구를 통해 기어서 이동을 계속합니다. 여러분은 '졸, 졸, 졸(trickle, trickle, trickle)' 흐르는 소리를 듣습니다.

"오른쪽 통풍구는 졸졸 흐릅니다(옮긴이주: The right vent trickles. 영어로 우심실은 right ventricle)"라고 블러드 플로 양이 설명합니다. 여러분은 '폐(L-Lungs)'라고 적힌 두 개의 큰 펌프가 있는 방으로 갑니다. 블러드 플로 양은 'CD-이산화탄소(carbon dioxide)'라고 적힌 쓰레기 가방을 'O-산소(oxygen)'라고 적힌 빛나는 새 가방으로 바꿉니다. 산소를 섭취함에 따라 그녀는 밝은 빨간색으로 바뀝니다. 그리고 그녀는 왼쪽에 있는 다른 문을 통해 여러분을 아트리움이라고 쓰인 곳에 데려갑니다. 왼쪽 아트리움에 있는 모든 식물은 빨간색입니다. 여러분은 왼쪽 통풍구를 통해 기어가고 또 한 번 '졸, 졸, 졸' 소리를 듣습니다.

"왼쪽 통풍구는 졸졸 흐릅니다(옮긴이주: The left vent trickles. 영어로 좌심실은 left ventricle)"라고 블러드 플로 양이 다시 말합니다. 여러분이 통풍구를 헤쳐나올 때 그녀는 여러분을 밖으로 밀며 "또 오세요"라고 말합니다. 여러분은 쉰 소리로 "아무렴요(옮긴이주: I otta(I ought to). 대동맥인 Aorta와 비슷한 발음의 영어)"라고 대답합니다.

위치법

이 방법으로 우리는 기억하고자 하는 정보를 특정한 위치에 연관 짓습니다. 우리가 정보를 특정한 장소에 둔다면, 정보를 거기서 본다면, 그리고 정보에 소리나 동작을 제공한다면, 그 정보를 쉽게 불러낼 수 있을 것입니다. 연상이 엉뚱할수록 기억하기 쉽습니다.

학생들은 그들에게 익숙한 어떤 장소나 물건이라도 사용할 수 있습니다. 예를 들면, 몸의 일부나 시계 문자판 혹은 교실 의자의 배열같이 쉽게 마음속에 그릴 수 있는 것을 사용하라고 강조하여 말해주십시오. 학생들은 그들이 배운 것과 일치하는 장소, 움직임 그리고 소리를 찾아내야 합니다.

여러분의 학급이 금요일에 열리는 퀴즈를 위해 5개의 어휘를 기억해야 한다고 가정합시다. 여러분은 모두가 A를 받고 성취감을 맛보길 원합니다. 그래서 여러분은 다음의 방법을 가르칩니다.

교사: "여러분 집에 방이 다섯 개 있다고 상상하세요. 우리는 단어의 정의를 포함하여 하나의 단어를 각각의 지점에 달 것입니다. 위에서부터 시계 방향으로 시작합시다."

"모두 머릿속에 여러분의 집과 그 안을 함께 그려보십시오. 다섯 개의 방이 있습니다. 문 위에는 두 자루의 낡은 결투용(dueling) 권총이 균형 있게 걸려 있습니다. 여러분은 두 총이 서로를 쏠 때 요란한 탕! 소리를 듣습니다." (여러분의 양쪽 손가락으로 상상의 총을 만들어 서로 쏘십시오.)
"그들은 두 자루 권총 모두가 두 부분(two parts)으로 분리될 때까지 총을 쏩니다."

첫 번째 단어: 이중성(Dualism)

'정의: 두 개가 된, 또는 두 부분을 가진 상태'

"여러분의 집에 있는 커피 테이블 위에 크리스털 공이 있습니다. 그것으로 여러분은 미래를 볼 수 있습니다. '오오오오오'라고 주문을 외십시오." (상상의 크리스털 공을 가로질러 손을 흔드십시오.) "여러분이 손을 가로질러 흔들 때, 큰 숫자 4(four)가 나타납니다. 여러분은 숫자 4가 구부러지기 시작하여

활처럼 휘어질(bowed) 때까지 봅니다."

두 번째 단어: 예언하다(Forebode)

'정의: 미리 말하거나 예언하다'

"저녁 식탁 위에 새로운 기적의 피부 크림이 담긴 큰 항아리가 있습니다. 크림 뚜껑(lid)에는 '인바(Inva)'라는 이름이 적혀 있습니다. 빼빼 마르고 허약해 보이는 여자가 뚜껑을 열고 크림을 바르려고 시도합니다. 하지만 그녀는 너무 허약해서 자신조차 돌볼 수 없습니다." (항아리를 힘들게 여는 연기를 하고 끙끙대는 소리를 크게 내십시오.)

세 번째 단어: 병약자(Invalid)

'정의: 자신을 돌보기도 어려울 만큼 허약해 보이는 사람'

"부엌에 순진한 이브(Eve)가 사과를 들고 앉아 있습니다. 하지만 뱀이 그녀에게 사과를 먹으라고 말하자 그녀는 '아니, 아니(Nah, Nah), 이번엔 그러지 않을 거예요.'라고 말합니다. (고개를 흔드십시오.)

네 번째 단어: 순진한(Naive)

'정의: 단순한, 영향 받지 않은, 세련되지 못한'

"여러분은 침실에서 프래고매틱(옮긴이주: Prag-O-Matic. …-O-Matic은 상표

명에 많이 사용되는 명칭으로 오토매틱(automatic, 자동적인)이라는 의미를 연상시킴)이라는 이름의 거대한 진공청소기를 봅니다. 가격이 상당히 실용적(practical)입니다. 이 진공청소기는 카펫, 커튼, 침구 등 뭐든지 청소할 수 있습니다. 이것은 태양 에너지로 아주 실용적으로 작동합니다. 이것은 시끄러운 윙윙 소리를 냅니다." (큰 진공청소기를 미는 것처럼 연기하십시오.)

다섯 번째 단어: 실용적인(Pragmatic)

'정의: 실질적인 고려와 관계된, 실질적인 관점'

학생들 대부분은 기억법에서 큰 재미를 느낍니다. 그들은 엉뚱한 연상을 찾아내기 위해 상상력을 즐겁게 사용합니다. 그리고 놀라운 기억력 자랑하기를 좋아합니다. 기억법을 간간이 수업에서 사용하는 것으로 그 기술을 강화시키십시오. 그리고 학생들에게 시험 공부를 할 때 사용하라고 알려주십시오.

학생들이 기억법을 이해했다면, 그것으로 게임을 만들 것을 제안합니다. 마치 이야기를 하는 것처럼 먼저 연상할 수 있도록 가르치십시오. 그리고 그들이 방금 배운 것이 무엇인지 알아내게 하십시오. 이것은 학습을 즐겁게 만들고 학생들에게 흥미를 유지하게 합니다.

복습

복습

자, 배우기를 원하고, 효과적으로 학습하는 기술을 가진 학생들을 상상해보십시오. 자신의 학습 스타일을 알기 때문에 자신에게 최고의 효과를 내는 방법으로 내용을 파악합니다. 그들은 마인드맵, 노트:TM 그리고 순환 학습을 사용하여 내용을 효과적으로 정리합니다. 학생들은 알파 상태를 이용하고, 중요한 정보를 재미있고 의미 있는 연상으로 기억함으로써 퀀텀 독서가가 됩니다. 이런 학생들로 가득 찬 학급을 가르치는 것은 얼마나 즐거울까요.

여러분이 아는 것에 체크하세요.

☐ 개인 학습 스타일
☐ 학습을 위한 강력한 상태
☐ 마인드맵 그리고 노트:TM
☐ 퀀텀 독서법
☐ 기억법

축하합니다!
자신의 학습을 책임지는 학생들의 능력!

축 하

09

9장_ 내용

잘못된 상황과 인간관계를 해결하는 삶의 기술

ⓐ 선 위에서 살기

ⓑ 명확한 커뮤니케이션

ⓒ 좋은 관계를 만드는 친밀감

학생들이 성공의 8가지 열쇠를 따르고, 명확하게 커뮤니케이션 하고, 행동에 대해 책임을 지고, 깨진 관계를 바로잡는 곳이 교실이라면 어떻게 될까요?

이러한 종류의 상호작용은 여러분이 가르치는 데 어떤 영향을 줄까요?

상상해보세요. 콜린은 친구의 장난 때문에 짜증이 납니다. 무언가 무례한 말을 하고 싶은 잠깐의 유혹이 지나갑니다. 벽에 있는 성공의 8가지 열쇠를 보았기 때문입니다. 콜린은 책임감 열쇠에서 '이 실망스런 상황과 그가 무슨 관계지?'라고 자신에게 확인합니다. 그는 이 상황이 친구의 잘못이 아니라는 것을 압니다.

그는 또한 '매끄럽게 상황을 처리하고 그냥 지나가게 하려면 어떤 말을 더 할 수 있을까?'라고 좋은 의도로 말하기 열쇠를 확인합니다. 그는 심호흡을 하고 이 수업에서 배웠던 간단한 커뮤니케이션 모델을 재빨리 사용합니다. 그리고 친구와의 문제를 해결합니다. 두 사람 모두 하던 과제로 즉시 돌아가고, 긴장은 사라집니다.

능숙한 지휘자가 연주자들로부터 아름다운 음악을 끌어내는 것처럼, 여러분은 인간관계 기술을 사용하여 학생들의 진실성과 능력을 오케스트레이션합니다. 한편 '삶의 기술' 또는 '사교 기술'은 우리가 학교에서 배운 적이 없지만, 우리 각자가 다른 이들과 교감과 관계를 만들고 유지하도록 힘을 줍니다. 이 기술이 없는 학생들은 살면서 불리할 수 있는데, 종종 '위험 상태'에 있는 학생들이 바로 그러한 것들이 부족한 학생임을 알 수 있습니다.

에듀케이셔널 리더십의 전 편집장인 로날드 브랜트는, "부모들은 최고의 아이들을 우리에게 보냅니다. 그들은 뛰어난 아이를 집에 두지 않습니다!"라고 언급합니다. 브랜트는 부모(또는 적어도 작년의 선생님)가 아이들에게 더 잘하기를 우리가 얼마나 많이 바라는지와는 무관하게 우리가 학생들을 있는 그대로 받아들여야 한다고 상기시켜줍니다.

콜롬비아 경영 대학원의 강사인 주디스 앤더슨은 많은 회사들이 경영대학원 졸업생들에게 부족한 첫 번째 속성으로 '인간관계 기술'을 꼽는다고 증언합니다. 기업은 이렇게 말합니다. "경영대학원의 '최고 정예

> 많은 회사들이 부족한 요소로 인간관계 기술을 언급하고 있다.

들'이 학교에서는 잘할지 모르지만 인생에서는 아닙니다. 그들은 빈틈없이 계획하고 논문에 의존할 수 있지만, 독립적으로 생각할 수 없습니다. 그들은 경쟁은 잘하지만 협동은 못합니다. 학교생활에서 그들을 최고로 이끈 전략들이 실제 직업 세계에서는 효과가 별로 없다는 것을 보여줍니다."

정보

이 전략들은 다음과 같습니다.

- 경쟁하기
- 지침 따르기
- 묻지 않고 시키는 대로 하기(준수)
- 답과 훌륭한 아이디어를 비밀로 하기
- 자기 자신의 일을 행하기
- 옳지 않은 답은 틀린 것이라고 믿기
- 부정적인 피드백은 실패라고 생각하기

실제 인생에서 부정적인 피드백은 실패 또는 다른 어떤 것도 의미하지 않습니다. 그 안에는 아무런 의미도 없습니다. 단지 "다시 시도해"라는 메시지입니다.

우리는 슈퍼캠프에서 학생들이 삶의 기술을 성공적으로 개발하도록 도왔습니다. 학생들은 자신감을 얻고, 자신을 표현하는 법을 배우고, 그들 자신의 가능성에 대해 흥분을 느꼈습니다(보스-그뢴덴달, 1991).

슈퍼캠프 졸업생 가운데

- 81%가 더 많은 자신감을 개발했고,
- 84%가 자기 존중을 증가시켰고,
- 80%가 더 나은 관계를 가졌고,
- 90%가 자아 이미지를 개선했습니다.

여러분도 학급에서 같은 성취를 이룰 수 있습니다! 내용 이상의 것을 가르침으로써 여러분은 그들이 인생을 좀 더 효과적으로 살도록 준비시킬 수 있습니다.

예를 들면, 3장에 있는 성공의 8가지 열쇠를 다시 생각해보십시오. 기초의 일부분으로서, 열쇠는 여러분의 모든 교수, 학습 그리고 개인적 상호작용을 위한 배경을 제공합니다. 그것들은 또한 학생들의 인생에 중요한 변화를 만듭니다. 여러분이 열쇠들을 학습 내용에 집어넣고 일관되게 따름으로써, 그것들은 그냥 좋은 아이디어가 아닌 교실에 있는 테피스트리(옮긴이주: 색색의 실로 수놓은 벽걸이 장식)를 구성하는 실들과 같이 하나의 존재 방식이 됩니다.

 선 위에서 살기

어떤 학생들이 책임을 회피할 때 다른 학생들이 그들에게 책임 있는 행동을 요청하는 것과 같이 여러분의 학생 모두가 자신들의 모든 행동에 책임을 지는 곳에서 온 학생들이라면, 여러분은 좋아하지 않겠습니까? 여러분은 그런 환경을 오케스트레이션할 수 있습니다! 강력한 삶의 기술인 '선 위에서 살기'는 교육에서 나온 것이 아니라 '돈과 당신(Money & you)'이라는 기업가와 사업가들을 위한 과정에서 나왔습니다.

> **'선 위에서' 살기**
>
> 책임　선택
>
> 해결책
>
> 기꺼이 하려는 태도
>
> ## 책 임 감
>
> 타인 비난하기
>
> 포기하기　정당화하기
>
> 이유　부정하기
>
> **'선 아래에서' 살기**

커뮤니케이션의 근본이자 개인적 상호작용으로서 선 위에서 살기는 8가지 열쇠 가운데 하나인 책임감(자신의 행동에 책임을 지는 것)을 강조하고 실행하도록 합니다. 이 열쇠 하나가 많은 사업과 퀀텀 교수법 환경에 긍정적인 영향을 주었습니다. 특히 수업하는 첫 며칠 동안 이 기술을 다른 학생들과 공유하십시오. 왼쪽에 있는 그림을 여러분 모두(학습 공동체 안의 모두, 교사와 학생)를 위한 참고 표시로 쓰십시오. 여러분 교실 벽에 붙이십시오. 며칠 안에 여러분은 학생들이 그들의 책임감(자신이 한 말이나 행동에 책임을 지는) 수준에 대해 서로 책임을 지게 만드는 학생들을 보게 될 것입니다.

근본적으로 여러분은 두 가지 방법으로 살 수 있습니다. 선 위에서 또는 선 아래에서.

선 아래에서 살기

어떤 사람들은 책임에 대한 손쉬운 대안으로 타인 비난하기, 정당화하기, 부정하기 그리고 중지하기 등 선 아래의 특징을 사용합니다.

타인 비난하기

선 아래에서 생각하기 가운데 가장 쉬우면서, 어쩌면 가장 해로운 형태입니다.

교사의 예

"어제 교장 선생님과 방과 후에 특별한 만남을 가졌어요. 그 자리에서 교장 선생님은 야간 채점 대신에 자신의 특수 프로젝트를 하라고 지시했어요."

학생의 예
"그 애가 나에게 이야기하는 중이었어요. 전 아무 말도 하지 않았어요."

여러분에게 유력한 핑계가 있다고 생각하겠지만, 그것은 문제를 해결하거나 책임감을 촉진할 수 없습니다. 악감정을 유발하는 것도 확실합니다.

정당화하기
여러분이 기대한 것만큼 성과를 내지 못한 이유를 찾아내는 형태입니다.

교사의 예
"지난밤에 일이 너무 많았어요. 여러분의 자료를 볼 틈도 없었어요."

학생의 예
"다른 애들도 떠드는 걸요."

선 아래에서 생각하기는 이유나 변명이 모든 것을 해결할 것이라고 믿으면서 실패에 대한 이유를 제공합니다.

부정하기
이것은 문제를 사라지게 하지 않습니다.

교사의 예

"무슨 자료요? 저는 오늘 그것을 끝마치겠다고 말한 적이 없어요."

학생의 예

"저는 떠들지 않았어요."

이렇게 분명하게 효과 없는 반응들은 다른 사람들에게 큰 좌절을 초래하고, 여러분이 신뢰할 수 없거나 정직하지 못한 사람처럼 보이게 만들 수 있습니다.

중지하기(포기하기)

선 아래에서 생각하기 가운데 가장 낙심하게 만드는 형태입니다. 시도조차도 불필요하다고 생각할 만큼 여러분이 실패할 것이라고 강하게 믿을 때, 여러분은 시작도 하기 전에 성공을 향한 기회를 망쳐버리게 됩니다. 이러한 종류의 생각은 여러분의 실패에 대한 변명을 만들어줍니다. 여러분이 이런 방법으로 반응할 때, 여러분은 자신을 기만하고 약화시키는 것입니다.

교사의 예

"그것을 완수하지 못할 거라는 사실을 알고 있었어. 그래서 시도조차 하지 않았지. 어쨌든 그건 중요하지 않아."

학생의 예

"그래, 어떤 것이라도 안 해."

선 위에서 살기

평균 이상은 책임감(response-ability) – 우리는 이것을 '응답하는 능력을 가진 것'이라고 정의 내립니다 – 위에 있습니다. 이 능력은 선택과 자유를 가져다줍니다. 선 위에서 살기는 여러분의 행동에 책임을 지는 것이며, 필요할 때 고치고자 노력하는 것입니다. 이것은 대안을 찾고 해결책을 선택하며 보다 효과적인 방법을 찾는 것입니다.

선 위에서 생각하기는 더 큰 자유로 이끕니다. 여러분은 그저 뒤로 기대앉아서 실패를 받아들이지는 않을 것입니다. 여러분은 성공으로 여러분을 움직이기 위해 여러분의 경험을 사용하고 있습니다. 상황에 의해 조종당하는 것보다 여러분 자신의 행동을 직접 결정하십시오.

'Response-ability'
응답하는 능력

예

만약 여러분이 학생들과 약속한 날짜에 채점한 시험지를 돌려주지 못했을 때 여러분이 선 위에서 살고 있다면, 여러분은 학생들에게 아마 이렇게 말할 것입니다.

"선생님은 채점을 다 끝내지 못했어요, 미안합니다. 이것을 바로잡기 위해 선생님이 무엇을 할 수 있을까요? 오늘까지 제출하기로 한 숙제 기한을 하루 늘려주거나 자유 숙제일을 잡는 것은 어떨까요? 다음부터는 시험지를 제때에 돌려주는 데 최선을 다할 것입니다."

선 위에서 사는 학생들에게 그만 이야기하라고 말한다면, 학생들은

"예"라고 하면서 이야기를 멈출 겁니다.

여러분이 선 위에서 살 때, 여러분은 자신의 인생에 대한 책임을 집니다. 여러분은 무언가 일어나게 만들기 시작합니다. 여러분은 더 큰 통제력을 가지게 됩니다. 왜냐하면 자신의 현재 상황에 대해 자신 이외의 것을 탓하는 일을 멈췄기 때문입니다. 이것은 많은 학생들에게 중요한 '아하!'입니다. 그들은 자신의 교육, 관계 또는 그들 삶의 다른 영역에서 책임감을 가질 수 있습니다. 단순히 태도에 책임감을 가짐으로써 학생들은 자신의 인생에 거대한 변화를 만들 수 있습니다.

책임감을 갖는 것은 또한 여러분에게 발생한 일을 남의 탓으로 돌리지 않는 것을 의미합니다. 부모, 사회적 지위 또는 상황을 탓하는 것은 오직 막다른 길로 인도합니다. 책임감은 여러분에게 발생한 일을 그저 받아들이기보다는 응답하는 능력입니다. 여러분이 뒤로 기대앉아 받아들일 때, 일이 여러분에게 일어납니다. 여러분이 행동을 취할 때, 여러분이 일을 일어나게 합니다.

 명확한 커뮤니케이션: 가시적 vs 비가시적

여러분과 학생들이 갈등과 실수를 다루기 위한 쉽고, 효과적인 언어를 가졌다면 어떻게 될까요? 여러분 학급에서, 학습과 관계가 어떻게 향상될 수 있을까요? 이 책에서 읽은 것을 통해 여러분은 학생들과의 커뮤니케이션에서 명료성을 만드는 것이, 특히 감정적으로 대립한 상황에서 얼마나 중요한지 압니다. 이 명료성에 접근하기 위한 첫 번째 단계는 커뮤니케이션이 비가시적이 아니라 가시적이라는 것을 확신하는 것입니다. 예를 들어 보겠습니다.

상상해보십시오. 여러분의 가장 친한 친구가 지금 전화해서 물어봅니다. "이번 주 금요일 밤에 뭐할 거니?"

여러분은 이렇게 대답할 수 있습니다. "바빠." 그러면 친구는 이렇게 대답할 수 있습니다. "아쉽다. 이번 주 금요일 밤에 네가 가장 좋아하는 가수들의 콘서트가 열리는데, 그 티켓이 두 장 있거든. 하지만 괜찮아. 다른 사람한테 물어볼게."

어떻게 생각했나요? 아마도 여러분은 "이런, 미리 알았다면 다른 대답을 했을 수도 있는데!"라고 생각하고는 다시 다음과 같이 대답할 수 있습니다. "이번 주 금요일 밤에 아무 일도 안 해." 그러면 여러분 친구는 이렇게 대답할지도 모릅니다. "좋아! 그날 네가 가장 좋아하는 가수들의 공연 티켓이 두 장 있는데, 네가 우리 아이를 봐줬으면 좋겠어. 그럼 내가 콘서트에 갈 수 있으니까!" 이제 어떻게 생각했나요? 아마 "이런, 미리 알았다면 다른 대답을 했을 수도 있었을 텐데!"라고 생각했을 겁니다.

여러분이 실제로 경험했을 만한 또 다른 예가 있습니다. 여러분은 친구들과 함께 학교 휴게실에 있고 한 명이 물어봅니다. "조이에 대해 어떻게 생각해?" 여러분은 어떻게 대답할지 몰라 머뭇거립니다. 만약 여러분이 "내 생각에 조이는 멍청이 같아"라고 말했다면 여러분 친구는 이렇게 말할 수도 있을 것입니다. "네가 그런 말을 하다니 믿을 수가 없어. 조이는 내 가장 친한 친구야!" 아니면 여러분이 "나는 조이를 굉장히 좋아해"라고 말했다면 여러분 친구는 아마 이렇게 말했을 수 있습니다. "어떻게 그럴 수 있니? 그가 나한테 끔찍한 짓을 얼마나 많이 한 줄 아니?" 으악!

이것들은 우리가 '비가시적'이라고 부르는 뒤얽힌 형태의 커뮤니케이션의 예입니다. 왜냐하면 이것은 명확함과 커뮤니케이션의 목적이 들는 사람에게 보이지 않기 때문입니다. 이것은 혼란, 불신 그리고 모호함을 초래합니다. 커뮤니케이션에서 신뢰, 진실 그리고 고품질 커뮤니케이션을 만들려면, 여러분은 가능한 한 가시적인 상태를 유지해야 할 것입니다. 그러면 여러분은 상호작용에서 가장 성공 가능성이 있는 기회를 선택할 수 있습니다.

퀀텀 교수법에서는, 커뮤니케이션을 가시적이며 일관성 있게 만드는 두 가지 도구를 사용합니다. 우리가 일할 때 사용할 뿐만 아니라, 배우자, 동료 그리고 물론 학생들과도 교실 안 그리고 다른 모든 곳에서 사용합니다. 우리는 그것들을 커뮤니케이션의 대들보로 가르칩니다. 이것들은 커뮤니케이션을 다루기 위해 상호 합의된 방법들입니다. 그 두 가지 도구는 OTFD와 4단계 사과입니다.

OTFD: Open the Front Door

우리는 잠재적인 갈등이 존재하는 상황에 이 도구를 사용합니다. 이 접근 방법은 갈등을 빨리 해소하고 듣는 사람의 자존감을 유지합니다. 그리고 양쪽 모두 관계를 계속하고 유지할 수 있습니다. 여러분이 다루어 왔던 어떤 학생 또는 동료에게 가질 수 있는 이것의 영향력을 상상해보십시오. 여러분이 방법을 기억하고 순서를 잊지 않도록 돕기 위해, 이것을 'Open The Front Door(OTFD)'이라고 부릅니다. 이 은유는 우리가 앞문을 통해 눈에 띄게 커뮤니케이션에 들어가라고 상기시킵니다.

O = 관찰(Observation)

첫째, 양쪽 모두 같은 점에서 시작하도록 객관적으로, 관찰할 수 있는 방법으로 무슨 일이 벌어졌는지 말하십시오. 예를 들면 "네가 첫 네 가지 과제 모두를 늦게 제출하는 것을 봤어." 이것은 비판이나 결론이 아닌 사실의 진술이라는 것을 주목하십시오. 이것은 단지 데이터일 뿐입니다.

T = 생각(Thought)

다음으로, '나'로 시작하는 표현을 사용하면서 여러분의 생각 또는 의견을 말하십시오. 예를 들면 "내가 생각하기에 마감일자나 방침을 명확히 알려주지 못한 것 같구나." 아니면 "네가 제시간에 과제를 낼 수 없게 가로막는 무언가가 있는 것 같구나."

F = 느낌(Feeling)

'나'로 시작하는 형태로, 여러분의 느낌을 공유하십시오(선생님을 슬프게 만드는구나, 대신 나는 슬퍼, 화나, 기뻐 등). 예를 들면 "네가 과제를 끝마치지 못한 것을 봤을 때, 난 실망감과 절망감을 느꼈어."

D = 바람(Desire)

여러분의 의도 또는 여러분이 원하는 결과를 말하십시오. 예를 들면 "난 너희들이 항상 숙제를 제시간에 냄으로써 최고 학점을 받기 바란다. 너희들이 그렇게 하도록 내가 도울 수 있는 방법이 있겠지?"

이 방법의 아름다움은 이것의 순서 안에 있습니다. OTFD 없이도 우리는 보통 위의 모든 영역을 건드리며 끝나지만, 다른 사람이 들을 수 있는 방법은 아닙니다. 무슨 일이 벌어지는지 보십시오.

우리가 느낌으로 시작할 때: "나 화났어." 듣는 사람은 왜 화났는지 알지도 못한 채 즉시 방어적이 되어 버립니다.

우리가 생각 또는 의견으로 시작할 때: "내 생각에 넌 무책임해." 듣는 사람은 그런 식으로 생각하게 만든 이유를 찾는 대신 어떤 권리를 갖고 그런 판단을 내리는지 궁금해 하며 여전히 방어적이 됩니다.

우리가 바람으로 시작할 때: "내 생각에 너는 제대로 하지 않으려면 나가야 해." 다시 한 번, 듣는 사람은 지금의 대화 주제에 대해 생각하는 대신 어떤 상처 주는 말을 돌려줄지 생각하며 방어적이 됩니다.

관찰로 시작함으로써, 커뮤니케이션은 양쪽 사람들 모두 같은 시작점에 있도록 만들어주며 마음을 열고 듣게 해줍니다. 여러분은 첫 번째 단계 바로 그곳에서 많은 오해를 처리할 수 있습니다. 만약 첫 번째 단계에서 처리하지 못한다면, 커뮤니케이션을 촉진하기 위해 OTFD를 살펴보십시오. 이 순서로 생각을 정리하기 위해 여유를 둠으로써 우리는 듣기에 더 차분하고 더 쉬운 방식으로 각 부분의 말을 만들 수 있도록 충분히 속도를 늦출 수 있습니다.

이것이 어디에서 효과가 있을까요? 우리는 이것이 배우자, 동료, 관리자, 학생 그리고 그들의 부모에게 놀랍게 작용하는 것을 보았습니다. 여러분에겐 어떤가요? 이것이 효과가 있을 만한 사람을 생각할 수 있나요?

갈등을 해소하는 것에 추가해서 OTFD는 또한 칭찬을 눈에 띄도록 커뮤니케이션하는 것에도 효과가 있습니다. 행동에 대한 연상을 즉시 내면화하고 그 행동을 쉽게 복제할 수 있는 그러한 방식으로 학생들을 인정하고 싶으십니까?

이 책의 앞부분에서 지적했던 것처럼 우리는 너무나도 자주 "훌륭해", "좋아" 또는 "잘했어"라고 말합니다. 이 말은 학생들을 기분 좋게 만들지만, 그들이 왜 그런 말을 듣는지, 무슨 일을 하면 다음에도 같은 칭찬을 받을지 항상 아는 것은 아닙니다. 학생은 아마 이렇게 생각할 것입니다. "뭐가 좋은 거지, 내 글? 아니면 내 글씨체?" OTFD로 보이게 하십시오. 여러분은 이렇게 말할 수 있습니다.

다음 각각의 글을 OTFD 형태로 바꾸어 쓰십시오.

- "훌륭해!" (시험에서)
- "굉장해!" (물건을 치운 것에 대해)
- "쯧쯧" (학생이 숙제를 제출하지 못할 때)

"너의 글에 서사적인 단어를 많이 사용한 것을 보았을(O) 때, 나는 이것이 이해하기 쉽고 네가 쓴 글에 대해 상상하는 것이 쉽다고 생각했다(T). 난 너의 서사문 때문에 즐거웠어(F). 더 좋은 글을 기대해(D)."

4단계 사과

두 번째 커뮤니케이션 도구는 진실성의 열쇠를 강조합니다. 여러분이 완벽한 진실 속에서 살고 싶은 만큼 이것은 도전이 될 수 있습니다. 여러분이 빠르고 진실하게 실수를 해결했을 때, 여러분이 유지할 수 있는 감정적이며 관계적인 신뢰의 수준을 상상해보십시오.

여러분이 실수했을 때 사과하는 것은 쉽지 않습니다. 그러나 여러분과 여러분의 학생들이 그 상황에 있는 자신을 발견했을 때, 4단계 사과가 도움이 될 수 있습니다. 이것은 여러분이 무엇을 했는지 인정하게 하고, 그것에 대한 책임을 지게 합니다. 그리고 실제의 사건을 넘어 여러분 행동의 결과를 보게 합니다. 여러분은 그 결과를 말하고 다른 행동을 선택하는 것으로, 여러분이 영향을 준 사람이 화나거나 분한 느낌에서 사려 깊고 지지하는 쪽으로 움직이게 할 수 있습니다. 여러분은 이 문장을 통해 4단계를 기억할 수 있습니다. "모두 내 관계에 관한 것이다(It's All About My Relationships)."

A = 인정(Acknowledge)
잘못을 시인하는 것으로 여러분의 행동에 책임을 지십시오. 말할 때 '나'로 시작하는 문장을 사용하십시오. "나는 숙제 내지 않은 것을 인정합니다."

A = 사과(Apologize)
여러분의 행동이 초래한 비용 또는 피해를 언급하십시오. "약속을 어기고 좌절감을 드린 것에 대해 사과합니다."

M = 바로잡기(Make It Right)
행동의 결과를 처리하고, 해결책과 함께 보상을 제안하십시오. "이것을 어떻게 바로잡을 수 있을까요?"

R = 다시 약속하기(Recommit)
관계를 회복할 적절한 행동을 약속하십시오. "내일까지 과제를 모두 제출할 것과 앞으로 과제를 제시간에 내기 위해 최선을 다할 것을 약속합니다."

사람들은 종종 자신이 한 일 또는 하지 않은 일에 대해 사과할 때 자신을 낮추는 것이라고 생각하고 결과적으로 좌절감을 느낍니다. 여러분은 "미안해"라는 말을 듣거나, 하고도 불완전한 느낌을 받은 적이 얼마나 많습니까?

4단계 사과를 사용하는 것은 우리의 실수를 말끔히 없애주고 우리의 진실성을 바로잡아 줍니다. 먼저 시범을 보이십시오. 그리고 학생들이 이 중요한 삶의 기술을 사용하도록 장려하십시오.

4단계 사과가 여러분과 다음 사람들을 위해 어디에서 작용할 수 있을까요?

- 배우자
- 동료 교사
- 관리자
- 학생
- 부모

 **좋은 관계를 만드는 친밀감**

여러분은 학생에게 다가가는 데 더 많은 시간과 에너지를 쓰면서도 '불화를 없애는 것'에는 적게 쓰고 있습니다. 그렇게 하는 것이 안전하고 매력적이긴 하지만, 학생들이 서로를 존중하고 팀으로 공부하도록 도전하게 할 수는 없습니다.

우리는 '친밀감'이 서로의 관계에 적용될 때 '가까움'이라고 정의합니다. 우리가 수업에서 하는 연습은 학생들이 서로를 더 잘 알 수 있는 기회를 제공합니다. 이것은 '친밀감 연습(경영 컨설턴트인 매기 웨이스에게 배운 활동)'이라고 불립니다. 이 활동은 인정, 존경과 자신감을 높이기 위한 기회를 줍니다.

다음 상호작용을 고려하십시오.

교사 - 학생
그들이 여러분을 좋아해야 합니까? 아니오. 그것이 여러분의 일/인생을 더 쉽게 만듭니까? 물론이죠. 그것이 양쪽 모두에게 의미를 더합니까? 물론입니다.

학생 – 학생

챔피언 정신을 가진 팀의 역학은 팀 동료들에게 서로 알고, 존중하고 관계를 맺을 것을 요구합니다(싱거, 1993).

교사 – 교사

교육은 가장 독립된 직업 가운데 하나라고 언급되어 왔습니다만, 우리가 하나의 팀이라면 어떨까요? 우리가 얼마나 더 많은 영향을 줄 수 있을까요?

평생 학습자

인생의 학생으로서, 여러분은 거친 학생들, 거친 교사들, 거친 상사들 그리고 가족들과 교감하고 친밀감을 만드는 능력이 필요합니까?

여러분은 다음의 어떤 시나리오에서라도 친밀감 연습을 사용할 수 있습니다.

- 학급에서 하나의 팀으로서 관계를 만들기 위해
- 학급에서 학생들이 자신에게 집중하고 다른 사람을 인정하는 연습을 하기 위해
- 갈등으로 인해 친밀감을 상실한 두 학생 간의 관계를 위해
- 가족 구성원과 친구 또는 동료와의 관계를 만들

거나 회복하기 위해

친밀감 연습

- 전체를 두 사람씩 짝으로 나누십시오.
- 첫 번째 사람이 다음 질문을 각각 한 번 물어보고, 각각의 답에 간단히 "감사합니다"라고 대답합니다.

1 제가 당신에 대해 모르는 것을 말해주십시오.
2 저에 대해 당신이 좋아하는 것을 말해주십시오.
  (학생들이 서로를 전혀 모르면, 이 문장을 "당신 자신에 대해 당신이 좋아하는 것"으로 바꿀 수 있습니다.)
3 우리의 공통점을 말해주십시오.

- 역할을 바꾸십시오. 다음 사람도 이 질문들을 반복합니다. 짝들이 이 연습을 세 번 하도록 하십시오. 사람들은 매번 새로운 무언가를 찾아내고, 종종 가장 큰 영향은 세 번째에 나타납니다.
- 그리고 짝을 바꾸십시오. 이것은 모두에게 개인적인 것을 다른 사람과 이야기할 기회를 제공합니다.

이 활동을 하는 동안 학생들은 공동 관심을 나누고, 종종 사람에 대한 새로운 이해와 우정을 형성합니다. 심지어 오랜 시간 서로를 알아온 사람들도 대개는 서로에 대한 새로운 관점을 발견합니다.

친밀감 연습

말해주십시오.

- 제가 당신에 대해 모르는 것
- 저에 대해 당신이 좋아하는 것
- 우리가 동의하는 것

복습

퀀텀 교수법을 위한 주변 요소를 만들 때, 인간관계 기술은 분위기와 기초를 만들고 오케스트레이션하는 것에 도움을 줍니다. 가시적 커뮤니케이션, 성공의 8가지 열쇠, 선 위에서 살기 그리고 친밀감 만들기 등을 사용하거나 가르치는 것을 통해 교실에 강한 기초를 만들 수 있습니다. 명확한 커뮤니케이션과 강력한 삶의 기술은 안전하고, 튼튼한 교실 환경을 수립하고, 더 큰 위험 감수와 학습에 대한 책임감을 촉진합니다.

잠시 시간을 갖고 여러분이 갈망하는 학습 공동체를 상상해보십시오. 학습자들이 무엇을 하는지, 어떻게 상호작용하는지 그리고 무엇을 말하는지 보십시오. 소속감, 명확함, 책임감 그리고 일체감을 느껴보십시오. 학생들이 서로에게 최선을 다하라고 촉구하고, 성공의 8가지 열쇠를 적용하고 혼란과 학습을 통해 강력하게 커뮤니케이션할 때 흥분을 느껴보십시오.

어떤 것이 이런 학습 팀을 이끌까요? 그것을 실행하는 여러분 자신을 보십시오. 성공적인 삶을 위한 강력한 인간관계 기술을 키우기 위해 여러분의 능력과 특성을 인식하십시오.

I Know!

여러분이 아는 것에 체크하세요.

- ☐ 선 위에서 사는 방법
- ☐ 가시적인 커뮤니케이션과 비가시적인 것 사이의 차이
- ☐ OTFD
- ☐ 4단계 사과
- ☐ 친밀감

Celebrate!

축하합니다!
교실에 있는 강력한 삶의 기술!

축하

10

10장_ 실행

더 나은 미래를 위한 도전과 노력

ⓐ 각 장의 하이라이트

ⓑ 이튿날 아침

ⓒ 해볼 만한 가치 있는 기회

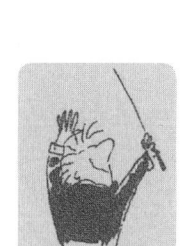

모든 것이 효과가 있다면 어떻게 될까요?

기초, 분위기, 디자인, 환경, 프레젠테이션 그리고 퀀텀 교수법의 아이디어와 전략을 이용한 커리큘럼 퍼실리테이션을 오케스트레이션하는 것에 대해 여러분이 아는 것을 실행한다면 어떤 일이 생길까요?

상상해보세요. 무슨 일이 생길까요? 불편할까요? 어쩌면요. 성공하기 전에 실패할까요? 아마도 그럴 겁니다.

학생들은 더 참여할까요? 학습에 대한 그들의 태도를 변화시킬까요? 커리큘럼을 더 잘 이해하고, 더 빨리 적용하고, 더 오래 기억할까요? 물론입니다. 여러분은 더 활기를 느낄까요? 영감은? 희망은? 아마 그럴 겁니다. 여러분은 더 많은 자신감과 유능함을 느낄까요? 확실히 그렇습니다. 마지막으로, 학생의 성공을 오케스트레이션하는 것에 대해 아는 것을 실행한다면, 학교는 더 나은 곳이 될까요?

복습

a 각 장의 하이라이트

이 가능성들을 알아보기 전에, 각 장을 빨리 감아 2배속으로 복습하겠습니다. 심호흡을 하십시오. 그리고 다음에 나오는 하이라이트로 여러분이 만났던 내용을 요약하십시오.

1 환영 인사

여러분은 '그들의 세계에서 우리의 세계로, 우리의 세계에서 그들의 세계로'라는 지배 원칙과 퀀텀 교수법의 5가지 원칙을 소개받았습니다. 모든 것은 이야기한다, 모든 것은 이유가 있다, 경험한 후에 알게 하라, 모든 노력을 칭찬하라, 배운 것을 축하하라. 또 여러분은 거장을 만났고 EEL Dr. C라는 디자인 틀을 처음 보았습니다.

2 분위기

주변 요소(Context) 부문의 첫 장으로, 건강하고 힘을 주는 분위기를 위한 필수 요소를 살펴보았습니다. 여러분은 이제 의도, 교감, 즐거움, 경이로움, 위험 감수하기 그리고 교실 안에서의 소속감과 모델링의 중요성을 압니다. 기억하십시오. 모든 것은 이야기합니다, 항상!

3 기초

여러분이 최적의 학습 환경을 오케스트레이션할 때 목적, 원칙, 신념, 합의, 정책, 절차 그리고 규칙의 역할을 배웠습니다. 추가하여 여러분의 학습 공동체를 성장시키고, 동반자 관계를 형성하고, 가능한 것에 대한 강한 비전을 제시하는 방법을 발견했습니다.

4 환경

여러분은 식물, 향기 그리고 좌석 배치와 같은 세부 사항뿐만 아니라 음악, 주변 장치 그리고 소품 사용을 통해 교수법을 향상시키는 방법을 배웠습니다.

5 디자인

우리는 가르치기 위한 '권리를 획득'할 필요를 강조하면서 '그들의 세계에서 우리의 세계로, 우리의 세계에서 그들의 세계로'라는 지배 원칙을 확장했습니다. 정보 지각 양식, 다중지능 그리고 성공모델은 '모든 것은 이유가 있다'는 아이디어를 새롭게 했습니다. 그리고 여러분은 EEL Dr. C라고 불리는 퀀텀 교수법의 디자인 틀에 대한 깊은 이해를 얻었습니다. 이제 여러분은 학생들의 성공을 오케스트레이션하는 바로 그 핵심에 손을 얹었습니다. 경험한 후에 알게 하라!

6 프레젠테이션

이 장이 내용(Content)이라고 불리는 두 번째 부분을 열었습니다. 여러분은 여기서 질문에 대한 답을 찾았습니다. "내가 퀀텀 교사인가?" 여러분의 목록에 정보 지각 양식 맞추기, 강력한 커뮤니케이션의 원칙 그리고 일치하는 비언어 커뮤니케이션을 추가했습니다. 그 다음에 여러분은 탐험가, 리더 그리고 감독이라는 세 가지 프레젠테이션 패키지를 풀었습니다. 마지막으로, 여러분은 앵커링의 영향력을 발견했습니다.

7 퍼실리테이션

우리는 학습 순간에 나타나는 상호작용에 대해 주의 깊게 오케스트레이션하는 것을 강조했습니다. 여러분은 '작은 통(KEG)'을 이용했습니다. 그리고 퍼실리테이터의 관점에서 본 성공모델에 대해 다시 논의했습니다. 여러분은 이제 '행동을 통해 태도에 영향주기(IBA)'를 사용해 매끄러운 전환뿐만 아니라 학생들의 상태를 오케스트레이션할 수 있습니다. 여러분은 사고 전략 이끌어내기와 학습이 일어나는 순간을 디브리핑하는 방법을 만났습니다.

8 학습 기술

여러분은 더 빠르게 학습하도록 학생들의 능력을 향상시키는 구체적인 방법을 파악했습니다. 여러분의 학생들은 자신의 학습 스타일을 발견할 수 있고 그 발견을 SLANT, 필기(마인드 맵 그리고 노트:TM), 공부하기(순환 학습), 속독과 암기술에 적용할 수 있습니다.

9 삶의 기술

여러분은 학생들이 선 위에서 살도록(그들이 선택한 것에 책임을 지는 것) 힘을 주는 방법을 알았습니다. OTFD를 사용해서 비가시적 커뮤니케이션이 가시적이 되고, 4단계 사과를 통해 진실성이 회복되었습니다. 이 두 가지는 다른 사람과의 커뮤니케이션에 명확함을 가져다 줄 강력한 도구입니다.

여러분은 방금 퀀텀 교수법의 단기 코스를 마쳤습니다. 처음의 9개 장은 유용한 활용법으로 가득하지만 어떤 한 장만으로도 1일 워크숍으로 확장되고 개발될 수 있습니다. 가속학습, 인지심리학, 뇌 과학 그리고 교육적인 모범 관행(best practice)의 분야는 거대합니다.

여러분과 똑같은 선생님들이 공·사립학교 수업, 세미나, 기업 훈련 과정 그리고 사업 프레젠테이션에서 확신을 갖고 퀀텀 교수법의 원칙과 기법을 실행하고 있습니다. 여러분은 직면한 도전에 대응하고, 학생들의 인생을 만들고, 학생들이 공부하고 있는 시스템을 변형시키기로 결심한 교육자 집단에 합류했습니다. 축하합니다!

b 이튿날 아침

상상해보십시오. 월요일 아침입니다. 여러분은 퀀텀 교수법을 읽고 생기와 에너지를 가득 안고 학교에 도착합니다. 여러분의 머리는 윙윙거립니다. 여러분이 바쁘게 교실로 걸어갈 때, 여러분의 '내부의 소리'에서 나오는 긍정문, 교실 환경을 위한 새로운 아이디어 그리고 커리큘럼을 어떻게 디자인하고 전달할 것인지에 대해 더 미세한 구분이 여러분 머릿속에서 힘차게 헤엄칩니다.

여러분은 가능성으로 빛나는 표정으로 문을 열고 들어섭니다. 여러분은 생각합니다. "어디서부터 시작할까? 무엇을 먼저 시도해야 할까? 이 유용한 아이디어 가운데 어떤 것이 지금 당장 실행하기에 가장 좋을까?"

1단계
모델이 되십시오.

2단계
통일성을 만드십시오.

3단계
디자인하고 시도하십시오.

4단계
평가하고 축하하십시오.

첫 번째 사항

여러분이 읽고 있는 것을 학생들과 공유하십시오. 여러분의 열정은 전염성이 있습니다! 여러분이 사용하는 기술을 설명하고, 학생들에게 이유를 말해주십시오. 그들을 교수와 학습의 '비밀'로 초대하십시오.

여러분 가운데 일부에겐 동료들과 퀀텀 교수법 지식을 나누는 것이 회의적일 것입니다. 동료들의 회의와 맞서는 여러분의 가장 큰 무기는 '모범 보이기'입니다. 퀀텀 교수법의 한 가지 요소를 실행함으로써 성공적으로 시작하십시오. 여러분은 아마 음악, 포스터, 의도, 성공의 8가지 열쇠 또는 EEL Dr. C도 선택할 수 있을 것입니다.

여러분의 학생과 여러분이 성취하는 결과가 여러분 대신에 이야기 하도록 하십시오. 지금 어떻게 여러분이 더 적은 노력으로 더 많이 가르치는지, 그리고 여러분의 학생들이 어떻게 더 열심히 노력하는 것이 아닌 더 영리하게 학습하는지 여러분의 동료들이 묻도록 만드십시오.

월요일과 화요일

학생의 반응을 인정하고 그들 각자가 말할 때 경청함으로써 소속감과 통일성을 만드십시오. 변연계 안에 있는 안전과 관계를 통해 신피질 안에 있는 고차원적 사고 기술 개발과 관련 있는 삼위일체 뇌 연구를 기억하십시오.

듣고 보십시오. 학생들이 어떻게 '드러내 보이는지' 관찰하십시오. 시각적 학습자를 위해 보십시오. 청각적 학습자를 위해 들으십시오. 운동감각적 학습자를 위해 느끼십시오. 그리고 세 가지 정보 지각 양식을 모두 아우르기 위해 여러분의 수업과 발표를 조정하십시오.

성공을 축하하십시오. 자주 하십시오. 항상 하십시오. 그것들이 여러분에게 아무리 작거나 사소하더라도 축하하십시오.

'위험을 감수할 때 배운다' 그리고 '나는 재능이 있다'와 같은 긍정 포스터를 붙이십시오.

수요일부터

여러분의 내용(content) 부문을 위한 연상 만들기를 실험하십시오. 다중감각 입력(시각, 청각, 운동감각)과 다중지능 사용을 기억하십시오. 여러분 수업의 핵심 개념과 손 또는 몸동작을 연결하십시오.

'장풍 쏘기', '시작(종료) 박수', '손가락 튕기기' 또는 '만세 삼창' 등의 전통을 만드십시오.

초기에 며칠 동안 무엇이 잘 진행되었는지 확인하십시오. 여러분의 성공을 축하하십시오.

다음 주를 위한 준비

여러분이 처음 실행할 세 가지 기법을 적으십시오.

자신에게 물어보십시오. "지난주에 무엇이 잘 적용되었지?" 외견상으로는 중요하지 않지만 끝없는 개선이라는 뜻의 카이젠(개선)을 연습하는 자신의 등을 토닥거려 주십시오.

여러분이 이렇게 해본 적이 없다면, 수업을 하나 선택하고 그것을 디자인하십시오. 그래서 학생들이 내용을 경험한 후에 알게 하십시오. 그들이 기본이 되는 아이디어, 개념 또는 전략을 발견할 수 있도록 이끄는 안내 질문을 하십시오.

매주 퀀텀 교수법 가운데 하나씩 실행하는 것을 기억하십시오. 여러분이 믿는 것을 선택하십시오. 학생들의 성공에 가장 큰 영향을 미칠 것입니다(그리고 여러분의 안전지대를 약간 늘려줄 것입니다!). 그것이 목록의 한 부분으로 자연스럽게 될 때까지 연습하십시오. 여러분의 안전지대를 계속 넓히고 풍부한 자원을 계속 늘리십시오. 여러분이 학생들을 위해 위험을 감수하는 것을 보여줌으로써 그것이 만드는 변화를 관찰하십시오.

 **해볼 만한 가치 있는 기회**

여러분이 학생들에게 줄 수 있는 가장 훌륭한 선물은 여러분이 그들 편이고, 그들이 성공하길 바라고, 여러분이 함께 성공적으로 학습할 것이라는 확신을 주는 것입니다. 이 동지애는 측정될 수 없고, 표준화된 시험 성적에 나타나지 않지만 이것보다 더 중요한 것은 없습니다.

어떤 나이의 학생들이라도 평생 학습자로 준비시키는 것은 존경할 만한 목표입니다. 많은 이들이 노력했지만, 극소수가 일관성 있게 알고 있는 목표입니다. 대중 매체의 압력, 교육 시스템 안에서부터의 모순된 요구 그리고 공동체로부터의 흔들리는 지지는 일을 훨씬 도전적인 것으로 만듭니다.

그러나 수많은 혼란에도 불구하고, 하나의 요소가 가운데에 남아 있습니다. 바로 여러분입니다. 여러분은 우리의 미래를 만드는 사람들의 삶을 변형시킬 힘을 가지고 있습니다.

매일 여러분은 미래의 청사진을 지닌 사람들의 눈을 주의 깊게 살피고, 가슴과 마음을 수용합니다. 매일 여러분은 다이내믹한 학습을 위한 상호작용을 오케스트레이션합니다. 새로운 아이디어를 실행하는 위험과 도전은 가치가 있습니다. 보통 이상으로 올라가기 위한 노력은 가치가 있습니다. 우리 아이들을 위해서, 이것은 가치가 있습니다. 실행하십시오.

You Know!

여러분은 학생의 성공을 오케스트레이션하는 필수 요소를 압니다. 그리고 여러분이 이것을 하기 위한 능력과 열망을 가지고 있다는 것을 압니다. 학습자로서의 자신을 보는 통찰력을 높일 수 있는, 그리고 학습하고자 하는 그들의 내면적 욕구를 자극할 수 있는 엄청난 기회가 매일 여러분을 기다립니다. 기회를 잡으십시오.

즐기십시오, 그리고 추구하십시오!

축하합니다!

도구, 소품, 음악 그리고 즐거움

이 목록은 완전하지 않습니다. 우리가 찾아낸 쓸모 있는 것들 가운데 작은 모음일 뿐입니다. 다음과 같은 생각을 가지고 목록을 보십시오. "학생들의 학습 능력과 자료의 이해를 촉진시키기 위해 내가 사용할 수 있는 것이 무엇일까? 어떤 것이 그들의 학습 상태를 최고로 이끌어내고, 뒷받침하고 유지할까?" 읽으면서 여러분의 창의력이 자유분방하게 작동하도록 하십시오.

도구들

- '붐박스' CD 기능을 갖춘 휴대용 스테레오 기기
- 'Marks-A-Lot'(상표 이름) 큰 마커펜
- 'Mr. Sketch'(상표 이름) 마커펜
- 긍정 포스터와 진실 포스터를 위한 게시판
- 플립차트 걸이 그리고 종이(혹은 신문 인쇄용지 위에 구멍 두 개를 뚫어서 칠판에 종이 집게로 건다)
- 옷을 걸기 위한 수직 코트 걸이
- 장난감 상자 혹은 소품을 위한 낡고 큰 가방
- 높은 감독 의자

소품들

- 화살(플라스틱으로 끝이 뭉툭한 것!)
- 그림 틀(액자)
- 꼭두각시
- 속이 찬 동물 인형
- 농구 골대
- 물렁 공
- 모래(콩) 주머니
- 저글링 스카프
- 말랑말랑한 원반
- 가면: 늙은 사람, 광대, 유명인물
- 모자
- 감독의 '액션' 판(슬레이트)
- 가발

음악

- 설명을 시작할 때, 공부할 때, 읽을 때: 바로크 음악(플루트, 피아노 혹은 바이올린)
- 특수 효과들: TV의 최고 히트곡, 음향 효과

- 성찰, 프로젝트를 만들거나 디자인할 때: 뉴 에이지 악기(야니, 아켄스톤, 에냐, 윈스턴)
- 휴식 시간, 수업이 시작하고 끝날 때: 유명한 영화 음악(1960, 70, 80, 90년대의 히트곡들, 최신의 빠른 비트 음악), 학생에게 요청하십시오.
- 전환할 때: 최신 재즈, 레게, 같이 부르는 노래

즐거움

- 색종이 조각과 색 테이프
- 축배를 위한 탄산 사과 사이다
- 풍선
- 소음 제조기
- 게임: 스크래블(철자가 적힌 플라스틱 조각들로 글자 만들기를 하는 보드 게임), 픽셔너리(그림을 통해 추측하는 게임), 트리비얼 퍼수트(Trivial Pursuit, 상식 문제의 답을 아는 경우 전진하게 되는 보드 게임), 스펀지 같은 농구공, 모노폴리(돈 모양의 종잇조각을 주고받으며 땅과 집을 사고파는 놀이를 하는 보드 게임)
- 아이들을 위한 질문의 책(질문과 답이 있는 백과사전 같은 책)
- 장난감들: 레고, 나무 블록, 인형, 자동차, 보트, 비행기
- 생각하는 퍼즐: 루빅스큐브, 탠그램(사각형을 7개의 조각으로 잘라놓은 것을 여러 형태로 맞추는 중국식 퍼즐)
- 광대의 코, 발, 머리 등

퀀텀 창의적 교수법(QCT)
Quantum Creative Teaching

창의적 뇌, 논리적 뇌를 함께 사용하는 브레인 통합교수법!
NASA, HP 등 포춘 선정 500대 기업이 사용하는 가장 강력한 교육혁신 모델!
30년간 연구되어 온 가속학습 프로그램으로 학습 능력을 가속화!

퀀텀(Quantum)이란?
학습자조차 모르고 있던 잠재된 학습 능력을 활성화시킨다는 의미입니다!

퀀텀 창의적 교수법이란?
최고의 학습 효과를 이끌어낼 수 있도록 퍼실리테이션 전략을
습득함과 동시에 효과적인 강의 진행 기법을 학습합니다.
또한 이론적인 부분과 함께 강의에 직접 응용할 수 있는 교수법을 활용합니다.

퀀텀 프로그램
교수법, 조직활성화, 셀프리더십, 슈퍼캠프

- 기업교육강사, 교사를 위한
  '퀀텀 창의적 교수법'
- 셀프리더십이 필요한 성인을 위한
  '퀀텀 석세스'
- 대학생을 위한 '퀀텀 U'
- 청소년을 위한 '퀀텀 슈퍼캠프'

※ 교육기간, 교육비, 교육장소 등 자세한 사항은
러너코리아 홈페이지(http://www.learnerkorea.com/main/main.asp)와 퀀텀 카페(http://cafe.naver.com/quantum07)를 참조하세요.

Quantum Creative Teaching
₩30000 할인 쿠폰
www.learnerkorea.com

기업교육 정보 사이트 러너코리아(LearnerKorea)에서는 미항공우주국(NASA)을 포함한 MS와 HP 등 수많은 글로벌 기업에서 가장 강력한 교육혁신 모델로 인정하는 '퀀텀 창의적 교수법(QCT)'을 운영합니다. 이것은 현존하는 모든 교수 및 학습기법의 총체적 이론과 적용 기술을 통합한 혁신적인 교육 프로그램입니다. 이론과 실습을 통해 퀀텀의 핵심 가치를 경험하시기를 바랍니다.

이 책을 구입하신 분이 러너코리아의 '퀀텀 창의적 교수법'을 수강하실 경우, 3만원의 할인 혜택을 받으실 수 있습니다. 문의 02-751-9748 hrder@learnerkorea.com